진료실에서 만난 붓다
Advice Not Given

KB208747

진료실에서 만난 붓다

마크 엡스타인 지음 | 김성환 옮김

한문화

일러두기

• 성과 이름을 모두 표기한 경우를 제외한 나머지 사례들은 사생활 보호를 위해 이름을 비롯한 명칭들을 가명으로 표기했음을 밝혀 둔다.

• 1장의 한 단락과 3장의 일부는 2013년 8월 3일자 〈뉴욕 타임즈〉에 실린 '생존의 트라우마(The Trauma of Being Alive)'라는 글에 포함되어 있다.

• 6장의 일부는 2009년 여름 간행된 《트라이시클: 불교서적 리뷰(Tricycle: The Buddhist Review)》에 실린 '비난을 넘어서(Beyond Blame)'라는 글에 포함되어 있다.

차례

칭찬과 비난, 이득과 손실, 기쁨과 슬픔은
바람처럼 오고가는 것.
행복해지고자 한다면,
그 모든 변화의 한가운데서
거대한 나무처럼 휴식을 취해야 한다네.

-붓다The Buddha-

글을 시작하며

자아라는 다루기 힘든 문제에 대처하는 방법으로서의 팔정도

자아는 우리 모두가 공통적으로 지닌 골칫거리이다. 더 크고 똑똑하고 강하고 부유하고 매력적인 사람이 되기 위한 우리의 수긍할 만한 노력은, 우리를 피로와 자기의심 속으로 끊임없이 밀어 넣고 있다. 자기 향상을 위한 우리의 노력 그 자체가 우리를 지속 불가능한 방향으로 계속 나아가게 하는 셈인데, 이는 우리 스스로 자신의 성취가 충분한 것인지 제대로 판단하지 못하기 때문이다. 우리는 삶이 나아지길 원하지만 우리의 접근법은 우리를 방해만 할 뿐이다. 이 같은 끝없는 야심에서 비롯되는 필연적 결과는 '실망'이고, 일이 잘 안 풀릴 때마다 내뱉게 되는 흔하디 흔한 후렴구는 '비탄'이다. 밤에 꾸는 꿈은 이 점을 드러내 주는 훌륭한 창이다. 꿈은 낮 시간 동안 있는 힘껏 억눌러 온 느낌들 속으로, 즉 꽉 막히고, 노출되고, 당혹스럽고, 굴욕적인 느낌이 드는 상황들 속으로 우리를 던져 넣는다. 그렇지만 이런 불쾌한 꿈들은 잠재의식이 우

리에게 보내는 일종의 메시지이다. 자아는 책임으로부터 그리 자유롭지 못하다. 자아는 우리 자신을 위한 최선을 염두에 두고 있다고 주장하지만, 끊임없이 관심과 힘을 추구하는 과정에서 애초에 달성하고자 한 목적에 해를 끼치고 만다. 자아는 우리의 도움을 필요로 한다. 더 만족스러운 존재 상태에 도달하고자 한다면, 우리는 자아에게 통제력을 누그러뜨리는 법을 가르쳐야 한다.

삶에는 우리가 손쓸 수 없는 많은 것들이 존재하지만(어린 시절의 환경과 자연 재해들, 질병, 사고, 상실, 학대 등과 같은 재난들), 우리가 바꿀 수 있는 것도 한 가지 있다. 그것은 바로 우리 자신이 자아와 관계 맺는 방식이다. 하지만 우리는 정작 이와 관련해 거의 아무런 도움도 받지 못한다. 그 누구도 우리에게 자기 자신과 생산적으로 관계 맺는 법을 가르쳐 주지 않는다. 대신 우리 문화에서는 더 강한 자아 감각을 계발하라는 권고들이 넘쳐난다. 그래서인지 대부분의 사람들은 자기애와 자존감, 자신감, 그리고 적극적으로 자신의 욕구를 충족시키는 능력 등을 갖추기 위해 애를 쓴다. 물론 그런 성취들 역시 중요한 것일 수 있지만, 그것만으로는 행복을 보장 받기에 충분치 못하다.

자의식이 강한 사람들 역시 고통 받는 건 마찬가지다. 모든 걸 다 갖춘 것처럼 보일지 모르지만, 그들은 술이나 약물 없이는 긴장조차 제대로 풀지 못한다. 끊임없이 자기 자신에게만 초점을 맞추는 한, 그들은 긴장을 푼 채 애정을 나누지도, 즉흥적으로 창의성을 발휘하지도, 타인과 공감을 하지도 못하게 될 것이다. 단순히 자아만 강화하다가는 오도 가도 못하는 지경에 빠지기 쉬운 것이다. 사랑에 빠지고, 아이를 갖고, 죽음을 마주하는 것 같은 삶의 모든 중요한 사건들은 우리에게 자아의 포기를 요구해 온다.

이것은 자아가 할 수 있는 일이 아니다. 자아가 마음을 가졌더라면 자기 자신을 포기하는 일은 생각조차 안 했을 것이다. 하지만 길들여지지 않은 자아가 우리 삶을 쥐고 흔들도록 내버려 둘 필요는 없고, 한없이 이기적인 태도가 우리를 규정짓도록 방치할 필요도 없다. 불안과 집착으로 우리를 몰아세우는 바로 그 자아에게는 심오하고 근본적인 변화를 일궈 낼 능력 또한 갖추어져 있기 때문이다. 우리는 성찰하는 한 개인으로서 자아에게 이의를 제기할 수 있다. 외부 세상에서의 성공에만 초점을 맞추는 대신, 우리는 내적인 목적으로 자아의 관심을 되돌려 놓을 수 있다. 자아를 언제, 어떻게 내려놓아야 할지 알 때, 우리는 그로 인해 상당한 자존감을 얻게 될 것이다.

같은 결론에 도달한 붓다와 프로이트

우리 문화는 일반적으로 자아를 통제하려 들지 않지만, 우리 사회에는 자아에 대한 제어를 조용히 지지하는 세력들이 존재한다. 자아를 좀 더 개방적이고 유연하게 만드는 것을 목적으로 하는 불교 심리학과 서양의 심리 치료가 그것이다. 이 두 전통들은 완전히 다른 시대에, 다른 지역에서 발달했고 비교적 최근까지만 해도 서로 아무런 접촉을 하지 못했다. 이들 전통의 창시자들(나이 듦과 질병, 죽음 등과 같은 고통의 해결책을 모색하기 위해 화려한 궁정 생활을 포기한 남부 아시아의 왕자 고타마 싯다르타Siddhartha Gautama와, 자신의 꿈을 해석하는 데서 시작해 인간 정신의 어두운 영역을 밝혀 나간 비엔나의 정신과의사 지그문트 프로이트Sigmund Freud)은 길들여지지 않은 자아가 인간의 행복을 제한하는 요인으로 작용한다는 점을 파악해 냈다. 이 두 사람은 서로 완전히 달랐지만 결국 사실상 같은 결론에 이르게 되었다. 그것은 자아를 무제한으로 풀어놓으면 고통을 받게 되지만, 자아를 내려놓는 법을 배우면 자유를 얻게 된다는 것이다.

불교도, 심리 치료도 자아를 제거하는 것을 추구하지는 않는다. 그런 조처는 우리를 무기력하게 하거나 정신 이상에 빠뜨리고 말 것이다. 우리는 세상을 탐험하고 본능을 조절하고 자신을 관리하기 위해, 그리고 자신과 타인의 욕구 충돌을 중재하기 위해 자아가 필요하다. 불교와 심리 치료의 치유적 접근법들은 종종 바로 이런 방식으로 자아를 강화하기 위해 활용된다. 예를 들어 만일 누군가가 학대 경험에서 비롯된 낮은 자존감 때문에 우울해 하거나 고통을 받고 있다면, 치료사는 무너진 자아를 복구하는 데 초점을 맞추어야 한다.

이와 비슷하게 많은 사람들은 동양의 명상법을 자신감 쌓기에 활용해 왔다. 집중은 스트레스와 불안을 줄여 주며, 가정과 일터의 도전적인 환경에 적응하는 것을 도와주기도 한다. 명상은 병원과 월스트리트, 군대, 스포츠 훈련 시설 등에 자리를 잡아 왔는데, 이런 곳에서 명상이 활용되는 건 주로 명상을 통해 마음과 몸에 대한 자아의 통제력을 강화할 수 있기 때문이다. 물론 자아의 향상과 연관된 이런 측면들도 결코 과소평가되어서는 안 된다. 하지만 자아의 향상 그 자체만으로는 그 이상 나아가기 힘들다.

서양의 심리 치료와 불교 모두 다루기 힘든 '자아(me)' 보다는 관찰하는 '자기(I)'에게 힘을 불어넣어 주고 싶어 한다. 그들의 목적은 자기 성찰을 권장함으로써 자기중심성을 줄이고 자아의 균형을 되찾도록 하는 것이다. 그들은 이 과업을 서로 다른 비전을 갖고 다른 방식으로(비전과 방식 모두 서로 연관되어 있긴 하지만) 수행해 나간다.

프로이트가 활용한 주된 수단은 자유연상(free association)과 꿈의 해석(analysis of dreams)이었다. 그는 가만히 누워 허공을 응시하면서 떠오르는 생각들을 자유롭게 말하도록 유도함으로써, 밖으로만 향하던 자아의 관심을 주관적인 영역으로 다시 되돌려 놓았다. 비록 긴 의자에 눕는 관행이 이제 많이 사라지긴 했지만, 이런 형태의 자기성찰은 오늘날까지도 심리 치료의 가장 효과적인 수단들 가운데 하나로 남아 있다. 이를 통해 사람들은 자신을 위한 공간을 마련하는 법과 좀 더 수용적인 태도로 자신의 불편한 감정들과 함께 머무는 법을 배우고, 그러면서 자신의 내적 갈등 및 무의식적 동기를 이해하는 법과 자아의 완벽주의에서 비롯되는 긴장을 푸는 법을 배우게 된다.

불교에서도 이와 비슷한 태도를 취하게 한다. 비록 고통을 피할 수 없는 삶의 한 측면으로 인정하긴 하지만, 불교는 사실 상당히 희망적인 종교이다. 불교에서 권하는 명상은 우리 자신의 마음을 그 내용물에 대한 판단이나 관여 없이 가만히 바라보도록 가르치기 위해 고안된 기법이다. 매 순간 일어나는 모든 현상들과 함께 머무는 능력, 즉 '알아차림(Mindfulness, 마음챙김)'은 우리가 이 기적인 충동에 휩쓸리지 않도록 스스로를 지켜 준다. 명상가는 싫은 것을 밀쳐내지도, 좋은 것을 움켜쥐지도 않은 채 일어나는 모든 현상을 전부 수용하도록 훈련받는다. '좋아함'과 '싫어함'의 형태를 취하는 충동적 반응들 역시 다른 모든 것과 같은 방식으로 바라보게 하는 만큼, 사람들은 고전적인 심리 치료에서처럼 관찰하는 자각의 상태에 더 지속적으로 머무는 법을 배우게 된다. 여기서 관찰하는 자각이란 일상적 욕구와 기대의 영향권에서 벗어나 있는 자아의 비개인적 측면을 말한다. 알아차림은 우리를 미성숙한 자아의 자의식적 요구로부터 한 발 물러서게 만듦으로써, 눈앞에서 펼쳐지는 끊임없는 변화를 좀 더 편안하게 받아들일 수 있도록 해 준다. 이런 태도는 삶이 우리에게 던지는 수많은 어려움에 대처하는 데 엄청난 도움이 된다.

이 두 가지 접근법은 매우 유사하지만 주된 관심 영역은 사뭇 다르다. 프로이트는 자아를 관찰 대상으로 설정할 경우 표면화되기 시작하는 들끓는 본능과 열정에 흥미를 갖게 되었다. 그는 자신을 인간 행동의 어두운 저류를 드러내는 무의식의 소환술사 정도로 간주했다. 적절한 환경을 마련해 주면 사람들은 자신을 드러내면서 종종 스스로에게 놀라기도 하는데, 그들이 발견하는 내용은 항상 유쾌하지는 않지만 자신을 더 풍부하고 깊이 이해하게 한다. 한밤중에 내린 비로 검게 젖은 땅에서 꽃이 자라나는 법이다. 프로이트는 우리가 우리 자신의 주인이라는 신념을 조롱하는 것을 즐겼고, 자신의 발견을 태양이 지구 주위를 도는 것이 아니라고 주장한 코페르니쿠스Copernicus와 '인간은 자기 몸 속에 지울 수 없는 미천한 출신의 흔적을 지니고 있다'고 말한 다윈Darwin의 발견에 빗대었다. 프로이트는 자아가 진화하려면 통제를 향한 야심을 포기해야 한다고 믿었다. 그가 권고한 자아는 넓은 관점을 지니면서도 자신의 한계를 인식할 줄 알고, 본능적 욕구에 사용되던 에너지를 창의적이고 이타적인 방향으로 돌릴 줄도 아는 겸허한 자아였다.

"깨달음이 이렇게 단순하단 말이오?"

비록 자기 관찰을 비슷한 방식으로 강조하긴 하지만, 불교는 관심의 초점이 다소 다르다. 불교의 스승들은 사람들에게 순수한 자각을 맛보게 해 주고 싶어 한다. 불교의 명상 훈련도 심리 치료와 마찬가지로, 주관과 객관 사이의 분리를 토대로 한다. 하지만 불교는 은폐되어 있던 본능을 발굴해 내는 데서 의미를 찾기보다 의식 현상 그 자체로부터 영감을 얻어내고자 한다.

　알아차림은 마음과 몸의 모든 활동을 비추는 거울처럼 기능한다. 이 거울 이미지는 불교에서 매우 중요하다. 거울은 사물을 왜곡 없이 있는 그대로 비춰 주는데, 우리의 의식이 바로 그 거울과도 같다. 의식은 사물을 본래 모습 그대로 반영해 준다. 대부분의 사람들은 이 사실을 당연한 것으로 여기면서, 이 신비스런 현상에 별다른 관심을 기울이지 않는다. 하지만 알아차림은 이 자각하는 의식을 가장 흥미진진한 대상으로 설정한다. 예컨대 종이 울리면, 나는 그 소리를 들을 뿐만 아니라 '내'가 그 소리를 듣는다는 사실 또한 안다. 알아차림이 강력하면 나는 '내가 종소리를 듣는다는 사실을 안다'는 사실마저 알게 될지 모른다. 하지만 가끔씩 깊은 명상이 일어나면 이 모든 현상이 붕괴되고 오로지 자기 자신의 거울 같은 자각만이 남게 된다. '나'도, '자아'도 없고 존재하는 건 오직 순수한 주관적 자각뿐이다. 종과 그 소리, 그것이 전부이다! 묘사하기 매우 힘든 상태이긴 하지만 일단 일어나면 자신의 일상적 정체성에서 해방된 느낌을 통해 일종의 안도감을 얻게 된다. 자아에 내몰리는 습관적 상태와의 대비는 실로 극적이다. 사실 불교 전통의 상당 부분은 이 '위대하고 완벽한 거울의 지혜(Great Perfect Mirror Wisdom)'의 관점을 자신의 일상적 인격과 통합시키도록 돕기 위해 고안된 것이다.

　하지만 이 관점을 평소 인격과 완전히 통합시키는 건 극도로 힘든 일이다. 심지어 붓다조차 이 과업을 달성하는 데 어려움을 겪었다고 한다. 그의 삶에 관한 전설적 이야기는 이 점을 분명히 드러내 준다. 왕자로 태어난 붓다는 그를 나이 듦과 질병, 죽음으로부터 보호하기 위해 갖은 애를 다 쓰는 사람들의 품속에서 자라났다. 그는 결혼해서 아들을 갖게 되었지만 29세의 나이에 성 밖을 순회하다가 늙은 사람과 병든 사람, 시체 등을 처음으로 보게 되었다. 그 광경에 충격을 받은 그는 해답을 찾기 위해 사랑하는 가족을 떠나 인도 내륙의 숲속으로 들어갔다. 수년에 걸친 자기성찰과 명상, 금욕 수행 끝에 그는 이기적 집착을 뚫고 나아가, 자신의 고통을 만들어 내는 것이 다름 아닌 자기 자신이라는 점을 이해하게 되었다. 그 후 곧 깨달음이 일어났다.

깨달음에 이르기 전 붓다는 자신의 자아를 대변하는 마라Mara라는 이름의 무시무시하고 교활한 악마와 싸우게 되었다. 마라는 붓다에게 남아 있던 성욕과 권력욕을 자극함으로써 그를 이탈시키려 했다. 그는 붓다에게 아첨을 하면서 깨달음을 포기하기만 하면 그를 위대한 통치자로 만들어 주겠다고 약속했고, 자신의 딸들과 군대를 보내 붓다의 깨달음을 방해하려고 기를 썼다. 하지만 붓다는 결코 굴복하지 않았다. 붓다를 끌어내리기 위한 마라의 끈질긴 방해 공작에도 불구하고 그는 결국 깨달음을 얻었다. 그렇지만 깨달음을 얻은 이후에도 붓다는 마라를 경계해야 했다. 마라는 붓다에게 그가 누려 마땅한 부귀 영화와 개인적 희생의 무의미함에 대해 끊임없이 속삭여 댔다. 깨달음 이후에조차 자신의 자아에 대처해야 했던 것이다. 불교의 이런 측면은 심리 치료 과정의 특성과도 아주 잘 맞아떨어진다. 자아의 집착을 누그러뜨리면 순수한 자각을 경험하게 되지만, 그 순수 자각의 경험은 자아를 길들이는 작업이 계속되어야 한다는 점을 분명히 드러내 준다. 흔히 말하듯 깨달음 이후에는 빨랫감에 대처해야 하는 것이다.

이것은 한 유명한 불교 우화에 아주 명료하게 묘사되어 있다. 깨달음을 얻지 못해 낙심에 빠져 있던 한 중국 노승이 외딴 동굴에 가서 마지막 시도를 할 수 있는 기회를 얻었다. 그는 옷가지와 탁발 그릇, 약간의 식량을 가지고 산속으로 걸어 들어갔다. 길을 가던 도중 그는 산을 내려오던 한 노인과 마주치게 되었다. 그 노인은 커다란 짐 꾸러미를 들고 있었다. 노승은 노인에게서 흘러나오는 지혜의 기운을 감지하고는 이렇게 물었다. "당신 혹시 내가 찾는 이 깨달음이란 것에 대해 뭔가 알고 있지 않소?" 노인은 이 말을 듣고 들고 있던 짐을 땅에 떨어뜨렸다. 그 광경을 목격한 순간, 그 노승은 깨달음을 얻었다. "이렇게 단순하단 말이오?" 그가 말했다. "그냥 내려놓고 아무것도 붙잡지만 않으면 되는 것을!" 하지만 잠시 후 의문이 일어나자 노승이 이렇게 물었다. "이제 무엇을 해야 하오?" 그러자 노인은 미소를 머금은 채 짐을 다시 집어 들고 마을을 향해 걸어 내려갔다.

이 이야기의 메시지는 명백하다. '깨달음은 자아를 사라지게 하는 것이 아니라 자아와 맺는 관계를 변화시켜 놓는 것일 뿐'이란 것이다. 힘의 균형은 변화하지만 해야 할 일은 여전히 남는다. 명상가는 이기적인 관심사에 내몰리는 대신 자신의 욕망에 개인적으로 책임을 질 필요가 있다는 점을 깨닫게 된다. 불교에서는 자아와의 이 대결을 깨달음에 들어가는(to) 길과 깨달음에서 나오는(out of) 길, 두 가지로 묘사해 낸다. 그 길은 전통적으로, '올바른 견해(정견)', '올바른 의도(정사유)', '올바른 말(정어)', '올바른 행동(정업)', '올바른 생활(정명)', '올바른 노력(정근)', '올바른 알아차림(정념)', '올바른 집중(정정)'으로 구성되는 팔정도八正道의 가르침을 통해 설명된다. 자아가 우리에게 미치는 지속적이고 은밀한 영향력(불교에서 자기 집착self-grasping[아집]이라 부르는)을 상쇄하기 위해, 명상가는 이 여덟 단계 모두에서 자아와 기꺼이 대면해야 한다. 깨달음 이전뿐만 아니라 그 이후까지도.

팔정도는 붓다가 자신의 가르침을 조직한 가장 원초적인 방식이다. 그는 최초의 설법에서 이 팔정도에 대해 설했고 그 후에도 종종 되풀이해서 언급했다. 불교는 붓다가 고대 인도에서 가르침을 편 이후 2600여 년에 걸쳐 변화하고 발전되어 왔다. 불교는 인도 전역으로 퍼진 후 시대와 장소에 맞게 형태를 바꾸고 다양한 학파를 발달시키면서 인도네시아와 동남아시아, 티베트, 중국, 한국, 일본 등으로 전파되었다. 하지만 팔정도만큼은 원상태 그대로 보존되어 왔다.

'올바른 노력'과 '올바른 집중', '올바른 알아차림'은 주로 명상과 관계된 가르침이지만 다른 가르침들은 그렇지 않다. '올바른 견해'와 '올바른 의도'는 자아의 끈질긴 요구를 상쇄시키는 통찰과 연계되고, '올바른 말'과 '올바른 행동', '올바른 생활'은 자아의 이기적 충동을 다스리기 위한 윤리적 지침에 해당된다.

달라이 라마가 말했다. "삶을 좀 즐기세요."

이 책의 각 장에서는 팔정도를 구성하는 이 여덟 가지 측면들을 다룬다. 이들 가르침은 불교만큼이나 오래된 것이지만, 서양 심리 치료의 관점에서 재해석해 낼 때 내용이 좀 더 풍부해진다. 영적, 심리적 성장을 위한 지침에 해당되는 이들 가르침은 자아라는 다루기 힘든 문제에 대처하는 하나의 방법이기도 하다. 어떤 치료적 접근법도 진리에 대한 독점권을 지닐 수 없긴 하지만, 개인적 야망을 중시하는 서구식 가치관이 지배하는 지금 같은 세상에서는 길들이지 않은 자아의 위험성을 인식해 낼 필요가 있다. 이는 비록 우리 문화의 일반적 접근법과 거리가 멀긴 하지만, 우리는 그것을 받아들여 활용할 수 있다. 자신의 심리 상태를 더 낫게 만들려면 우리는 자아가 우리에게 행사하는 영향력을 관찰해 내야만 한다.

이런 유형의 조언은 서양 사람들에게만 적용되는 것이 아니다. 동양에서는 심리 치료가 강력한 전통을 형성했던 적이 한 번도 없긴 하지만, 그렇다고 해서 동양 문화권 사람들이 서양인들이 겪는 그 모든 갈등과 문제들로부터 자유롭다는 건 아니다. 불교 문화권에도 자기 자신을 회피하기 위해 명상을 이용하거나, 자아의 끈질긴 통제 욕구와 진실하게 대면하려 하지 않는 많은 사람들이 존재할 것이다. 최근 나는 그런 사람에 관한 이야기를 들은 적이 있다.

은둔 수도승이었던 그는 네팔의 산악 지대에 있는 동굴에서 명상을 하다가, 달라이 라마Dalai Lama가 곧 부근 지역을 지나간다는 소식을 듣게 되었다. 달라이 라마는 티베트의 불교 전통에서 가장 높은 존경을 받는 종교 지도자이다. 그는 깨달은 지혜의 순수한 화현으로 간주되는 만큼, 그를 숭상하는 사람들은 그의 자애로운 현존에 참여할 기회를 얻는 것을 더 없이 소중하게 생각한다. 그 은둔 수도승은 마음을 고요히 하고 불안을 가라앉히기 위해 고안된 여러 전통적 명상법들을 완전히 통달한 상태였다. 마을 사람들이 그를 위해 음식을 가져다주곤 했지만, 가끔 생기는 이런 만남을 제외하면 그는 깊은 명상에 빠진 채 4년 동안 거의 홀로 지냈다. 어쨌든 그는 달라이 라마를 친견하기 위해 준비를 했고, 그 만남을 위해 자발적인 고립 상태에서 빠져나왔다. 그는 다음에 무엇을 해야 할지 달라이 라마에게 조언을 구했다.

달라이 라마는 중국의 침략을 피해 1959년 티베트를 떠난 이후, 성인기 삶의 상당 부분을 서양인들과의 대화에 할애했다. 나는 의과대학에 입학하기 전인 1977년 히말라야 산기슭에 위치한 그의 망명 정부를 방문했고, 졸업을 앞둔 1981년에 연구 보조금을 받고 6주 간 더 그곳에 머물렀다. 그 후로도 나는 여러 차례에 걸쳐 그의 강연에 참석해 왔다. 명상에 대해 가르칠 때 그는 종종 마음을 고요히 하는 명상과 지성을 활용해 마음을 계발하는 명상을 구분하곤 했다. 동양과 서양의 많은 사람들은 자아와 생각하는 마음을 중단시키는 것이 명상의 궁극적 목적이라고 믿는다. 하지만 달라이 라마는 항상, 다소 단호한 어조로 이것이 엄청난 오해라고 주장해 왔다. 자아는 우리의 가장 큰 장애물인 동시에 우리의 가장 큰 희망이기도 하다. 우리는 자아에 휘둘릴 수도 있고 특정한 원칙에 맞게 자아를 형성해 내는 방법을 배울 수도 있다. 지성은 인격의 성장을 위한 이 변형의 과정을 돕는 핵심 요인이다. 그 은둔자를 향한 달라이 라마의 충고는 바로 이 지점에서 솟아난 듯 보인다.

"삶을 좀 즐기세요." 달라이 라마가 그에게 조언했다.

가난한 네팔 마을 출신이었던 이 수도승은 그 말에 충격을 받았다. 그 말은 수도승이 해야 할 일에 대한 그의 모든 선입견을 정면으로 거스르는 것이었다. 비록 그가 한 명상의 가치를 부정한 것은 아니지만, 달라이 라마는 불교 우화에 나오는 그 노인처럼 자신의 제자가 거기서 멈추는 것을 원치 않았다. 정신적 성취라는 월계관을 쓰고 만족해 할 것이 아니라 이제 다시 짐 꾸러미를 집어 들고 마을로 되돌아갈 시간이 된 것이다.

그 수도승에게는 성매매에 끌려간 여동생이 하나 있었다. 달라이 라마의 충고는 그가 동굴에서 나와 마을 여성들에게 교육과 의료 혜택을 제공하는 일을 하는 데 동기를 부여해 주었다. 그 일을 후원한 사람 중에는 내 지인도 포함되어 있었는데, 그는 누군가가 달라이 라마에게 그 수도승과의 중요한 대화를 환기시켰을 때 그 자리에 함께 있었다.

달라이 라마는 빙그레 미소를 지었다. "아, 그랬지요." 그가 즐겁게 말했다. "제가 그에게 '삶을 좀 즐기시라'고 말했습니다."

달라이 라마의 충고는 불교 스승인 그의 지위를 감안하면 수수께끼 같은 말이긴 하지만, 깊이 무르익은 지혜로부터 솟아난 것이었다. 그 지혜는 동양에서와 마찬가지로 서양에서도 유효하고, 붓다의 시대와 마찬가지로 오늘날에도 도움이 되며, 네팔 수도승에게 맞았던 것처럼 우리에게도 맞는 그런 지혜였다.

우리 모두는 삶을 살고 있지만, 우리가 항상 삶의 소중함을 인식하는 건 아니다. 우리 모두가 자아를 갖고 있지만, 우리가 항상 자아에 대해 충분한 책임을 지는 건 아니다. 우리의 고통과 그 고통을 피하기 위한 절망적 시도들은 우리를 강박적 집착과 탐욕, 걱정, 좌절의 구렁텅이에 빠뜨리곤 한다. 네팔의 그 수도승처럼 삶으로부터 도피하기 위한 수단을 찾다가 영적 추구에 이끌리게 되는 사람들도 있다. 그들은 깨달음을 일종의 탈출구로 여긴다. 하지만 자아를 건너뛰려는 그런 시도는 생산적인 것이 못 된다. 자아를 우회하는 건 불가능하다. 고통을 지속시키는 걸 원치 않는다면 우리 자신을 철저히 되돌아봐야 한다. 자신의 삶을 명상으로 만드는 것과 삶으로부터 도피하기 위해 명상을 이용하는 건 분명히 다르다.

이 책은 빠른 해결을 약속하지 않는 일종의 지침서이다. 이 책은 더 나은 삶을 살 수 있도록 인간의 잠재력을 극대화하는 일에 매진해 온 두 가지 전통에 근거하고 있다. 이 전통들은 이제 막 대화를 시작한 상태지만, 불교와 서양의 심리 치료가 많은 공통점을 지니고 있다는 건 확실하다. 이들 전통은 자아의 미숙한 태도를 의식적으로 자각하는 것이 고통을 극복하는 열쇠라는 점을 인정한다. 그런 의식성이 없다면 우리는 온갖 충동에 휩쓸려 다니고 습관적 방어 기제의 지배를 받는 상태로 남게 될 것이다. 하지만 자기 자신의 불안과 욕망의 강도를 알아차릴 수 있다면, 우리는 붓다와 프로이트가 그랬듯이 우리 내면에서 해방을 가능케 하는 무언가를 발견하게 될 것이다. 내면에서 벌어지는 일에 책임을 지는 태도는 우리에게 희망을 가져다준다.

명상의 요점은 무엇인가

나는 비교적 어린 나이에 불교에 이끌리는 특이한 경험(내게는 행운이었던 것 같다)을 하게 되었다. 그때는 서양 심리학이나 정신의학에 관심을 갖기도 전이었다. 처음부터 불교는 내게 개인적으로 말을 걸어 왔다. 내가 읽은 붓다의 첫 번째 설법은(대학 1학년 학부 탐색 수업 시간에) 불안한 마음을 다스리는 법에 관한 것이었다. 나는 그 글이 나를 위해 쓰인 것이라고 느낄 정도로 즉각 그 내용에 이끌렸다. 곧이어 나는 대학 도서관 구석에서 서고 깊숙이 파묻혀 있는 고대 불교 문헌들을 뒤적이기 시작했다. 그 책들 중 상당수는 수년 간 대출되지 않은 상태였지만, 그랬기 때문에 내 눈에 더 특별하게 보였다.

이 고대 문헌들에는 유용해 보이는 마음의 지도가 담겨 있었다. 그 지도는 마음을 계발하는 길을 보여주었고, 친절함과 관대함, 유머, 공감 같은 자질들이 본능적 매혹과 혐오에 의문을 제기하는 태도에서 자라날 수 있다는 사실도 제시해 주었다. 고요한 마음이 가져다주는 내적 평화와 창조적 표현의 만족감, 지속적인 관계에서 비롯되는 위안과 기쁨, 타인을 돕고 가르치는 데서 오는 만족감, 자신의 이기적 관심사에서 벗어나 다른 사람의 행복을 고려하는 데서 오는 해방감 등은 점점 더 현실적인 목표로 다가왔고, 불교와 관계를 맺으면 그 목표를 더 잘 달성할 수 있을 것만 같았다. 나는 오늘날까지도 내 작업에 영향을 미치고 있는 고대 불교의 이 지도를 주제로 논문을 작성했다.

나는 스물한 살 생일이 되기 전에 첫 번째 명상 교사와 만났고, 그 후에 바로 두 주에 걸친 은둔 수행에 참여했다. 비록 명상을 하는 데 어려움을 겪긴 했지만(너무 단순해서 더 어려운 것 같다) 처음으로 참여한 그 수련회 기간 동안 의미 있는 결실을 맛본 만큼, 나는 그 이후에도 수십 차례에 걸쳐 수련회에 참석해 왔다. 그 모든 명상 경험들은 나 자신에 관한 흥미로운 사실들을 드러냄으로써 명상을 향한 내 최초의 열정을 강화시켜 주었다. 명상은 정말로 효과가 있었다. 직접 해 본다면 당신도 그 효과를 실감할 수 있을 것이다!

　다른 많은 사람들과 마찬가지로, 나 역시 주로 명상의 가능성 때문에 불교에 관심을 갖게 되었다. 나는 생각을 가라앉히고 내면의 평화에 접근하는 방법을 알고 싶었다. 마음에 내재된 잠재력을 최대한 발휘할 수 있도록 해 준다는 설명도 내 관심을 끌었다. 나는 나 자신이 내게 방해가 되기 쉽다는 사실을, 최초로 불교 경전을 읽던 그 시절에 이미 알았던 것 같다.

　불교와의 이 만남은 내게 매우 중요한 것이었다. 그 만남은 나를 명상으로부터 불교 가르침에 대한 심도 있는 탐색으로 이끌어 주었다. 나는 명상이 중요하긴 하지만 불교의 궁극적 목적은 아니라는 사실을 이해하게 되었다. 명상의 요점은 그 태도를 일상의 삶 속으로 가져오는 데 있었다. 현재 순간을 더 충실히 살아내고, 자신을 해치는 짓을 중단하고, 자신과 타인에 대한 두려움을 내려놓고, 자신의 충동에 휘둘리지 않도록 경계하고, 바쁘고 힘든 일상 한가운데서 더 관대하게 베푸는 태도를 취하는 것, 그것이 명상의 목적이었다. 나는 수년 간 정신과의사로 일하면서 심리 치료의 목적도 이와 다르지 않을 것이란 생각을 품게 되었다.

　최근까지 나는 상담 시간에 불교에 대해 직접적으로 언급하는 것을 자제해 왔다. 나는 불교의 가르침을 암시적으로 전달하려고 노력해 왔다. 예컨대 나는 불교의 가르침을 환자들의 말에 귀를 기울이는 방식과 자신의 수치심과 두려움에 접근하도록 환자들에게 요청하는 방식, 그리고 환자들에게 그들의 태도 때문에 그 고통이 지속되는 것이란 점을 보여주는 방식 안에 녹여 내고자 했다. 나는 내가 불교를 공부했다는 사실을 비밀로 하지 않았고, 요청받을 때면 언제든 기꺼이 그 주제에 관해 대화를 나누었지만 치료를 위한 처방으로 명상을 직접 권한 적은 거의 없다. 알아차림이 정신 건강 영역에서 독립된 치료 수단으로 영향력을 확대해 가는 모습을 지켜보면서도, 나는 계속해서 변방에 머무는 쪽을 택해 왔다. 불교를 구성하는 이 특정한 측면에 사람들이 과장된 기대를 품는 것 같았기 때문이다. 나는 환자의 무의식에만 온전히 초점을 맞추기 위해, 프로이트가 종종 말했듯, 인위적으로 나 자신의 눈을 멀게 하는 오래된 분석적 방법을 선호해 왔다. 어쨌든 정신과 진료비보다 훨씬 저렴한 비용을 내고 명상을 배울 수 있는 곳은 많이 있었기 때문이다.

하지만 만일 내가 잘못 생각한 것이라면 어떨까? 몇 년 전 일주일 간 은둔 수행을 하던 중 이런 생각들이 떠올랐다. 혹시 내가 돌봐야 할 사람들에게서 나 스스로 그토록 큰 도움을 받은 수단을 빼앗고 있는 것은 아닐까? 남을 가르치려 들지 않도록 너무 조심하느라 내 환자들을 어둠 속에 내버려 두고 있는 것은 아닐까? 내가 배워 온 다르마dharma, 즉 붓다의 가르침을 좀 더 명시적으로 제시해 보는 것도 괜찮지 않을까? 그렇다면 나는 무슨 말을 해야 할까? 불교에 익숙하지 못한 대다수의 내 환자들에게 어떤 식으로 말을 건네야 할까? 붓다의 가르침은 내게 엄청난 도움이 되었다. 그렇다면 나도 내 도움이 필요한 사람들이 거부감을 느끼지 않도록 불교의 가르침을 전할 수 있을까?

　대부분의 경우 내가 조언을 제시하면 사람들은 표면적으로는 그 말을 받아들이면서도 내심 거부하곤 했다. 사람들은 도움을 주고자 애쓰는 내 모습을 고맙게 여겼지만, 저마다 내 제안대로 따르지 않을 수많은 이유들을 갖고 있었다. 역설적이게도 이 사실은 내게 약간의 해방감을 안겨 주었다. '사람들은 자신이 원하지 않는 조언은 들으려 하지 않는다'는 사실을 알고 있는 지금, 나는 예전만큼 조언을 건네는 일에 부담을 느끼지 않는다. 하지만 나는 여전히 '전문가' 행세를 하는 것이 사람들에게 얼마나 큰 거리감을 심어 주는지 충분히 의식하고 있다.

　최근 술을 끊는 데 성공한 내 환자 중 한 명이 들려준 이야기는 신중한 태도를 취하는 것이 옳다는 확신을 갖게 해 주었다. 술과 약물에 빠져 있던 그가 나를 처음 방문했을 때, 나는 그에게 금주 모임에 참석해 보라는 권고를 딱 한 번 했는데, 그는 나의 그런 태도에 매우 큰 도움을 받았다고 말해 주었다. "선생님은 제가 스스로 결정을 내릴 수 있도록 여지를 남겨 주었어요." 그에게는 그런 선택권이 그 무엇보다도 중요한 것이었다.

　내 환자가 암시한 것처럼, 돕고자 하는 시도는 너무 자주 뜻하지 않는 방향으로 빗나가곤 한다. 만일 내가 금주를 너무 강압적으로 권했더라면 그는 나를 좌절시키기 위해서라도 술을 계속 마셨을 것이다.

'옳은' 사람이 아니라 '도움이 되는' 사람

내가 항상 신중한 태도를 유지하는 데 성공한 건 아니다. 의사 초창기 시절, 나는 지나치게 권위적인 태도로 조언을 건네는 실수를 저지르기도 했다. 나는 그 경험을 통해 좋은 의도로 조언을 건넬 때조차 아주 조심해야 한다는 걸 배우게 되었다. 치료적 관계가 제대로 확립되지 않은 상태라면 조언은 역효과만 내기 쉽다.

당시 한 젊은 청년이 두 주 간에 걸친 은둔 수행 수련회를 마친 후 나를 찾아왔다. 그는 수련회에서 고요함과 평화로움 대신 불안하고 혼란스러운 느낌만 경험한 상태였다. 그는 아주 지적이었지만, 그의 머릿속에서는 정신과의사들이 '사고 장애(thought disorder)'라 부르는 것의 흔적이 감지되었다. 일반인에게서는 잘 발견되지 않는 정신질환의 초기 증세였다. 내가 이 청년을 상담할 수 있었던 건 불교에 대해 잘 알고 있던 그의 부모가 나를 믿어 주었기 때문이었다. 비록 돕고자 하는 의도가 있긴 했지만, 나는 그를 다소 과격하게 응대했다. 저녁 때가 다 되어 상당히 피로해진 상태였기 때문에 평소보다 더 충동적으로 말을 하게 되었던 것 같다.

"잠재되어 있던 조울증 성향이 수련회 기간 동안 표면화된 것 같습니다. 그대로 방치하면 삶 전체에 영향을 미칠지도 모르니까 지금 당장 치료를 받는 게 좋을 거예요."

나는 조울증에 관한 책을 선반에서 꺼내 그에게 보여 주면서 설명을 늘어놓았고, '좋은 치료법이 많으니, 정신병을 하나 택해야 한다면 이 병 쪽이 좋을 것'이라는 말까지 했다.

"매우 성공적이고 창의적이었던 수많은 사람들이 이 병을 앓았지요." 내가 그를 안심시키기 위해 말했다.

내 진단을 뒷받침하는 근거는 아주 빈약했지만(평소 아무런 문제없이 잘 지내다가 수련회에 참석해 감각을 차단당한 뒤에야 문제를 일으켰다는 점), 그 사실이 내 입을 막아 주지는 못했다. 그는 기분이 상한 채로 상담실 문을 나섰다. 다음 날 그의 어머니에게서 전화가 걸려 왔다. 매우 화가 난 상태였다.

"처음 만난 사람에게 어떻게 그런 진단을 내릴 수가 있죠?" 그녀가 쏘아붙였다. 그녀 말이 옳았다. 나는 사과했지만 그들에게서 다시 연락이 오진 않았다.

20년 후, 나는 한 파티에서 그 환자의 어머니와 우연히 마주치게 되었다. 그녀는 내게로 다가와 당시 일을 상기시켜 주었다.

"당신에게도 이제 자식이 있겠지요? 자기 자식에게 문제가 있다는 말을 듣는 것이 부모에게 얼마나 큰 충격이 되는지 아시나요? 저는 오래도록 당신에게 화가 나 있었어요."

나는 그녀의 심정을 충분히 알았다. 나는 다시 사과를 하고 아들의 안부를 물었다.

"사실 오늘 당신을 보게 될 거라고 아들에게 말했어요. 그러자 아들이 '엄마, 그 선생님 말이 맞았는지도 몰라'라고 하더군요. 그 애는 그 후로도 수련회에 갈 때마다 어려움을 겪었지만 요즘에는 많이 나아지기 시작했어요."

오래전 그때 내가 전문가 행세를 좀 덜 했더라면 그 사람에게 도움을 줄 수도 있지 않았을까? 내가 설령 옳았다 하더라도(내가 완전히 틀린 것은 아니라는 사실을 알게 되어 내심 기쁘기도 했다), 이 직업에서는 '옳은' 사람이 되는 것이 아무런 의미가 없다. 심리치료사는 '도움이 되는' 사람이 되어야 한다. 나는 내 조언이 당시 그 상황에서처럼 역효과를 낳는 것을 원치 않는다!

이 책은 도움이 되고자 하는 하나의 시도이다. 누구든 여기 제시된 조언들을 받아들여 자기만의 방식대로 활용할 수 있다. 붓다가 가르침을 펴면서 분명히 강조했듯이, 팔정도의 가르침은 배워서 익힐 때라야 비로소 의미를 지니게 된다. 그 어떤 예술가도 다른 예술가와 똑같은 작품을 만들지 않는 것처럼 우리 자신의 성장 과정은 다른 사람과 결코 똑같을 수가 없다. 우리 모두는 자라온 환경이 다 다르고, 추구하는 방향도 제각각이다. 하지만 한 가지 분명한 건, 팔정도의 가르침을 배워서 익히는 것이 혼란스러운 세상을 현명하게 헤쳐 나가는 데 도움이 될 것이란 점이다. 비록 심리 문제에 대한 해결책으로 명상을 제시하는 걸 오래도록 주저하긴 했지만, 팔정도의 가르침을 다시 검토하는 동안 나는 불교의 관점을 심리 치료의 관점 속에 효과적으로 녹여 낼 수 있었다. 그러니까 결국 요점은 우리의 자아에게 가능한 모든 도움을 제공해야 한다는 것이다. 우리는 우리 자신을 극복하는 것에서 커다란 혜택을 얻어 낼 수 있다.

1장

올바른
견해

자신과 사물의 본성을 있는 그대로 직시하는 힘

내 진료 방식을 되돌아볼 계기가 되어 준 명상 수련회가 끝난 후 여러 환자들이 연달아 내게 명상을 좀 가르쳐 줄 수 없겠느냐고 물어 왔다. 나는 그와 같은 우연의 일치에 약간 놀랐다. 최소 세 명이 잇따라 같은 요청을 해 온 것이다. 이 환자들은 치료 기간의 일부를 명상에 할애하고 싶어 했고, 내가 그들을 이끌어 주길 바라고 있었다. 그래서 그들이 무언가 말하는 것을 회피하기 위해 그러는 것인지 모른다고 의심하면서도, 그 요구에 기꺼이 응했다. 나는 불교의 가르침이 아닌 명상 기법만 최선을 다해 가르치기로 마음먹었다. 그렇지만 명상 기법에 대해 설명하는 동안 나는 '올바른 견해(Right View, 정견)'의 가르침을 확실히 언급해 둘 필요가 있겠다는 느낌을 받았다. 그렇게 하지 않으면 환자들이 명상을 현실 도피를 위한 수단으로 오용할지도 모르기 때문이었다.

명상은 지극히도 단순한 활동이다. 명상을 하는 동안 해야 할

일 같은 건 사실 아무것도 없다. 당신은 그저 고요히 앉아 자신이 앉아 있다는 사실을 단순히 알아차리기만 한다. 마음이 방황을 하면, 마음이 방황한다는 그 사실에 대한 알아차림을 활용해 주의력을 회복한 뒤 다시 명상을 이어가면 된다.

'올바른 견해'의 가르침은 우리에게 이런 독특한 태도를 유지하려 노력하는 이유를 기억하라고 권고한다. 우리는 삶의 상당 부분을 미래에 대한 생각이나 과거에 대한 회상에 허비한다. 하지만 현실로부터의 이 같은 이탈은 끊임없는 괴리감과 불안감만 양산할 뿐이다. 정신없이 삶을 살아가는 동안 우리는 과거와 미래에 초점을 맞추느라 우리가 실제로 지닌 전부인 '지금 여기'를 잃어버리고 만다.

붓다는 다소 역설적이게도 현재의 순간에 편안하게 머물기 어려운 원인으로 '불확실성과 변화에 대한 두려움'을 꼽았다. 사실 현재는 정적이지 않다. 현재는 끊임없이 변화하며 우리는 결코 다음 순간에 무슨 일이 일어날지 알 수 없다. 과거와 미래가 우리를 사로잡는 건, 우리 스스로 사물을 통제하고 싶어 하기 때문이다. 현재에 머물려면 개방적인 자세로 예기치 않게 일어나는 일들을 받아들일 수 있어야 한다. 명상을 통해 우리는 평소처럼 상대적으로 안전한 생각의 영역에 머물며 변화에 저항하는 대신, 흐름에 내맡기는 훈련을 하게 된다. 명상을 할 때 우리는 사물의 무상한 본성에 우리 자신을 내맡긴다. 그 흐름이 어디로 이어지든 상관없이.

명상은 결국 마음을 바라보는 훈련

당신이 선택한 명상이 집중 명상이라면 주의력을 호흡과 같은 단일 대상에 고정시키려고 노력해야 한다. 마음이 방황하면, 마음이 방황한다는 사실을 알아차린 뒤 자책하지 말고 관심을 다시 호흡으로 되돌려 놓으면 된다. 당신이 선택한 명상이 알아차림 명상이라면 변화하는 현상의 모습을 있는 그대로 인식하도록 애써야 한다. 앉아 있을 때는 앉아 있다는 사실을 알아차리고, 그러다가 생각이 일어나면 생각이 일어났다는 사실을 알아차리면 된다. 호흡의 느낌이나 몸의 감각을 의식할 수도 있을 것이고, 감정의 느낌이나 생각의 활동 그 자체에 주목할 수도 있을 것이다.

마음이 어디를 가든 우리는 그 마음을 계속해서 따라다니려 노력해야 한다. 생각 속으로 완전히 빠져들거나 감정에 사로잡혀 알아차림을 유지하기 힘들게 되었다 하더라도, 주의력을 놓쳤다는 사실을 깨닫게 되는 순간은 반드시 찾아온다. 그 순간, 호흡과 같은 단순한 대상으로 관심을 되돌린 뒤, 그 지점부터 다시 시작하면 된다.

시간이 지남에 따라 마음은 점차 주의를 기울이는 이 새로운 방식에 익숙해진다. 편안히 머물며 매 순간을 받아들이는 방식을 습득하게 되는 것이다. 가만히 내버려 두더라도 마음은 변화하는 현상들과 함께 현재에 머물기 시작한다. 그리고 어떤 명료함이 일어난다. 라디오 주파수를 맞출 때처럼 당신은 신호가 잡힌 순간을 알아챌 수 있다. 마음은 자신만의 고유한 주파수를 찾아내 거기에 공명하기 시작한다. 오랜 기간 동안 산만한 정신 상태가 계속되다가 갑자기, 아무런 경고도 없이 마음 상태가 바뀌고 초점이 뚜렷해진다. 그것은 마치 어린아이들이 좋아하는 그림책《월리를 찾아라》와 같다. 월리는 책 양면 전체에 가득 찬 인파 가운데 붉은 줄무늬 셔츠와 닥터 수스Dr. Seuss 모자, 안경을 쓰고 숨어 있어 찾기가 쉽지 않다. 처음에는 그를 찾는 것이 거의 불가능해 보인다. 너무나도 정신이 없기 때문이다. 하지만 긴장을 풀고 가만히 바라보다 보면 인물들의 특징이 하나둘 부각되기 시작한다. 그러다가 그 모든 어지러움 속에서 갑자기, 월리가 모습을 드러낸다!

그림책《월리를 찾아라》를 볼 때와 마찬가지로 명상을 하는 우리의 마음은 집중될 수도, 이완될 수도 있다. 심지어 마음은 그 두 태도를 동시에 취할 수조차 있다. 마음은 부드럽고 명료하고 깊은 이완의 상태 속에 흐트러짐 없이 머물 수도 있고, 하늘을 나는 새의 날갯짓과 내면에서 솟아나는 갈망의 느낌, 바스락거리는 나뭇잎 소리 같은 갑작스러운 움직임을 포착해 낼 수도 있다. 마음의 능력은 실로 놀라울 정도다. 우리가 명상을 할 때처럼 마음을 중립 상태로 놓으면, 마음은 중지되는 것이 아니라 활짝 열린다. 마음은 핵심적 특질인 주관성과 독립성을 어느 정도 유지한 채 넓게 이완되어 나간다.

명상은 결국 마음을 바라보는 훈련이다. 어떤 경우에는 마음이 빨리 가라앉아 명상이 수월하게 진행되기도 하지만, 또 다른 경우에는 마음이 협력을 거부한 채 명상을 비하하는 수많은 말들을 늘어놓는 바람에 과정이 지체되기도 한다. 따라서 우리는 우리의 마음을 신뢰하기도 하고 불신하기도 해야 하며, 때로는 이 두 태도를 동시에 취할 줄도 알아야 한다. 이렇게 되기까지는 시간이 좀 걸린다.

그릇된 확신 깨뜨리기

내가 지도한 세 명의 환자들은 모두 명상에 대한 확신이 없었다. 한 환자는 마치 중요한 것은 양이라는 듯, 명상을 얼마나 오래 해야 하는지 알고 싶어 했다. 그 환자는 최소한 하루에 두 번씩, 20분은 해야 효과를 볼 수 있다는 말을 들었던 것이다. 그녀는 자신이 5분 이상 가만히 앉아 있는 건 불가능하다고 확신하고 있었기 때문에, 나는 그녀에게 5분이라도 괜찮다고 말해 주었다. 그런 뒤 우리는 머리를 맞대고 명상 도중 시계를 쳐다볼 필요가 없도록 그녀의 아이폰에 타이머를 설정했다.

또 다른 환자는 목 부위의 긴장감 때문에 고통을 받았다. 그녀는 명상을 통한 이완이 바로 효과가 나타나길 원했지만 그 효과가 즉각적이지 않다는 사실을 알고 좌절감을 느꼈다. 그녀는 명상을 통해 목 부위의 긴장을 더 예민하게 느끼고 난 후 자신을 형편없는 명상가로 간주하기 시작했다. 나는 그녀에게 '형편없는 명상

가' 같은 건 없다고 말해 주었지만, 그녀가 그 말을 믿은 것 같지
는 않다.

세 번째 환자는 시작부터 평화롭고 고요한 상태 속으로 빠져
들었다. 하지만 이어지는 명상에서는 그 상태를 다시 경험하지 못
했다. 그녀는 첫 시도 때와 같은 숭고한 특성이 없는 명상을 무가
치하게 여겼고, 이내 자신을 비하하기 시작했다.

내 자신이 그런 과정들을 겪어 본 만큼 이런 반응에 익숙했던
나는 그들이 가진 그릇된 확신을 깨뜨리기 위해 인내심을 갖고 노
력했다. 나는 명상 경험이 그들의 자존감을 갉아먹는 것이 아니라
지지해 주길 바랐다.

이런 경험의 맥락에서 내 환자들의 요청에 대해 숙고하면서,
나는 내가 치료에 명상 도입을 오래도록 주저한 이유를 알게 되었
다. 사람들은 종종 명상이 자신들의 문제를 해결해 주길 바란다.
그들은 명상을 자신의 무너진 측면을 수리하는 일종의 주택 개조
프로젝트로 여긴다. 과거를 후회하면서 미래에 기대를 거는 것이
다. 심리치료사들은 이런 유형의 비현실적 기대를 상쇄하는 방법
들을 개발해 왔다.

심리 치료는 고된 과정이고, 그 효과는 결코 즉각적으로 나타
나지 않는다. 심리치료사들은 환자에게 섣부른 기대를 불어넣지
않도록 주의하며, 마술적 치료에 대한 희망이 자신에 대한 탐색을
어떻게 가로막는지 설명하는 데도 능숙하다.

많은 사람들이 느린 치료 과정에 좌절하고 떠나간다. 하지만

인내심 있게 견디는 사람들은 깊고 의미 있는 관계를 통해 보상을 받게 된다. 치료를 받는 사람들은 자신이 아닌 다른 사람인 양 가장할 필요가 조금도 없다. 그들은 있는 그대로의 자신의 모습을 숨김없이 솔직하게 드러내 보일 기회를 끊임없이 얻는다. 이는 엄청난 선물이 될 수 있고, 사실 이런 태도야말로 많은 사람들에게 치유 효과를 가져다주는 기법의 핵심이다.

붓다는 '올바른 견해'의 가르침을 통해 이와 비슷한 태도를 강조했다. 그 가르침은 자기 자신과 사물의 본성을 현실적으로 직시하도록 격려하는 붓다만의 방식이었다. '올바른 견해'의 가르침은 결점 많고 불안정한 자아를 지탱하려 애쓰는 대신 무상함, 혹은 덧없음(impermanence)이라는 절대적 진리 초점을 맞추라고 권고한다. 명상을 또 다른 성취의 대상으로 여기는 태도는 비생산적이다. 너무 확고한 목표를 설정하면 명상 과정 자체의 고유한 목적을 그르치게 된다. 더 이완되고, 평화롭고, 스트레스와 집착에서 자유롭고, 더 행복하고, 더 섬세한 마음을 갖는 것 같은 건전한 목표라 하더라도 사정은 결국 마찬가지다.

삶의 가장 고통스러운 측면을 대하는 법

붓다가 '올바른 견해'를 설한 건, 삶의 가장 고통스러운 측면에 대처하도록 도움을 주기 위해서이다. 그는 미시 세계(microcosm)가

거시 세계(macrocosm)를 반영한다고 말한 바 있다. 따라서 매순간마다 끊임없이 변화하는 경험의 본성을 관찰할 때, 우리는 사실 세상 전체의 무상함과 불확실성을 보고 있는 것이다. 실제로 이 세상에서는 나이듦과 질병, 죽음을 피할 길이 없다. 사랑하는 사람들과의 이별 역시 피할 수 없으며, 시간의 화살이 우리를 비껴가게 할 방법도 없다. '올바른 견해'의 가르침은 이런 불가피한 고통에 대비하기 위한 일종의 예방 접종과도 같다. 마음 그 자체에 내재된 지혜를 활용해 고통에 습관적으로 반응하지 않도록 마음을 준비시키는 하나의 방식인 것이다.

붓다는 사물의 실상을 있는 그대로 받아들이는 태도가 삶을 더 견딜 만하게 만들어 준다는 걸 깨달았다. 물론 덧없음을 인정하는 건 역설적인 행위이다. 우리의 본능적 습관들을 대부분 정면으로 거스르기 때문이다. 평소 우리는 현실을 외면한다. 우리는 죽음을 직시하려 하지 않고, 변화에 저항하며, 상처투성이인 과거의 자신과 거리를 두려 한다. 우리는 자신을 보호하기 위해 심리 치료사들이 '해리(dissociation)'라 부르는 기제를 동원한다. 해리 상태에 빠진 자아는 자신에게 위협이 되는 요인들을 밖으로 밀쳐낸다. 우리는 감당할 수 없는 것들을 제거한 뒤 실제보다 강인한 척하며 삶을 이어나간다.

하지만 붓다는 자신이 가장 두려워하는 것을 향해 조심스럽게 나아가라고 가르치는 현대의 인지행동 치료사 같은 인물이었다. 우리가 명상에서 마주하는 건 일상에서 직면하길 꺼려 하는 대상들의 축소본, 혹은 확대본이다. 간단한 명상 실험을 해 보면 이 점이 좀 더 분명해질 것이다. 지금 눈을 감은 뒤, 주의력이 가고 싶은 곳으로 가도록 방치해 보라. 관심의 방향을 통제하려는 노력을 포기해 보라. 아마도 당신은 얼마 지나지 않아 생각 속에 길을 잃은 자신을 발견하게 될 것이다. 쉽지는 않겠지만 그 생각의 내용들에 주의를 기울여 보라. 아마도 그 생각이 새롭고 중요한 생각인 경우는 드물 것이다.

대부분의 경우 우리는 이미 아는 내용을 머릿속에서 단순히 되풀이하기만 한다. '이제 무엇을 할까?', '다음엔 무엇을 먹을까?', '신경 쓸 필요가 있는 일에는 어떤 것들이 있나?', '지금 나는 무엇에 화가 난 걸까?', '최근 내 기분을 상하게 한 사람은 누구인가?' 우리는 이런 생각들을 조금씩 바꿔 가면서 끊임없이 되풀이한다. 그 결과 현재는 알아채지도 못하는 새에 우리 손아귀를 빠져 나가고, 우리는 현재와 괴리된다.

우리가 거의 항상 우리 자신의 몸과 분리되어 있는 것처럼. 우리는 주로 몸에서 벗어난 정신의 영역에서 생활하며, 문자 메시지를 확인하기 위해 스마트폰을 꺼낼 때만 잠깐씩 현실로 돌아온다. 우리가 다른 사람들과 연락을 유지하길 바라는 것만큼이나 우리는 자신의 몸에서 약간 벗어난 상태를 유지하는 데 아주 익숙하다. 하지만 이런 습관적 경향성을 없애고자 노력하다 보면, 방어적이고 분리된 자세를 떨쳐내는 마음의 능력에 놀라게 될 것이다.

명상이 감지하는 두 가지

명상은 마치 방석이나 편안한 의자 위에 몸을 안착시키듯, 몸 위에 마음을 안착시킨 다음 변화하는 신체 감각에 의도적으로 주의를 기울이는 것에서부터 시작한다. 몸에서 일어나는 이 감각들은 섬세한 경우가 많지만, 그 감각들과 함께 오랜 시간 머물다 보면 두 가지 중요한 점이 감지되기 시작한다. 첫째는 내면의 경험이 끊임없이 변한다는 사실이다. 생각 속에서 길을 잃었을 때는 이런 사실과 대면하지 않아도 되지만, 정신에 매몰된 일상적 상태에서 자신이 빠져나왔을 때는 이 사실을 직시할 수밖에 없다. 둘째는 우리의 호불호가 우리 자신을 현재, 지금 이 순간의 밖으로 내던져 버리곤 한다는 사실이다. 우리는 불쾌한 일이 일어나면 그 일로부터 거리를 두지만, 즐거운 일이 생기면 그 일 속으로 빠져든다. 우리는 어떤 순간이든 그냥 지나가도록 내버려 두지 않는다. 잠재의식 수준에서 있는 그대로의 현실과 끊임없이 씨름을 하는 것이다.

　이런 우리의 성향에 명상이 어떤 식으로 영향을 미치는지 감을 잡을 수 있도록, 지금 다시 눈을 감아 보라. 주변에서 들리는 소리에 귀를 기울여 보라. 소리는 훌륭한 명상 대상이다. 다른 감각들에 비해 우리 의식의 통제를 덜 받기 때문이다. 사람들은 종종 주변의 소리에 주의를 기울이는 것보다 자신의 몸에 관심을 안착시키는 데 더 큰 어려움을 겪는다. 단순히 듣기만 하면서, 무슨 소리가 나든 그 소리가 당신을 통과해 지나가도록 내버려둬 보라. 사방에서 나는 소리와 그 소리들 사이의 침묵에 고루 귀를 기울여 보라. 당신 마음이 소리를 차나 아기, 새, 텔레비전 등으로 식별하는 순간을 알아차려 보라. 소리의 출처와 관련된 개념이 고막을 치는 소리의 신체 감각을 대체하는 그 순간을. 좋아하는 느낌이나 싫어하는 느낌이 일어나는 순간을 포착한 뒤, 그 느낌이 드는 방식에 어떤 식으로 영향을 미치는지 확인해 보라.

우리는 직접적인 감각의 연쇄에서 떨어져 나와 그 감각에 대한 정신적 반응이나 심상 속으로 빠져드는 경향이 있다. 이것이 '올바른 견해'의 가르침이 밝히고자 한 내용 중 하나이다. 우리 일상에서는 이런 반작용이 큰 도움이 된다. 예컨대 누군가가 우리에게 경적을 울리면 우리는 그 소리의 파동에 귀를 기울이는 대신 문제가 무엇인지 확인하기 위해 몸을 돌린다. 이런 습관적 반응은 분명 도움이 된다. 하지만 우리는 그 반응에 필요 이상으로 의존하는 경향이 있다. 그것은 마치 끊임없이 경계태세를 유지하는 것과도 같다.

'올바른 견해'의 가르침은 고요하게 명상에 잠겨 이 반응을 탐색해 보라고 권고한다. 그 반응이 자신을 얼마나 몰아세우는지 미시 영역에서 관찰할 수 있다면, 우리의 삶이 그 반응에 의해 조건 지어지는 정도를 대략적으로나마 가늠해 볼 수 있을 것이다.

쉽고 빠른 해결책을 찾는 사람들

매번 겪게 되는 상실과 실망, 예기치 못한 어려움 등은 우리에게 새로운 도전 거리를 던져 준다. 붓다가 '올바른 견해'를 팔정도의 맨 앞에 배치한 것은 그런 도전을 기꺼이 받아들이는 태도의 중요성을 우리에게 일깨워 주기 위해서이다. 부모의 나이 듦과 반려동물의 죽음, 자녀를 비롯한 사랑하는 이들의 고난은 참기 힘들게 느껴질 때가 많다. 요즘에는 한 곳에서 다른 곳으로 이동하는 일조차 쉽지 않아 보인다. 공항 검색대를 통과하려면 줄을 서서 한없이 기다려야 되고, 비행기가 활주로에 올라선다 해도 객실 온도가 올라가거나 다른 문제가 생겨 비행이 갑작스레 취소되고 만다. 마침내 목적지에 도착하면 누군가의 짐이 없어졌다. 우리의 일상은 이런 문제들로 가득하다. 물건은 부서지고 사람들은 상처를 준다. 진드기는 라임병(Lyme disease)을 옮기고 친구들은 병이 들거나 죽음을 맞이한다.

"질병이 우리 세대를 노리고 있어." 예순 살이 된 내 친구가 며칠 전 가까운 지인들이 걸린 병에 대해 이야기를 하다가 말했다. "우리도 이제 노인이 다 된 것 같아."

그가 옳았다. 하지만 삶의 불확실성은 특정 세대에만 국한된 것이 아니다. 학교에서의 첫날과 노인 요양 시설에서의 첫날은 놀라울 정도로 유사하다. 분리와 상실감은 모든 사람에게 영향을 미친다.

팔정도의 맨 앞에 '올바른 견해'가 나오는 이유는 시작부터 이 점을 확실히 해 두기 위해서이다. 티베트 불교에는 '명상의 목적에 대한 분명한 이해 없이 명상을 하는 사람은 정처 없이 광야를 헤매는 장님과도 같다'는 유명한 말이 있다. '올바른 견해'의 가르침은 불교 명상의 근본 목적이 자기 자신을 위한 안전한 은신처를 만드는 것과 무관하다는 점을 강조한다. 명상의 목적은 순간순간 변하는 사물의 덧없는 본성에 익숙해지는 것이다. 달라이 라마가 수년에 걸쳐 은둔 생활을 하던 네팔의 수도승에게 "삶을 좀 즐기시라"고 말했을 때, 그는 바로 이 원리를 환기시킨 것이다. 달라이 라마는 '삶의 흐름 속으로 뛰어드세요, 삶을 초월한 것처럼 가장하지 마세요'라고 말하고 있었다.

　　명상은 분명 마음을 일시적으로 고요하게 만들 수 있다. 하지만 팔정도의 관점에서 보면 이 고요함은 더 예민하고 섬세한 관찰을 위해 활용되어야지, 그 자체가 목적이 되어서는 안 된다. 사람들이 끊임없이 이야기를 하는 시끄러운 방 안에서 영화를 감상하기 어려운 것처럼, 생각으로 산만해진 상태에서는 변화하는 경험의 흐름에 주의를 기울이기 힘들다. 집중 명상은 관심을 호흡과 같은 하나의 대상에 고정시키는 만큼 마음을 차분하게 만든다. 하지만 알아차림이 강조하는 건 변화의 측면이다. 마음이 차분히 가라앉으면 잘 드러나지 않던 사물의 덧없는 본성을 좀 더 분명히 인식할 수 있다. 저항은 줄어들고, 과거나 미래에 대한 생각은 가라앉으며, 외부 사건에 맹목적으로 반응하는 대신 의식적으로 대응할 수 있겠다는 느낌도 자라나기 시작한다.

특효약은 없다

명상에 대한 내 환자들의 관심과 그들이 명상을 하며 겪은 어려움들은 명상이 우리 문화에 소개되어 온 방식과 연관되어 있고 인간의 심리와도 어느 정도 관련되어 있다. 스트레스를 완화하여 이완을 촉진시키고 혈압을 낮추며, 투쟁-도피 반응(긴박한 위협 앞에서 자동적으로 나타나는 생리적 각성 상태를 말한다. - 옮긴이)을 상쇄하고 인지 효율성을 높이는 수단으로 홍보되어 온 명상은, 문제 해결을 돕는 하나의 실용적 도구로 서구 문화권에 도입되었다. 그리고 점차 심리 치료를 돕는 단순한 보조 수단이 아닌 대체 수단으로서 제시되기 시작했다. 내 생각에 이건 유감스런 일이다. 프로작(Prozac, 항우울제)에 대한 과도한 열광이 유감스러운 것과 똑같은 방식으로.

　사람들은 명상이 특효약이 되어 주길 기대한다. 그들이 원하는 건 쉽고 빠른 해결책이다. 프로작이 처음으로 소개되었을 때 우울증과 아무 상관도 없는 수많은 사람들이 그 약을 사 먹었다. 프로작이 자신들을 변화시켜 줄 것이라고 생각한 것이다. 사실 그 약은 일부 사람들에게는 큰 도움이 되었지만 훨씬 더 많은 사람들에게는 아무런 도움도 되지 못했다. 하지만 플라시보 효과(placebo effect, 아무런 효과도 없는 위약이 심리에 영향을 미쳐 실제로 증세를 호전시키는 현상 − 옮긴이)는 매우 강력하다. 치료를 약속하는 무언가에 관심과 돈을 투자할 때 사람들은, 적어도 당분간은, 전보다 나아졌다고 자신을 설득할 수 있다.

홍보의 관점에서 보자면 명상은 이런 경향에 수혜를 입었다. 하지만 나는 이런 판단에 전적으로 동의하지는 않는다. 많은 수련회에 참석하면서 명상의 유익한 효과를 직접 경험해 왔기 때문이다. 평화로운 느낌은 실제로 일어나며, 이 점에는 의심의 여지가 없다. 마음이 집중되면 누군가가 되어야 한다는 압박감에서 벗어난 고요한 상태를 맛볼 수 있다. 예술가와 작가, 수학자, 체스 선수, 배우, 음악가, 운동선수 같은 사람들은 이 점을 아주 잘 안다. 마음이 집중되었을 때 자아는 사라지며, 그 빈자리에는 비록 일시적이긴 해도 진정한 안도감이 자리 잡는다. 명상을 하면 창조적 활동을 할 때 일어나는 몰입(flow)의 느낌 속으로 빠져들 수 있고, 때로는 그 느낌을 오랜 기간 유지할 수도 있다.

하지만 대부분의 예술가와 작가, 수학자, 체스 선수, 배우, 음악가, 운동선수들은 다른 일반인보다 더 행복하지도, 더 침착하지도 않다. 일시적인 자아의 소멸이 필요한 전부였다면 우리의 문제는 그리 심각하지 않았을 것이다. 아마 텔레비전을 보는 것만으로도 치유가 되었으리라.

"문제를 과장하지 마세요."

내 아내는 창조적 과정에 몰두할 때 일어나는 기쁨을 즐길 줄 아는 조각가이다. 그녀는 자신의 작업실에서 길고 고된 시간을 보내지만 작업실 밖으로 나올 때 보면 대체로 생기가 넘친다. 내가 아내를 통해 만나 본 수많은 예술가들은 창조 활동의 마력에 의해 일시적으로 자아가 사라진 상태를 경험하곤 했는데, 그 상태는 명상이 가져다주는 경험과 비교할 만한 그런 것이었다. 하지만 이 예술가들과 함께한 시간들은 '몰입 상태에 빠져드는 성향만으로는 삶이 우리에게 던져 주는 가장 큰 도전거리들을 해결할 수 없다'는 내 기존 생각만 강화시켜 주었다. 여기에도 붓다의 '올바른 견해'와 같은 무언가가 필요했다.

　　알린Arlene과 나는 결혼 후 몇 년이 지나 이 사실을 입증해 주는 매우 의미 있는 경험을 하게 되었다. 그때 우리는 내 첫 불교 스승 가운데 한 명인 조지프 골드스타인Joseph Goldstein을 만나는 중이었다. 당시만 해도 알린은 그를 잘 몰랐다. 알린은 그날 조지프로부터 몇 가지 조언을 받았는데 그 조언들은 그녀에게 강렬한 영향을 주었다. 명상과 직접 관련된 것은 아니었지만 그 조언에는 '올바른 견해'의 정수가 포함되어 있었다. 우리 부부는 그날 조지프와 나눈 대화를 생생히 기억한다. 비록 얼마 전 조지프를 만나 그 일을 이야기했을 때 그가 전혀 기억을 못 하긴 했지만 말이다. 사실 그는 알린의 이야기에 약간 놀란 듯 보였고, 심지어 당황하는 기색마저 보였다.

"그때 제가 아주 대범한 말을 했군요." 이야기를 들은 조지프가 약간 멋쩍은 기색을 보이며 말했다.

1980년대 중반, 우리의 첫아이가 태어난 후 얼마 지나지 않아 알린의 가장 친한 친구가 암 진단을 받았다. 알린의 친구는 재능 있고 야심차고 활력이 넘치는 놀라운 여성이었다. 그녀는 로드아일랜드 디자인 스쿨Rhode Island School of Design을 졸업한 후 보스턴 시내에 있는 넓은 다락 작업실에서 알린과 수년 간 함께 생활했고, 우리 결혼식에 들러리를 서 주기도 했다. 우리가 뉴욕으로 이사를 갔을 때 그녀는 보스턴에 남았고, 그녀가 병이 들자 알린은 최대한 친구를 보살피기 위해 두 도시를 여러 차례 왕복했다. 의사는 처음에는 난소암 진단을 내렸지만, 종양이 치료에 반응하지 않자 더 검사를 해 보고 진단명을 평활근육종(leiomyosarcoma)으로 바꿨다. 이 병은 일종의 희귀 질환으로, 원인을 알 수 없고 파괴적이며 치명적인 질병이었다.

조지프를 만나 이야기를 나눴을 때 알린은 끔찍한 심경이었다. 친구의 질병은 나쁜 것을 넘어 상상도 할 수 없는 최악의 상태로 악화되었고, 알린은 갓 태어난 딸의 생기와 친구의 질병이라는 엇갈린 현실을 감당할 수 없었다. 우리가 조지프를 자주 만난 건 아니지만 아내는 그를 조금씩 이해하기 시작했고, 내가 그를 얼마나 신뢰하는지도 잘 알고 있었다. 조지프와 나는 벌써 12년 동안 친구로 지내왔다. 내가 그를 만난 건 대학시절 처음으로 불교에 흥미를 느꼈을 때였다. 그는 인도에서 7년 간 머물다 막 돌아온 상태였고, 나는 그의 최초의 서양인 제자 가운데 한 명이었다. 나는 그와 함께 아시아를 여행하면서 그의 불교 스승들을 만났고, 조지프의 후원 덕에 많은 은둔 수행에 참여할 수 있었다. 아내가 그와 깊은 대화를 나눌 수 있었던 건 분명 이런 유대감 덕이었을 것이다. 조지프는 내게 가족 같은 인물이었던 만큼 내 아내도 조지프를 편하게 느낀 것이 틀림없었다. 알린은 흐느끼면서 자신의 상황을 조지프에게 털어놓았다.

"그 일을 그렇게 확대 해석하지 마세요." 그는 아내의 하소연을 들으며 말했다. "삶이 원래 그래요. 불꽃놀이 같죠." 그는 한 손으로 사물들의 덧없는 본성을 묘사하는 듯한 손동작을 취했다. "생생하게 살아 있다가 순식간에 사라져 버리는."

알린은 조지프의 말에 깊이 공감했다. 그의 말에는 글로는 전달할 수 없는 온기가 배어 있었다. 그는 현실적이었지만 불친절하지는 않았고 상대를 지나치게 감싸지도 않았다. 알린은 그 점을 고맙게 여겼다. 하지만 동시에 그는 그녀에게 매우 구체적인 조언을 해 주었다.

"문제를 과장하시면 안 됩니다."

그의 말을 듣지 않았더라면 알린은 자신이 그러했다는 걸 상상조차 못했을 것이다.

나는 그 이야기를 꺼냈을 때 조지프가 그렇게 말한 이유를 이해할 수 있었다. 만일 내가 당시 대화의 맥락과 대화 당사자들을 제대로 알지 못했다면, 조지프를 냉담한 인물로 생각하거나 알린을 나약한 사람으로 여겼을 것이다. 하지만 나는 조지프의 충고가 알린에게 심대한 영향을 미쳤다는 것과 그녀가 나약한 인물이 아니라는 걸 입증할 수 있다. 그 충고는 더없이 적절한 순간에, 더없이 사려 깊고 솔직하고 명료한 언어로 전달되었다. 최고의 심리치료사들이 환자들에게 주기를 바라는 그런 조언이었던 것이다.

조지프는 가장 힘든 순간에 알린에게 충고를 해줌으로써 그녀의 일과 삶을 근본적으로 변화시켜 놓았다. 하지만 그가 사용한 언어는 나로서는 상상도 할 수 없는 그런 종류의 것이었다. 내가 조언을 건네길 머뭇거리는 데도 다 이유가 있는 것이다! 그렇지만 어쨌든 조지프는 알린이 자신의 말을 받아들일 수 있으리라 확신했던 것이 틀림없다. 아내는 지금까지도 그에게 깊이 감사하고 있다.

매 순간 더 깨어 있는 삶

조지프가 전달하고자 했던 가르침과 그 가르침의 효과는 다양한 방식으로 이해될 수 있다. 어떤 면에서 보면 조지프는 그저 변화의 불가피함을 지적하는 불교 스승으로서의 역할에 충실했던 것뿐이다. 덧없음이 세속적 삶의 특징이라는 건 결국 불교의 가장 근본적인 원리 중 하나이다. 불꽃놀이의 비유를 활용했을 때, 조지프는 분명 붓다의 첫 번째 설법을 염두에 두고 있었을 것이다. 깨달음 이후 최초로 제시한 이 설법에서 붓다는 사물의 덧없는 본성을 하나의 충격적 이미지로 포착하여 '모든 것이 불타고 있다'고 설한 바 있다. 알린은 이 불교적 심상을 이해했지만 그녀가 받은 영향은 단순한 개념적 차원을 넘어선 것이었다. 그녀의 마음은 조지프의 충고를 집어삼킨 후 그 말의 의미와 완전히 하나가 되었다.

그녀는 훗날 이렇게 말했다. "조지프가 그 말을 한 순간 난 그가 완전히 옳다는 걸 깨달았어. '모든 사람은 죽는다. 그러니 현실을 극화시키지 말라.' 나는 처음으로 내가 죽게 되리란 것을 깨달았고, 평소 같았더라면 대수롭지 않게 넘겼을 그 사실에 엄청난 충격을 받았어. 그래서 친구를 기리기 위해 작업실에 둔 모든 물건을 내다 버리고 새롭게 시작하기로 했지. 뉴욕 사람들처럼 '시간이 부족해'라고 말하는 대신 '내게 남은 모든 시간이 소중해!'라고 말하게 된 거야."

알린은 조지프의 언급을 불쾌하게 받아들이지 않았다. 그녀는 그의 의도를 직감적으로 이해했다. 그런 뒤 단순한 고통의 표현을 넘어 장애가 되기 시작한 자신의 슬픔을 극복하기 위해 추가적인 조처를 했다. 머릿속의 그 이야기는 계속되었지만, 모든 이야기가 그렇듯 자신이 이야기의 주인공이 될 필요는 없었다. 아내는 슬픔과 공포에 사로잡히는 대신 친구의 죽음이 임박한 상황에서 해야 할 더 중요한 일들이 있다는 사실에 눈을 뜨게 되었다. 25년이 지난 후 그녀는 그 경험이 자신의 작품에 어떤 영향을 미쳤는지 큐레이터에게 설명하면서 이렇게 말했다.

"그의 말은 저를 흔들어 깨워 주었습니다. 조지프는 '죽음에 익숙해지라'고 말하고 있었지요. 사실 죽음은 삶의 일부이고 저를 포함한 그 누구도 죽음을 피할 수 없습니다. 저는 삶을 감싸 안고 삶의 매 순간에 최대한 주의를 기울이면서 모든 일을 해 나아가야 할 필요성을 느꼈습니다. 이미 죽음에 노출되어 있으니까요. 삶을 긍정한다는 건 살아 있음의 희열뿐 아니라 엄청난 슬픔과 고통까지 받아들이는 태도를 뜻합니다."

아내의 친구는 1990년 37세의 나이로 숨을 거두었다. 알린은 친구에게 가르침을 빚졌다는 생각에 더 대범한 태도로 일하고 살아가기로 결심했다. 아내는 둘째 아이를 낳은 뒤부터 다른 방식으로 작업을 해 나가기 시작했다. 돌봐야 할 아이가 둘인 만큼 개인 시간이 많지는 않았지만 아내는 자신에게 주어진 시간을 감사히 활용하기로 마음먹었다. 그녀는 놀랍게도, 회반죽과 물감이라는 가장 단순한 재료를 활용하여 붓다를 닮은 상들을 조각해 내기 시작했다. 매 순간 더 깨어 있는 삶을 살겠다는 그녀의 결심이 의식하지도 못하는 새에 물리적 형태를 취하게 된 것 같았다. 그녀는 상징적인 인물상을 조각해 본 적이 한 번도 없었던 만큼 자신의 작품을 보고 적어도 처음에는 다소 당혹스러워 했다.

"한동안 회반죽으로 작업했는데 몰입감이 상당했어. 하루는 방울 같은 형체를 만들고 있었는데 그 모습이 마치 붓다처럼 보여 흥미로웠지. 다른 때 같았다면 그 형상에서 똥 덩어리를 읽어 냈을 거야. 구상적인 작품을 만드는 데는 별 관심 없지만, 이 상을 매 순간 생생한 삶을 살겠다는 내 결심의 징표로 활용해도 좋을 것 같다는 생각이 들었어. 상징적 인물의 형상을 가까이 두니 깨어 있는 태도를 기억하는 데도 도움이 되는 것 같아. 작업실에 붓다의 상을 들여놓고 나서부터 더 편안해진 느낌이 들어."

조지프의 말이 알린에게 그토록 깊은 감화를 준 이유는 무엇일까? 불교의 어떤 측면이 조지프로 하여금 그토록 노골적인 발언을 하도록 만든 것일까? 조지프는 되도록 말을 삼가는 과묵한 인물로, 깊은 슬픔에 사로잡힌 사람에게 심한 말을 할 사람이 결코 아니었다. 하지만 그들 사이에는 '올바른 견해'의 관점이 직접 전달될 수 있는 어떤 통로가 마련되어 있었다.

조지프는 친구의 병을 과장한다고 알린을 비난한 것이 아니었다. 그 병은 정말로 큰 병이었다. 하지만 아내는 자신의 이야기에 집착하면서 친구가 병에 걸린 현실의 부당함을 극화시키는 자신의 모습이 더 큰 진리에 위배된다는 것을 이해했다. 죽음은 하나의 엄연한 사실이다. 하지만 우리는 한편으로는 죽음을 피함으로써, 다른 한편으로는 죽음을 극화시킴으로써 죽음을 부정하려 든다. 붓다는 '올바른 견해'의 가르침을 통해 무상함이라는 진실에 대처하는 현실적 방법을 묘사해 냈다. 삶을 끌어안으며 매 순간 더 깨어 있는 삶을 살아야겠다는 알린의 결심은 이 지혜에 대한 즉각적 반응이었다.

'올바르고 완전한'에서 '조화롭고 알맞게'로

세 명의 환자들과 최초의 명상 경험에 대해 이야기를 하면서, 나는 조지프와 알린이 나눈 이 중요한 대화를 회고해 보았다. 조지프는 슬픔에 대처하는 다른 방법이 있다는 점을 아내에게 보여주는 데 성공했다. 나 역시 명상을 시도하는 내 환자들에게 비슷한 도움을 주고 싶었다. 나는 내 환자들이 '올바른' 방식으로 명상을 하길 바란다는 사실과, 자신의 방식을 '그릇되다'고 규정하는 데 깊은 인상을 받았다. 그들에게 어떻게 도움을 줄지 숙고하는 동안, '옳음'과 '그름'이라는 이 개념부터 바로잡는 것이 시급하겠다는 느낌을 받았다.

　팔정도의 가르침은 분명 '올바른' 자질들을 계발할 수 있다고 가르친다. 하지만 '올바른 이것', '올바른 저것' 하고 말한다고 해서 삶에 대한 다른 접근법들이 틀렸다는 말은 결코 아니다. 이 '올바른(right)'이란 단어는 팔리어 원어(삼마samma)에 내포되지 않은 의미를 우리에게 전해준다. '올바른'이란 말을 들으면 우리는 자동적으로 '그릇된'이란 개념을 떠올리게 된다. 하지만 붓다가 사용한 원어에는 완전히 다른 함의들이 내포되어 있다. 일부 번역가들은 그 의미를 전달하기 위해 '현실적인(realistic)'이란 표현을 사용하기도 하고 '완전한(complete)'이란 단어를 동원하기도 한다. 내 생각에 이 용어에는 '균형 잡힘', '조화로움', '알맞음' 같은 의미들이 내포되어 있는 것 같다. 아마도 이 말은 뒤틀리거나 구부러져 있는 무언가를 바로잡는다는 정도의 의미일 것이다.

결국 팔정도는 현대의 한 불교 주석가가 말했듯이, '올바른 일만 하고 그릇된 일은 하지 않는 독실한 불교도로 만들기 위한 지침이 아닌' 셈이다. 팔정도는 불안과 습관적 행동이 자기 존재의 균형을 무너뜨리지 못하도록 자기 자신을 조절하는 하나의 수단일 뿐이다.

내 환자들에게 조지프의 방식대로 말을 건네는 건 부적절한 일이었을 것이다(나는 스승들을 모방하고자 하는 내 욕구를 항상 경계한다). 그래서 나는 그들에게 들려줄 만한 두 가지 이야기를 떠올렸다. 그중 하나는 불교를 탐색하는 도중 만나게 된 한 여성과의 우연한 대화에서 비롯한 것이고, 다른 하나는 대학시절 두 주에 걸친 수련회에 참석해 처음으로 명상을 배운 경험에서 비롯한 것이다. 이들 경험은 내게 '올바른 견해'라는 가르침의 실용성과 아름다움을 깨닫게 해 주었고, '좋은' 불교도의 모습과 '진정한' 불교도의 행동 방식에 관한 선입견을 떨쳐 버리도록 도와주었다. 나는 내 환자들이 이들 경험으로부터 내가 얻게 된 그런 종류의 자유를 가지고 명상에 임할 수 있기를 바랐다.

가식 없이 그 순간에 머무는 것

첫 번째 대화는 약 15년 전 미국 중서부 지방을 여행하던 도중에 일어났다. 지역의 불교 단체 일원인 한 젊은 여성이 공항으로 나를 마중나왔다. 시내로 나를 태워 가면서 그녀는 오래도록 자신을 괴롭혀 온 일에 대해 이야기해 주었다. 다르마에 대한 그녀의 신념을 흔들어 놓은 그런 일이었다.

그녀의 중요한 스승 한 사람이 3년에 걸친 불교 수행을 마친 후 그녀와 함께 머물게 되었다. 오래도록 불교를 공부해 온 그는 매우 능력 있고 존경받는 스승으로, 불교 연구를 자신의 최우선 과제로 삼고 있었다. 그런데 수행 기간 동안 그가 대장암 증세를 보이기 시작했다. 그는 수행이 끝날 때까지 초기 증세를 무시했지만, 그 사이 암은 계속 퍼졌고 제자의 집에 왔을 때는 죽음이 임박한 상태였다. 그녀는 마지막까지 그를 돌봐 주었고 죽음의 순간에도 그의 곁을 지켰다. 하지만 임종의 자리에서 그가 한 마지막 말은 그녀에게 놀라움과 두려움만 심어 주었다.

"안 돼, 안 돼, 안 돼, 도와줘, 도와줘."

명상은 결국 죽음을 준비하기 위한 것 아니었던가? 스승이라면 변화를 받아들이고 평온하게 죽음을 맞이할 수 있어야 하는 것 아닌가? 그것이 팔정도와 3년에 걸친 그의 수행의 핵심 아닌가? 그녀는 스승의 두려움을 불교 공부가 아무 소용도 없었다는 의미로 받아들였다.

"그 모든 공부가 다 헛되었던 것일까요?" 그녀가 물었다.

나는 이후에도 그녀의 이 질문에 대해 여러 차례 숙고해 보았다. 그 젊은 여성의 기대는 분명 조지프가 알런에게 건넨 충고와 통하는 면이 있었다. 죽음은 어찌 보면 당연한 일이고 명상 수행의 주된 결실 중 하나는 변화의 불가피함과 삶의 불확실성에 익숙해지는 것이다. 그런데 명상에 익숙했던 이 남자는 여전히 죽음을 두려워하고 있었다. 어쩌면 그는 자신의 마지막 순간을 솔직하게 직면하고 있었던 것인지도 모른다. 사실 죽음이 두려운 것이 아니라고 누가 장담할 수 있겠는가? 아무리 명상에 능숙한 사람이라 해도 말이다.

나는 항상 죽음과 가장 가까운 것이 태어남이라는 생각을 해왔다. 태어남의 순간을 여러 번 목격한 나는 그 과정이 놀라운 것만큼이나 매우 두렵기도 하다는 것을 분명히 알고 있다. 나는 점차 그 스승이 자신의 친구에게 '죽음에 직면한 사람의 반응에 규칙 같은 건 없다'는 사실을 보여준 것이라는 믿음을 갖게 되었다. 붓다가 '올바른 견해'를 통해 제시한 행동지침(덧없음을 직시하라)은 죽음의 순간으로까지 확장되며, 죽음이 찾아왔을 때 우리가 할 수 있는 건 가식 없이 그 죽음의 순간에 머무는 것뿐이다. 이 이야기에 대해 생각하면서 나는 그 경험이 내 신념을 누그러뜨리지 않았다는 사실을 깨닫게 되었다. 사실 이 이야기는 내게 위안을 가져다준다.

'안 돼, 안 돼, 안 돼, 도와줘, 도와줘'는 불교 스승들이 제시하는 일반적 만트라(mantra, 진언)하고는 분명 다르다. 하지만 그 만트라에는 인간적으로 공감할 수 있는 보편적인 의미가 담겨 있다. 어쩌면 죽음을 직시하면서 진실하게 반응하는 것이 우리가 할 수 있는 최선인지도 모른다.

불교의 가르침들은 내게 특정 상황을 대하는 '깨달은 사람들의 반응 방식'에 대한 기대를 놓아 버리라고 말해 왔는데, 나는 늘 이 점을 감사하게 생각해 왔다. 이 충고는 완벽을 추구하는 내 뿌리 깊은 습관을 정면으로 거스른다. 위의 이야기가 내게 그토록 큰 위안을 주는 건 아마 그 때문일 것이다.

나는 사실 다음과 같은 부담을 안고 있었다. '죽음의 순간 내 모습이 어떨지 걱정하면서 일생을 보내야 하는 걸까?', '내 행동에 누군가가 점수를 매기는 건 아닐까?', '변화를 직면하라는 가르침을 실제 상황에서도 실천할 수 있을까?', '죽음의 순간에조차 거짓된 가면을 써야 하는 걸까?', '내가 그렇게 하지 않으리라 장담할 수 있는가?'

나는 명상을 처음 시도한 내 환자들이 이와 비슷한 그들만의 부담에 짓눌리고 있다는 걸 느낄 수 있었다. 오랜 시간 동안 명상할 수 있기를 바라고, 긴장이 사라지기를 바라고, 다음번 명상이 처음 명상만큼 훌륭하기를 바라는 그들의 모습은 부담감에 짓눌려 있던 내 모습과 다를 바가 없었다. '올바른 방식으로 명상하고 싶다'는 내 환자들의 소망은 처음으로 명상 수련회에 참석했을 때 내가 느낀 기분을 상기시켜 주었다. 이것이 내가 환자들에게 들려준 두 번째 이야기이다.

'올바른 점심 식사'란?

그 수련회는 캘리포니아 주 멘도시노Mendocino 북부에 위치한 전원
지대에서 열렸고, 조지프 골드스타인과 또 다른 내 초기 스승이었
던 잭 콘필드Jack Kornfield가 지도 교사로 참석했다. 나는 이 스승들을
대학 3학년 여름 방학 기간 동안 콜로라도 주 볼더Boulder 시에 있
는 나로파 불교대학Naropa Institute에서 처음으로 만났고, 그들의 모습
에 완전히 매료되었다. 당시 스물한 살이었던 나는 마음에 맞는
가르침과 공동체를 발견한 기쁨으로 들떠 있었다. 아마도 조지프
와 잭은 둘 다 삼십대에 막 접어든 나이였을 것이다. 하지만 참가
자들과 그들 사이의 나이 차이는 분명했기 때문에 그 두 스승은
엄청난 연장자처럼 느껴졌다. 비록 지금 돌이켜 보면 우리 모두
얼마나 젊었는지 믿기 힘들 정도이지만 말이다.

　　두 주에 걸친 명상 수련회는 수많은 폭포와 햇살이 깃든 바위
들로 에워싸인 숲속의 오래된 야영지에서 열렸다. 계곡에 몸을 담
근 뒤 일광욕을 하기에 더없이 좋은 환경이었다. 나는 수련회라는
분명한 목적을 갖고 캘리포니아를 방문했고, 수련회가 끝난 뒤에
는 조지프와 잭의 차를 타고 샌프란시스코로 되돌아왔다. 조지프
와 잭을 아직 잘 몰라서인지 그들과 함께하는 시간이 특별하게 느
껴졌다. 우리는 장거리 여행을 하기 전에 멘도시노에 들러 점심
식사를 했다. 수련회에서는, 예상했던 대로, 백여 명의 참가자들을
먹일 수 있는 저렴한 채식 식단이 제공되었고 음식의 질도 나쁘지

않았지만 우리는 배가 고팠다. 내 주된 관심사는 이 새로운 집단에 받아들여지는 것이었던 만큼 필요하다면 또 한 번 채식을 할 준비가 되어 있었다.

그런데 놀랍게도 잭 콘필드가 햄버거를 주문했다. 난 잠시 정신이 멍해졌다. 햄버거라고? 명상 수련회가 이제 막 끝났는데? 불교 스승이? 갑작스레 어떤 안도감이 밀려들었다. 나는 점심 식사 메뉴를 포함한 모든 것들에 나 자신만의 기대 목록을 부과할 태세를 취하고 있었다. '올바른 견해(정견)', '올바른 말(정어)', '올바른 생활(정명)', '올바른 행동(정업)'에서부터 '올바른 점심 식사'에 이르기까지.

당시 나는 햄버거를 먹고 싶지 않았다. 하지만 만일 먹고 싶었다 해도 이제 내 스스로 결정을 내릴 수 있을 것이다. 나는 올바른 견해에 관한 내 이해를 심화하는 계기를 마련해 준 잭에게, 물론 잭은 기억조차 못하겠지만, 항상 감사하는 마음을 품어 왔다. 이 경험을 통해 나는 불교 공부가 자신에게 거짓된 정체성을 부과하는 것과 무관하다는 점을 배우게 되었다. 불교의 가르침을 따르면서도 나 자신으로 남을 수 있는 것이다. 이후 나는 보다 가벼운 마음으로 자유롭게 불교를 탐색할 수 있게 되었다.

팔정도의 가르침은 내가 무엇을 먹든, 죽음의 순간에 어떤 행동을 하든 상관없이 유효한 가르침이었다. 그 가르침은 '스스로의 힘으로 자신의 삶과 가르침을 이해하라'는 권고와 함께 제시되었다. 따라서 내 기대가 경험을 통제하게 내버려 둘 필요도, 누군가를 맹목적으로 따를 필요도 없었다. 때로는 길을 잃기도 하겠지만 방향성만은 분명할 것이다.

　팔정도는 결국 '올바른 견해'의 가르침에 명시된 것처럼, 우리 자신의 본모습을 현실적으로 직시하도록 돕기 위해 고안된 가르침이었다.

2장

올바른
의도

자신의 감정을 인정하고 내면을 관찰하라

'올바른 의도(Right Motivation, 정사유)'의 가르침은 우리가 원하기만 하면 자신의 신경증적 성향에 휘둘리는 상태에서 벗어날 수 있다고 말한다. 훈련을 통해 의식적인 마음을 적절히 길들이기만 하면 잠재의식의 영향력에서 벗어나 마음대로 우리의 행동을 조절할 수 있다고 가르친다. 심리치료사라면 누구나 다 아는 사실이지만, 우리는 너무 자주 이해할 수 없는 충동에 내몰려 행동의 주도권을 잃어버리곤 한다. 우리의 습관적이고 반복적인 반응 패턴이 훈련되지 않은 마음을 지배하는 것이다. 실용성을 중시하는 불교는 이를 기정사실로 받아들이지만 이 같은 인식은 시작에 불과하다고 말한다. 불교는 우리 일상을 침범하는 무의식 세력을 일단 인정하고, 그것을 찾아내 식별하는 과정을 끊임없이 반복하다 보면 무의식의 영향력을 떨쳐 버릴 수도 있다고 주장한다.

　　이 '올바른 의도'의 가르침은 우리 자신을 위해 관찰 능력을 활용하라고 권고한다. 안전지대에서 벗어나 자기 자신을 현실적으로 직시할 것을 촉구한다. 팔정도 중 이 가르침만큼 의식적 의도에 큰 중요성을 부과하는 가르침도 없을 것이다. 이 가르침은 자신을 위해 자신의 지성을 활용하라고, 불안과 습관적 행동이 우리 행위를 좌지우지하도록 내버려 두지 말라고 충고한다.

삶을 완전히 살아낸다는 것

불교 심리치료사인 내 친구 잭 엥글러Jack Engler는 내게 '올바른 의도'와 관련된 일화를 하나 들려주었는데, 이 이야기는 지금까지도 내게 깊은 울림을 주고 있다.

약 40여 년 전 잭은 조지프 골드스타인에게 불교를 가르친 벵골인 스승과 함께 공부를 하기 위해 붓다가 깨달음을 얻었다고 전해지는 인도의 한 마을을 찾아갔다. 조지프가 7년에 걸쳐 대화를 나눈 스승이었던 만큼 잭은 그와 수개월 간 함께할 수 있게 된 것을 행운으로 여겼다. 잭은 임상심리학 박사 과정을 마친 후 남부 아시아 스승들의 심리적 건강 상태를 연구하기 위해 풀브라이트 장학금(Fulbright fellowship)을 타 놓은 상태였지만, 그가 보드가야Bodh Gaya를 찾아간 주된 목적은 이 스승으로부터 명상을 배우기 위해서였다. 하지만 당혹스럽게도 스승 무닌드라Munindra는 수주 동안 그에게 자신의 장 건강에 대한 이야기만 늘어놓았다. 변비에 걸렸다거나 설사 증세가 있다거나, 시장에서 구할 수 있는 다양한 약들을 다 먹어 보았다거나 하는 말들이 대화의 전부였다. 나중에 가서 나는 그것이 무닌드라가 속한 문화권에서 대화를 시작하는 하나의 방식(우리가 하는 날씨 이야기처럼)이라는 점을 배우게 되었지만, 어쨌든 잭에게는 엄청나게 실망스러운 경험이었다. 그렇게 두 주가 지난 후 중국식 사원 뒤에 있는 뜰을 산책하던 중 마침내 화를 더 이상 숨길 수 없게 된 잭이 물었다.

"언제 제게 다르마를 가르쳐 주실 생각인가요?"

무닌드라는 잭에게 심오함이 즉시 와 닿는 대답을 해 주었지만, 잭은 당시로서는 그 말을 제대로 이해할 수 없었다. 미국에 돌아와서 그 말을 깊이 숙고해 본 뒤에야 거기에 담긴 지혜가 드러나기 시작했다.

"다르마라고요?" 잭의 갑작스러운 질문에 놀란 체하면서 무닌드라가 답했다. "다르마에 대해 알고 싶은가요? 다르마란 삶을 완전히 살아내는 것(living the life fully)을 뜻합니다."

내가 이 이야기를 좋아하는 데는 몇 가지 이유가 있다. 무닌드라는 두 주 동안 잭에게 의도적으로 그 어떤 가르침도 주지 않았다. 그러다가 마침내 요구를 받았을 때 마음속에 담아 두었던 그 말을 불쑥 내뱉었다. 그 간단한 문장은 두 주 간 이어진 침묵의 기간으로 인해 더 특별한 의미를 띠게 된 그런 말이었다. 불교 지혜의 필수요소인 명상 훈련에 초점을 맞추지 않았다는 점에서, 무닌드라의 이 말은 금욕 수행자에게 건넨 달라이 라마의 충고(삶을 좀 즐기라는)를 닮아 있었다. 또한 친구의 질병을 극화시키지 말라는 조지프의 충고처럼 무닌드라의 가르침은 일반적이고 심지어 단순하기조차 한 언어로 되어 있다. 나로서는 서양 심리치료사의 입에서 그런 언어가 나오는 상황을 상상도 하기 어렵다. 아마 심리 치료의 진정한 목적도 결국 삶을 완전히 살아내도록 돕는 것이겠지만 말이다.

잭은 명상 수행을 하기 위해 길고 힘든 과정을 거쳐 인도까지 왔지만, 무닌드라는 그의 관심사에 바로 응하지 않았다. 내 생각에 그는 잭이 호흡 관찰을 시작하기 전에 더 큰 그림부터 보기를 바랐던 것 같다. 그는 아마도 잭에게 명상의 진정한 목적부터 알려주고 싶었을 것이다.

그렇다면 '삶을 완전히 살아낸다'는 건 무슨 뜻일까? 무엇이 그렇게 하지 못하도록 우리를 가로막는 것일까? 불교의 관점에서 보면 완전한 삶을 방해하는 건 우리 자아의 이기적 동기(또는 신경증적 동기)이다. 무닌드라는 잭에게 '올바른 의도'로 향하는 창을 내주고 있었다. 더 이타적으로 되라고 말하거나 모든 지각 있는 존재의 해방을 위해 명상을 하라고 말하는 대신(불교 공동체에서 종종 권고되는 것처럼), 어떤 면에서 자신이 삶을 완전히 살아내지 못하고 있는지 알아보라고 간접적으로 촉구함으로써 그 목적을 달성한 것이다. 명상 수행과 관련된 잭의 기대에 바로 응하지 않았을 때에도 무닌드라는 전통적인 불교 스승의 역할을 다하고 있었다. 그는 제자의 선입견을 송두리째 뒤흔듦으로써 잭의 가슴에

'올바른 의도'를 각인시켜 주었다.

'올바른 의도'의 가르침(올바른 동기Right Intention, 올바른 생각 Right Thought, 올바른 이해Right Understanding 등으로 표현되기도 한다)은 근본적으로 '올바른 견해'에 기초해 자신의 삶을 만들어 나가겠다는 의식적 결심과 연관된다. 무닌드라는 잭에게 바로 이 점을 상기시켜 주고 있었다. 우리는 우리의 존재 자체인 끊임없는 흐름에 스스로를 열어젖히는 대신, 변화에 저항하기 위한 수단으로 명상을 활용하려는 유혹에 빠지기 쉽다. 우리는 우리의 가장 깊은 습관과 불안을 탐색하는 대신, 자기 인식을 회피하기 위한 수단으로 명상을 활용하려는 유혹에 빠지기 쉽다. 많은 사람들이 자기 자신으로부터 도피하기 위해, 그리고 통제 불가능한 삶을 주로 방석 위에서 이루어지는 좀 더 제한되고 다루기 쉬운 삶으로 대체하기 위해 명상을 한다. 무닌드라는 잭이 이 덫에 걸려 드는 걸 원치 않았다. 정신분석 용어로 말하자면, 그는 잭이 '통제'가 주된 관심사로 부각되며 강박 행동의 원천이 되는 시기인 '항문기 (anal stage)'에 고착되는 것을 원치 않았다.

무닌드라는 잭이 스스로 자신의 관심사에 의문을 제기하고 동기를 점검해 보기를 바랐다. 그렇게 하는 것이 그가 애초에 인도에 온 목적을 포기하는 것을 뜻할지라도 말이다. '올바른 의도'의 가르침에는 당황과 놀라움이라는 위험이 따른다. 이 가르침을 실천하려면 안전지대 밖에 있는 무언가를 향해 의식적으로 손을 뻗는 위험도 감수해야 하고, 그것이 자신의 약점과 직면하는 것을 뜻할지라도 습관과 익숙한 행동 방식을 놓아 버린 채 현재에 머무는 위험도 감수해야 한다.

꿈이 내게 말해 주는 것

'올바른 의도'의 가르침은 내게도 쉽게 와 닿지 않았다. 말을 이해하는 것과 실제 생활에서 그 말을 실천에 옮기는 건 완전히 다른 일이었다. 이 어려움은 결혼 생활 초기에 가장 생생한 형태로 모습을 드러냈다. 당시 나는 7년에서 8년 동안 규칙적으로 명상을 해 왔음에도 이해할 수 없는 강력한 감정들에 휘둘리고 있었다.

　　외면적으로는 그 어느 때보다도 행복해 보였지만 신혼 생활 기간 동안 내 마음은 혼란에 빠져 있었다. 수면 장애를 겪기 시작했고, 한밤중에는 평소답지 않게 아내의 애정을 지나칠 정도로 요구했다. 잠이 필요했던 알린은 부드럽지만 단호하게 자기 영역을 지켜냈다. 자신이 해결할 수 있는 문제가 아니란 걸 알았던 것이다. 나는 명상을 활용해 마음을 가라앉히려 해 보았지만, 당시 상황에 대한 내 혼란과 심란함은 가실 기미가 보이지 않았다. 불교 명상 그 자체만으로는 내게 무슨 일이 벌어지고 있는 건지 밝혀 낼 수가 없었다. 내게 필요한 건 심리치료사였다. 이건 내게 중요한 경험이었다. 그 경험은 심리 치료의 중요성에 대한 내 확신을 다시금 일깨워 주었고, 불교 가르침을 심리적 질병에 대한 완전한 치료책으로 제시하는 것에 대한 내 경계심도 강화시켜 주었다.

간신히 잠이 들 때마다 나는 이를 너무 꽉 다무는 바람에 이빨이 다 부서져 나가는 꿈들을 반복적으로 꾸었고, 공포에 질려 꿈에서 깨어나곤 했다. 내가 정말로 자해를 한 건 아닌지 두려웠고, 다시 잠들지 않도록 주의했다. 존 케이지(John Cage, 선불교의 영향을 받은 현대음악 작곡가. 우연과 불확실성을 표현한 작품들로 널리 알려져 있다. - 옮긴이)가 말했듯이, 명상 덕에 감각을 통해 들어와 꿈으로 표현되는 정보를 다루는 데 더 능숙해진 것인지도 모르지만, 나는 그 상황에 어떻게 대처해야 할지 도무지 알 수가 없었다. 그 꿈들은 계속 이어지면서 조금씩 변형되기 시작했다. 나는 전화로 누군가에게 연락을 하려 시도하지만 다이얼에 손을 대기만 하면 전화기가 부서졌고, 그런 뒤 다시 내 이빨이 부서져 나갔다. 이가 깨지는 그 느낌은 참기 힘들었고, 겁에 질린 채 잠에서 깨어났다. 나는 이 모든 경험을 심리치료사에게 그대로 말했다.

"구강 공격성(oral rage)의 표현입니다." 그가 바로 대답했다. 읽어 보긴 했지만 나와 관련되었으리라고는 생각도 못했던 그런 개념이었다.

구강 공격성이란 어린아이들이 생애 초기, 즉 입이 주된 성감대이고 젖과 젖병이 가장 중요한 관계 대상인 그 시기에 나타내 보이는 분노를 말한다. 심리성적 발달과정(psychosexual development)의 한 단계인 이 '구강기(oral stage)'에는 영양분과 안락함이 불가분의 일체를 이루며, 유아는 양육자가 자신의 욕구를 즉각적으로 충족시켜 주리라 기대한다. 이가 막 나기 시작하는 이 나이 또래의 아이들은 욕구가 즉각적으로 충족되지 않을 때마다 강렬한 분노를 표출한다. 그들은 불만족감을 느끼면 사랑과 미움을 총동원해 자신의 부모를 공격한다. 어린아이들에게는 이런 느낌을 표현할 언어가 갖추어져 있지 않다. '2차 과정(secondary process)'이라 불리는 기능(상징적이거나 추상적인 사고 능력)이 충분히 발달되지 않은 만큼, 아이들은 자신들의 마음속에서 일어나는 일을 이해하지 못하며 욕구 충족을 지연시키는 능력도 거의 없는 상태다. 많은 경우 부모들이 공감과 애정을 담아 아이의 요구에 시의적절하게 반응하기 때문에 화는 가라앉거나 흩어진다. 이때 아이는 안정을 되찾으며 화는 아이의 통제 하에 놓이게 된다.

하지만 가끔씩은 그 이유가 무엇이든 간에 양육자가 아이의 욕구에 반응하지 않거나, 제때 반응하지 못하는 경우가 생기기도 한다. 이런 경우 아이의 분노는 감당할 수 없이 증폭된다. 훗날 그토록 갈망하던 친밀감을 일깨우는 상황이 조성되면 그때 발생한 분노가 다시 분출되어 나올 수 있다.

심리치료사와 대화를 하는 동안 내 꿈의 내용들이 실제 기억으로 합쳐지기 시작했다. 내가 4살에서 5살쯤 되었을 때, 부모님은 나보다 두 살 어린 여동생을 내게 돌보게 한 후, 옆집으로 건너가 친구들과 카드 놀이를 즐겼다. 나는 비록 어렸지만 책임감 있는 아이였고, 부모님은 낮잠을 자는 동안 여동생 돌보는 일을 내게 맡기기도 했다. 우리 집과 옆집은 인터콤intercom으로 연결되어 있었고(아직도 기억이 난다), 부모님은 내게 문제가 생기면 인터콤으로 연락하라고 말했다. 하지만 여동생이 울음을 터뜨렸을 때 혼자였던 나는 두려움을 느꼈다. 인터콤과 관련된 기억은 전화기가 부서져 나가는 꿈에 대해 묘사하던 중에 떠올랐다.

나는 이 해석을 통해 내 불면증이 무엇을 의미하는지 이해할 수 있었다. 결혼 생활이 가져다준 행복감이 분리에 대한 두려움을 자극한 것이 분명했다. 나는 깊은 관계를 갈망했고, 관계가 단절될 때마다 극도의 불쾌감을 느꼈다. 이 상황은 책임감 있는 아이로 인정받고 싶은 욕망과 접촉을 향한 내 욕구가 갈등을 빚었던 생애 초기 상황의 재현이었다. 아마도 그 상황은 어쩔 수 없이 최초의 분리와 좌절에 직면하게 되는 영유아기로까지 거슬러 올라갈 것이다. 이 모든 것을 완전히 확신할 수는 없었지만, 내 기분을 가라앉히기에는 이 정도 설명만으로도 충분했다. 나는 마치 내일이 오지 않을 것처럼 행동하면서 단순한 분리를 버림받음으로 과대 해석하고 있었다.

표면적으로 나는 불면증을 앓았고 한층 더 깊은 곳에서는 분리 불안을 겪고 있었지만, 내 꿈은 훨씬 더 깊은 곳에 있는 무언가를 끄집어내 보여주었다. 그것은 내 불안의 밑바닥에 자리 잡고 있던 원초적 분노였다. 이 분노는 비록 인식되지는 않았지만 배후에서 내 행동을 좌우하고 있었다.

심리 치료는 이 분노를 인식하고, 이해하고, 돌볼 수 있도록 도와주었다. 가끔씩 불면증이 재발하기도 했지만 그 꿈들은 사라졌고, 명상을 활용하여 내면을 다스리는 일도 한결 수월해졌다. 명상은 비록 내게 그 원초적 느낌의 기원을 설명해 주지는 못했지만 한밤중에 솟아난 그 느낌들을 가라앉히는 데 큰 도움이 되었다.

두려움은 변명하고 포장한다

심리 치료는 내 결혼 생활에 엄청난 도움을 주었지만 내가 원했던 것만큼 나를 자유롭게 해 주지는 못했다. 나는 문제의 뿌리를 더 잘 이해하게 되긴 했지만 여전히 어린 시절의 영향력에 얽매여 있었다. 사실 불교의 가르침을 치료 작업에 바로 도입하려던 내 최초의 시도들이 실패로 돌아간 건 바로 이런 이유들 때문이었다. 나는 알 수 없는 불안감에 떠밀린 나머지 내가 전하고자 노력한 그 가르침을 깎아내리는 방식으로 행동했다. 되돌아보면 내 행동은 결혼 생활에서 당면한 문제들과 연관되어 있었던 것 같다. 하지만 당시로서는 그 연관 관계를 전혀 인식할 수 없었다.

　1980년대 중반, 나는 오랜 친구인 대니얼 골먼Daniel Goleman과 그의 아내 타라 베넷 골먼Tara Bennett-Goleman의 후원을 받아 뉴욕 시내에 위치한 정보 교환소인 '뉴욕 오픈 센터New York Open Center'에서 명상을 가르치고 있었다. 당시 그 정보 교환소는 소호Soho 지역에 있는 스프링 스트리트Spring Street에 자리 잡고 있었고, 문을 연 지 얼마 안 된 상태였다. 나는 정신과의사 레지던트 과정을 막 마치고 개인 진료를 보던 중이었는데, 대니와 타라가 함께 수업을 이끌어 달라며 나를 초대했다. 나는 아직 이런 일에는 익숙하지 못했다. 골먼은 대학 학부생 시절 내 교수였고(그는 내게 불교를 소개해 준 사람들 중 한 명이었다), 나를 인정하고 가르칠 기회를 준 것에 깊이 감사했지만 나는 아직 어리고 미숙한 상태였다. 하지만 당시는 조지프와 알린이 중요한 대화를 나눈 지 얼마 안 되었을 때였던 만큼, 나는 나이 든 친구의 후원 덕에 나 역시 사람들이 다르마를 이해하도록 도울 수 있게 되었다는 생각에 마음이 들떴다.

우리는 워크숍의 명칭을 '임상적 이완(Clinical Relaxation)'으로 정한 뒤, 스트레스에 대처하는 방법을 찾고 있던 사람들에게 명상을 가르치는 계획을 세웠다. 하지만 나는 새로 떠맡게 된 내 역할에 불안을 느꼈다. 지금도 오픈 센터 위층에 있는 욕실에서 마음을 진정시키려고 애쓰던 모습을 또렷이 기억한다. 창자가 뒤틀릴 지경이었지만 내 간청에도 긴장은 가라앉을 기미를 보이지 않았다. 그날 내 상황에 무닌드라의 가르침을 적용했더라면 그 정도로 고생할 필요는 없었을지도 모른다.

아침 수업은 그럭저럭 잘 진행되었다. 우리는 스트레스에 대해 설명한 뒤, 집중과 알아차림에 관한 기본적인 내용들을 강의했다. 하지만 점심 시간이 되자 대니가 저녁 4시 45분까지 기차역으로 갈 일이 생겼다는 이야기를 꺼냈다. 중요한 일이 생겨 워크숍이 끝나는 5시 이전에 떠날 수밖에 없게 되었다는 것이다. 나머지 시간은 나 혼자서 강의를 해 나가야 했다.

그 말을 들었을 때 내가 얼마나 놀랐는지 생생히 떠오른다.

"뭐라고요? 먼저 가신다고요? 저는, 저는 어쩌라고요?" 나는 소리쳤다.

그가 당연한 일이라는 듯 내게 부담을 지우는 대신 정중히 요청했더라면 그 정도로 당황하지는 않았을 것이다. 하지만 이 말은 바로 화가 나거나 상처를 받았을 때 내가 종종 동원하는 사고방식이다. '만일 누구누구가 그런 식으로 말하지만 않았더라면', '만일 그들이 내게 다른 방식으로 요청했더라면….' 사실 나는 잔뜩 화가 났다. 하지만 그에게 화를 낼 준비가 전혀 안 되어 있었다. 그는 내 친구였고 내 학부 시절 교수님이었다. 게다가 그는 당시 뉴욕타임즈에 심리학과 관련된 글을 기고하고 있었다. 나는 그를 엄청나게 존경했고, 그와 함께 일하는 건 분명 하나의 특권이었다. 나는 어찌할 바를 몰랐다.

내 마음은 매우 빠르게 움직였다. '좋아. 그들이 떠난다면, 나도 떠날 수밖에 없지. 짐을 떠안은 채 혼자 남겨질 수는 없어.'

지금 그 일을 돌이켜 보면 그들이 자리를 비우는 것이 왜 그토록 큰 위협으로 다가왔는지 이해하기 힘들다. 한 시간 동안 혼자 수업을 이끄는 게 뭐 그리 대단한 일인가? 훗날 나는 그런 상황을 다루는 데 점차 익숙해졌지만 당시로서는 그 일이 감당하기 힘든 도전 거리처럼 느껴졌다. 지금 생각해 보면 내 반응은 혼자 수업을 이끌어야 하는 상황보다 친구들에게 버림받는 상황과 더 깊이 연관되어 있었던 것 같다. 하지만 당시 나는 그 상황에 솔직하고 당당하게 대처하는 대신, 그 여분의 시간을 참가자들에게 '가르침'을 전하는 기회로 전환시켰다. 나는 그 해결책이 상당히 그럴듯하다고 생각했다.

내가 생각해 낸 해결책은 이랬다. 우리의 일과는 강의 및 토론을 위한 시간과 고요한 명상의 시간이 번갈아 교차하도록 짜여 있었다. 따라서 강의가 끝나갈 무렵 대니와 타라가 기차역에 도착하기 바로 전쯤에, 참가자들을 긴 명상 수행으로 이끌어도 별 무리가 없다. 사람들은 눈을 감고 조용히 앉아 호흡을 관찰하면서 '올바른 알아차림(Right Mindfulness)'을 수행하게 될 것이다. 모든 사람이 앉아 있는 동안 나는 조용히 강의실을 떠나면 된다. 머지 않아 사람들이 집중력을 잃고 눈을 뜨면 교사가 자리에 없고 하루 일과가 끝났다는 사실을 알게 될 것이다. 왜 그들은 스승이 필요한가? 이미 그들 내면에 불성이 자리 잡고 있지 않은가? 그들은 일종의 권위를 찾아 우리에게 의지하지만, 지혜는 그들 내면에 이미 갖추어져 있다. 무닌드라가 명상을 가르쳐 달라는 잭 엥글러의 요구에 응하길 거부했듯이 나도 우리를 향한 학생들의 기대에 이의를 제기할 수 있다. 그들은 우리가 자신들의 기분을 낫게 해 주길 바라지만, 그들은 그 일을 혼자 힘으로 해내야만 한다. 결국 우리가 줄 수 있는 최상의 가르침은 가르침이 필요없다는 사실 아니겠는가!

대니와 타라는 내 계획에 반대하지 않았다. 아마도 그 배후에 깔린 의도가 그들에게 제대로 전달되지 않아서일 것이다. 그들은 기차를 타야 했고, 다른 약속이 있었으며, 어쨌든 내게 권한을 위임하기로 결정한 상태였다. 내가 그랬던 것처럼 그들 역시 내가 책임을 회피하고 있다는 사실을 간파하지 못했다. 나는 내 계획이 마음에 들었다. 하지만 나는 친구에게 난 화가 다 가라앉지 않았다는 것까지는 의식하고 있었지만, 내가 불안에 떠밀린 나머지 어떻게든 피하고 싶어 한 그 버림받는 고통을 학생들에게 떠넘기고 있다는 사실까지는 인식하지 못하고 있었다. 나는 학생들에게 미리 알리지 않고 명상 도중 자리를 뜰 생각이었다. 대니와 타라는 그들의 사정을 학생들에게 털어놓았지만 나는 내 계획에 대해 단 한마디도 하지 않았다. 나는 그냥 사라져 버릴 생각이었다. 내 생각에 그건 불교의 무아 개념에 대한 꽤나 창의적인 해석이었다.

모든 일은 계획대로 풀려 나갔다. 나는 마지막 명상을 권유했고, 대니와 타라는 기차역으로 출발했으며, 학생들은 눈을 감고 자리에 앉아 명상을 시작했다. 나는 조용히 일어나 방을 빠져나왔다. 그 후로는 그 일에 신경을 끄고 지냈다. 어쨌든 워크숍은 끝났고, 나는 다른 일에 관심을 쏟았다. 하지만 한 주 후, 오픈 센터에서 욕설이 뒤섞인 편지들이 쏟아져 들어오기 시작했다. 내 태도에 상처를 입은 참가자들이 보낸 편지였다. 당시에는 이메일이 없었으므로 내가 한 행동의 여파를 맛보기까지는 시간이 좀 걸렸다.

"당신 행동에서 자비라고는 찾아볼 수 없더군요.", "도대체 무슨 생각으로 그런 행동을 한 거죠?" 그들은 항의했다.

팔정도의 가르침을 펴는 불교의 스승들은 종종 지혜와 자비의 균형이 필요하다는 점을 강조한다. 지혜가 결여된 자비는 때때로 '어리석은 자비(idiot compassion)'라 불리는 것으로, 과도하게 베풀면서 자신과 상대방 모두를 파괴하는 형태로 발현되곤 한다. 이런 태도는 학대를 받으면서도 가해자인 상대방을 맹목적으로 용서하기만 하는 사람들이나, 중독에 빠진 상대를 과도하게 용서하면서 그 중독에서 헤어 나오지 못하도록 방해하는 사람들(부모, 배우자, 자식 등)에게서 흔하게 발견된다. 하지만 자비 없는 지혜란 것도 있을 수 있다. 내가 시도한 '가르침'에 지혜가 들어 있는지는 잘 모르겠지만, 그 행동에 자비가 결여되어 있었다는 점만은 분명하다.

내 의도는 결코 '올바른 의도'가 아니었다. 그 행동은 다른 사람을 위하는 마음이 아닌 내 불안과 자신감 결핍에서 비롯한 것이었다. 팔정도의 가르침이 서로 긴밀히 연관되어 있는 만큼, 동기의 영역에서 촉발된 내 실수는 다른 영역에도 잇달아 영향을 미쳤다. 내 계획에 대해 입을 다문 건 '올바른 말'의 가르침에 위배되었고, 알아서 명상을 하도록 학생들을 방치한 건 '올바른 행동'이 아니었으며, 내 불안을 피하려고 한 건 '올바른 노력'이라 볼 수 없었다. 오픈 센터 밖으로 몰래 빠져나간 건 '올바른 생활'이 아니었고, 학생들을 버려 둔 채 명상을 하라고 강요한 건 '올바른 알아차림'의 가르침에 어긋났으며, 혼자서 홀연히 사라져 버린 건 '올바른 집중'이라 할 수 없었다.

하지만 오픈 센터에서의 실수는 예기치 못한 방식으로 내게 도움을 주었다. 그 실수를 통해 나는 개인적 생활과 종교적 생활이 생각만큼 동떨어진 것이 아니라는 사실을 알게 되었고, 집에서 나를 괴롭히는 문제가 다른 곳에서 불쑥 나타날 수도 있다는 점도 깨닫게 되었다. 또한 그 경험은 불교에 대한 내 이해를 심화시켜 주었고, 개인 생활과 치료 활동에서 얻은 교훈을 불교의 가르침과 통합시키는 것이 얼마나 중요한지도 다시 한 번 실감케 해 주었다. '올바른 의도'의 가르침에 삶을 완전히 살아내라는 뜻이 담겨 있다면, 심리 치료 역시 중요한 역할을 담당할 것이 분명했다.

'충분히 좋은 어머니'

그 무렵 나는 예로부터 널리 읽혀 온 〈영국 정신분석학(British journal of psychoanalysis)〉지에 불교와 관련된 글을 하나 발표했고, 글이 출간된 후에는 권위 있는 뉴욕의 분석가 세 사람에게서 편지를 받게 되었다. 따로 연락을 해 온 그 분석가들은 하나같이 내게 영국 아동분석가 도널드 위니캇Donald Winnicott이 쓴 책을 읽어 보라고 권했다. 그의 책들은 '충분히 좋은 어머니(good enough mother)'와 아동기의 '이행 대상(transitional object, 아동들의 독립 과정을 돕는 담요나 인형 같은 매개물들. '과도 대상'이나 '중간 대상'이라 부르기도 한다. – 옮긴이)'이란 개념에 중점을 두고 있었다. 불교에 관한 내 묘사 내용 중 일부가 그들에게 위니캇을 환기시킨 것이 분명했다. 당시 나는 그의 이론에 별로 익숙하지 못한 상태였지만 흥미가 생겨 그의 글들을 읽어 나가기 시작했다. 그는 '말 못 하는 영아들의 원시적 감정 체험'처럼 내가 나 자신의 내면에서 발견하기 시작한 것들에 특히 관심이 많았다.

탁월하면서도 도발적인 그의 통찰들 중에는 내가 겪고 있는 문제와 관련된 것도 포함되어 있었다. 위니캇에 따르면 아이들은 이해할 수 없는 감정들로 가득 차 있기 때문에 주변 사람들에게 완전히 의존하면서, 그들이 자신을 위해 그 감정들을 '안아 주고 (hold)', 그 느낌들을 감당할 수 있게 해 주고, 시간이 흐른 뒤에는 이해하도록 도와주길 바란다고 한다. 부모들은 아이들이 불편해 할 때마다 그들을 위로하고, 아무 일도 없을 거라고 안심시킴으로써 본능적으로 이 과업을 수행해 내는 경향이 있다. 위니캇은 이런 '안아 주기(holding)' 과정의 결핍이 어떤 식으로 아이에게 상처를 남기는지 상세히 서술해 냈다. '충분히 좋은' 환경이 갖추어진 경우에는 아이가 스스로 감정 경험에 대처할 수 있다는 신념을 갖게 되지만, 그렇지 못할 때는 '무한정 내버려진(infinitely dropped)' 느낌을 갖게 된다고 한다.

위니캇에 대한 고려 없이 쓴 내 글에서, 나는 신비 체험이 제공하는 '망망대해 같은 느낌(oceanic feeling)'을 '젖을 빼는 영아 상태로의 회귀'에 불과한 것으로 간주한 프로이트의 유명한 이론에 이의를 제기했다. 하지만 그럼에도 나는 프로이트가 무언가 알고 있었을 것이라고 썼다. 비록 '안아 주는 환경(holding environment)'이란 용어를 사용한 건 아니지만, 나는 명상이 다른 상황에서라면 불편하게 다가왔을 느낌들을 어떻게 인식하고 탐색하기 좋도록 환경을 조성해 주는지 묘사하려고 노력했다. 프로이트가 상상했 듯이, 해소되지 않은 어린 시절의 감정들을 드러내기 위해 명상가 가 유아기의 나르시시즘(infantile narcissism, 타인을 인식하지 못하는 아기들이 자신을 세상의 중심으로 여기고 자신만을 사랑하는 상태를 말한 다. - 옮긴이) 상태로 퇴행해야 하는 건 아니다. 그 감정들은 명상을 하거나, 꿈을 꾸거나, 내 경우에는 사랑을 느끼는 도중 저절로 솟 아오르기도 한다.

위니캇의 글을 읽으면서 나는 그런 느낌들이 어디에 기원을 두는지 설명한 부분에서 가장 큰 도움을 받았다. 그의 설명은 내 가 불면증을 치료하는 과정에서 발견한 내용들을 뒷받침해 주었 고, 접근법 자체가 내 심리치료사의 치료법과 일치했던 만큼, 이가 부서지는 내 꿈이 제공해 준 통찰에도 더욱 확신을 가질 수 있게 해 주었다. 나는 이제 불편한 느낌들을 성가신 장애물로만 대하는 대신 그 느낌에 대해 탐색하고 숙고하면서, 나 자신에 대해 더 깊 이 공감하고 이해할 수 있게 되었다.

향후 몇 년에 걸쳐 불교와 심리 치료를 통합하려는 내 노력은 일련의 변화를 겪었다. 나는 위니캇의 관점이 나뿐만 아니라 내 환자들에게도 잘 들어맞는다는 사실을 발견하고 내 진료실을 안 전한 느낌이 드는 장소로 변화시켜 나갔다. 어린 시절부터 내 환 자들을 위협하고 괴롭혀 온 그 이해할 수 없는 감정들을 그들 스스로 드러내도록 유도하기 위함이었다. 내 관심의 무게중심은 점점 더 심리 치료 쪽으로 치우치게 되었다. 내 생각에는 정신 역동(psychodynamic, 사람의 생각과 행동이 과거의 경험과 무의식적 동기에서 영향을 받는다고 생각하는 이론들의 총체 - 옮긴이)적 관점에서 원초적 감정들을 다룰 수 있도록 환자들에게 기회를 제공하는 것이 그 무엇보다도 중요했다.

미워하면서도 사랑할 수 있는 능력

내가 불교와 심리 치료를 통합하기 위한 또 다른 시도에 착수한 건, 불교를 공부한 두 명의 다른 친구들이 뉴욕으로 이사를 와 내게 함께 가르칠 것을 권유했을 때였다. 로버트 서먼Robert Thurman(또는 밥 서먼Bob Thurman)은 컬럼비아 대학의 티베트 불교학과 교수로, 달라이 라마의 주재 하에 티베트 불교 수도승이 된 최초의 서양인 중 한 사람이었다. 그리고 샤론 샐즈버그Sharon Salzberg는 스리랑카와 미얀마, 태국 지역에 널리 퍼진 상좌부 불교의 전통을 가르치는 위빠사나(vipassanā, 편견과 판단, 욕구의 개입 없이 대상을 있는 그대로 관찰하기만 하는 명상법 - 옮긴이) 명상 스승이었다. 그녀는 내가 주로 명상 수행을 한 매사추세츠 주 바Barre 지역의 통찰 명상 센터(Insight Meditation Society) 설립자 중 한 사람이기도 했다. 지금껏 우리 세 사람은 20년 가까이 함께 명상을 가르쳐 왔다. 우리의 가르침이

성숙해짐에 따라 나는 이 책에서 다루는 주제들이 정교하게 가다듬어지는 것을 느낄 수 있었다.

로버트와 샤론과 함께하는 동안 나는 대니와 타라와 일할 때처럼 명상을 스트레스 경감 기법으로 제시하는 대신, 항상 내 안에서 발견한 것과 같은 괴로운 느낌들에 대해 토론하는 것에서부터 시작했다. 그 당시 나는 그런 문제와 씨름하는 것이 나뿐만이 아니라는 사실을 깨닫기에 충분할 만큼 심리치료사로 경력을 쌓은 상태였다.

불교를 배우러 오는 사람들 중 상당수는 자신의 깊고 두려운 충동들을 이해하는 데 어려움을 겪는다. 불교 그 자체만으로는 심리 치료의 주된 대상이며 위니캇이 생생히 묘사해 낸 그런 충동들에 대처하는 데 한계가 있다. 나는 위니캇의 관점을 설명하고 심리 치료의 가치에 대해 이야기하는 것이, 지금 세상에 불교를 조화시키는 데 큰 도움이 된다는 점을 깨달았다. 불교는 수많은 가르침을 주지만, 일상의 심리적 문제들을 다루는 데에서는 심리 치료의 도움이 필요하다. 관계의 문제와 어린 시절의 문제, 고통스러운 과거 경험에서 비롯하는 정서적 문제 등이 여기에 해당한다.

로버트와 샤론과 함께 가르침을 펼 때 나는 거의 항상 위니캇의 유명한 논문인 '역전이 속의 증오(Hate in the Counter-Transference)'를 소개하는 것에서부터 시작했다. 이 논문에서 위니캇은 사랑하는 자기 아이를 때때로 미워할 수밖에 없는 어머니의 분노를 자기 환자에 대한 치료사의 좌절과 비교한 바 있다. 내가 이 논문을 명상에 관심 있는 사람들에게 제시하는 이유는, 그 글이 화를 탐색해 볼 가치가 있는 주제로 삼도록 도와주기 때문이다. 그 논문은 제거해야 할 불쾌한 요인에 불과한 화를 탐구의 대상으로 격상시켜 준다. 위니캇의 이 글은 인간의 조건에 대한 현실적 평가를 담고 있어서 전반적으로 분위기가 어둡지만, 전문적인 글에서 찾아보기 힘든 희망적이고 거의 종교적이기까지 한 메시지까지 함께 제시해 준다.

이 논문에서 위니캇은 어머니가 자신의 아이를 미워하는 18가지 이유를 나열한다. 하지만 그의 어조에서는 악의와 판단, 경멸이 아닌, 경험과 이해에서 우러나온 유머와 공감이 느껴진다. 내 생각에 위니캇은 이 글을 통해 '분노는 마술적으로 사라지는 것이 아니라('충분히 좋은' 어린 시절을 경험한 사람에게서조차) 생활에서 좌절할 때마다 표면으로 솟아오른다'는 말을 하고 싶었던 것 같다. 내가 꿈속에서 경험한 것과 같은 그런 종류의 분노는 양육 상황에서도 표출될 수 있지만, 우리는 그런 분노가 존재하지 않는 척 가장하곤 한다. 위니캇은 '분노 장애를 겪는 환자들을 돕고자 하는 심리치료사는 자기 자신의 가장 깊은 느낌들부터 편하게 대할 수 있어야 한다'고 주장한다. 어머니가 아이 스스로 자신의 파괴적인 충동을 다룰 수 있도록 도우려면, 그녀 자신의 충동부터 돌봐야 하는 것처럼 말이다.

위니캇은 이렇게 썼다. '자신의 환자를 아무리 사랑한다 하더라도 치료사는 그들에 대한 미움이나 두려움을 완전히 제거할 수 없다. 이 사실을 잘 알면 알수록 환자를 대하는 동기에 미움과 불안이 스며들 가능성도 더 줄어들게 될 것이다.' 오픈 센터에서의 내 행동을 생각하면서, 나는 이 경고가 얼마나 가치 있는 것인지 실감할 수 있었다!

내가 가장 좋아하는 구절은 논문의 가장 끝부분에 나온다.

어머니는 자기 아기에 대한 자신의 미움을 가만히 견뎌 낼 수 있어야 한다. 그 미움을 아기에게 표현해서는 안 된다. … 어머니의 가장 놀라운 점은 자기 아기에게서 상처를 받을 수 있는 능력과 아기에게 상처 하나 입히지 않고 아기를 미워할 수 있는 능력, 그리고 훗날의 불확실한 보상을 무한정 기다릴 수 있는 능력을 갖추었다는 데 있다. 어쩌면 어머니는 자신이 불러 주는 몇몇 동요들의 도움을 받는지도 모른다. 아기들이 좋아하지만 다행히도 내용은 이해하지 못하는 그런 동요들 말이다.

자장자장 나무 위의 우리 아가
바람이 불면 요람은 흔들리고,
나뭇가지가 부러지면 요람은 떨어질 거예요.
요람이 떨어지면 아기도 떨어지겠죠.

내 머릿속에는 작은 아기와 놀아 주는 어머니의 모습과 그 놀이를 즐기면서도 자기 부모가 상징적 언어(아마도 출생 과정을 상징하는)를 통해 미움을 표현하고 있다는 사실을 알아채지 못하는 아이의 모습이 떠오른다. 이는 결코 감상적인 상상이 아니다. 감상적인 태도는 미움을 부정하기 때문에 부모에게 아무런 도움이 안 되고, 감상적 태도를 취하는 어머니 역시 아기에게 아무런 도움이 안 된다.

커나가는 인간의 아기가 감상적인 환경 속에서 과연 자신의 분노를 제대로 견뎌 낼 수 있을지 나는 의심스럽다. 아기가 제대로 성장하려면 때로는 미움도 필요하다.

어머니나 아버지가 아기에게 자신의 모순된 감정을 노래해 주는 이 광경은 항상 내 마음을 울려 왔다. 이 묘사는 부모들의 실제 경험에 호소한다. 여기에는 갓 태어난 아기의 끊임없는 요구를 충족시켜야 하는 부담감과 부모의 이기적 동기를 인식하고 억제했을 때 느껴지는 만족감이 모두 반영되어 있는 것이다. 어머니의 가장 놀라운 점은, 위니캇의 말을 바꾸어 표현하자면, 그 모든 것에 상처받으면서도 그 모든 것을 받아들이는 능력에 있다.

부모의 마음 상태에 대한 그의 묘사는 명상가의 마음 상태에도 그대로 적용된다. 명상가의 마음이 반드시 백지이거나 텅 비어 있을 필요는 없다. 그의 마음속에는 부드러움도 있고 자기 비하가 뒤섞인 자기 연민도 있으며, 사랑이 바탕에 깔린 분노도 있고, 아기를 얄미워 하면서도 여전히 자장가를 불러 주고 요람을 흔들어 주는 따뜻함도 있다. 그리고 이 모든 것의 배후에는 '올바른 견해'

의 가르침에 묘사된 분리와 변화의 불가피성에 대한 인식이 깔려 있다. 아마도 '요람이 떨어지면 아기도 떨어지겠죠'라는 가사가 여기 해당될 것이다.

불교 성향의 청중들 앞에서 이런 이야기를 할 때마다 나는 항상 어떤 짜릿함과 흥분을 느낀다. 이건 분명 그들이 기대하던 내용은 아니다. 하지만 위니캇이란 장식으로 불교를 꾸밈으로써 나는 '충분히 좋은 어머니'의 마음 상태를 재현해 내는 명상의 위력을 예찬할 뿐만 아니라, 심리 치료가 이 필수적 마음가짐을 불러내는 방법을 이해하도록 도울 수 있다는 사실까지 함께 전달할 수 있게 되었다. 지난 수년에 걸쳐 내 가르침에 이런 방법을 동원하면서, 나는 이 같은 접근법이 내 진료 작업에도 엄청난 도움이 된다는 사실을 깨닫게 되었다.

숨기고 거부해도 사라지지 않는 것들

예컨대 종교적 성취가 가장 뛰어난 내 환자들 중 한 사람이었던 클레어는 20년 이상 명상을 수행해 온 재능 있는 여성이었지만, 내 앞에서 자신의 존재가 실제적으로 느껴지지 않는다는 기분과 끊임없이 맞닥뜨렸다. 내가 자신을 돌봐 주는 건 자신이 내게 특별히 중요한 존재여서가 아니라 그저 직업상 의무일 뿐이라는 것이다. 이런 느낌은 치료 과정에서 흔히 관찰될 수 있는 것이지만,

클레어의 경우에는 그 느낌이 매우 집요하게 지속되었다. 오랜 기간 동안 나는 그 느낌에 어떻게 대처해야 할지 도무지 갈피를 잡을 수 없었다. 지나치게 안심을 시키면 그녀의 불안정감에 내재된 더 깊은 의미를 놓칠 우려가 있었고, 그 느낌을 무시해 버리면 핵심적인 무언가를 건너뛰게 될 위험이 있었다.

　클레어를 알게 되면서, 나는 그녀가 종종 자기 삶의 성과보다 자신의 명상적 성취 속에서 더 편안함을 느낀다는 사실을 알게 되었다. 그녀는 명상 훈련을 텅 비고 무한한 공간 속으로 녹아들 수 있는 하나의 통로로 활용하는 경향이 있었다. 그녀는 상상 속에서 그 공간을 찾아가 그곳에 머무는 것을 좋아했다. 하지만 그 경험을 묘사하는 그녀의 말을 들을 때마다, 나는 어떤 황량한 특성이 배어 있다는 걸 느끼곤 했다. 클레어에게 명상은 일상 현실에 대한 하나의 대안이었다. 그 명상적 공간은 자신을 괴롭히는 것들에서 벗어나기 위한 일종의 도피처나 다름없었다. 클레어는 하루에 한 번씩, 불쾌하거나 화가 날 때는 더 자주, 담배 피우는 것을 좋아했다. 그녀가 담배에 대해 이야기하는 방식은 명상에 대해 말하는 방식과 닮아 있었다. 두 활동 모두 일상의 지루함과 짜증나는 모든 것들로부터의 해방을 제공해 주었다. 그녀를 치료하는 동안 나는 종종 삶을 완전히 살아내는 것에 관한 무닌드라의 언급을 되새겨 보았다. 내게 중요한 존재가 못 된다는 클레어의 고질적인 느낌은 그녀의 문제에 관한 중요한 실마리였지만, 나는 그 연관성을 제대로 파악하지 못하고 있었다.

돌파구가 마련된 건 클레어의 아버지에 관한 대화를 통해서였다. 우리는 그녀의 삶에서 일어난 여러 중요한 사건들을 한데 엮음으로써 치료가 이루어졌을 때의 그 느낌을 가질 수 있게 되었다. 클레어의 아버지는 그녀가 두 살 때 가족을 떠났다. 그는 재혼을 해서 아이를 낳았고, 클레어가 열세 살이 되었을 무렵 그 아이와 함께 그녀를 만났다. 클레어는 거실 카펫 위에서 아버지가 두 살 된 이복동생과 노는 모습을 보면서, 너무 '음란하다(obscene)'는 느낌을 받았다고 회고했다. 그녀는 '음란하다'는 표현을 사용했고, 나는 그 말에 놀라 그녀에게 설명을 요청했다. 그녀는 그 광경이 너무 풍요로웠다고 답했다. 그 광경은 그녀가 항상 갈망해 온 완벽한 가족의 모습이었기 때문에 자신으로서는 눈길을 돌릴 수밖에 없었다는 것이다. 이 말을 하는 클레어의 목소리에서는 분노보다 슬픔이 더 강하게 느껴졌지만, 그 기억 저변부에 깊은 화가 존재하고 있다는 사실을 명백하게 알게 되었다. 아버지의 관심을 받고자 하는 자신의 욕구가 당시의 그녀에게 음란하게 느껴진 것이 분명했다. 이런 상황에서 클레어가 어떻게 결핍감을 느끼지 않을 수 있었겠는가? 혹시 그녀가 그 느낌을 아직도 내면에 품고 있는 건 아닐까?

아버지에 대한 이 기억을 떠올리고 나서 몇 년 후에 클레어는 거식증(anorexic)을 앓게 되었다. 그녀는 자신의 저녁 식사를 쓰레기통에 몰래 버린 뒤, 저녁 시간 내내 잡지에 실린 음식 사진을 보면서 침을 흘리곤 했다. 때로는 일종의 게임을 하기도 했다. 그녀는 거울에 비친 자신을 들여다보면서 그 모습이 진짜인지 확인을 해 보곤 했다. 거울을 더 오래 들여다볼수록 더 심한 괴리감이 밀려들었다. 얼마 후 그녀는 거울에 비친 그 낯선 인물을 알아볼 수 없게 되었고, 자신이 여전히 몸의 성질을 지니고 있다는 걸 확인하기 위해 계속해서 살을 꼬집고 얼굴을 만져야만 했다. 내가 클레어에게 자신의 존재 가치를 의심해 본 적이 분명 있을 것이라고 말하자 그녀는 내 말을 부정했다. 자신의 가치를 의심해 본 적이 있는 게 아니라 항상 의심하고 있다는 것이다. 클레어에게는 욕구를 품을 권리에 대한 인식 자체가 결여되어 있었다.

뒤늦게 사태의 심각성을 깨달은 클레어의 어머니는 딸의 식욕을 되돌려 놓기 위해 그녀에게 사탕과 디저트를 권하기 시작했다. 일반적으로 이런 행동은 결코 식욕 부진증에 대한 효과적인 치료책이 될 수 없지만, 클레어에게는 효과가 있었다. 그녀는 달콤함의 유혹, 또는 자신의 어머니가 먹을 것을 제공해 준다는 그 현실의 유혹을 뿌리치지 못하고 다시 먹기 시작했다.

클레어의 어머니는 순전히 본능적으로 반응한 것에 불과했지만, 어쨌든 딸의 증세를 호전시키는 데 성공했다. 그녀는 거식증 치료에서 치료사들이 가장 어려움을 겪는 바로 그 과업을 달성해냈다. 식욕을 정상적으로 되돌려 놓은 것이다. 하지만 비물질적인 것으로 변형되고자 하는 클레어의 무의식적 소망은 여전히 그녀에게 남아 있었다.

클레어가 20대 후반에 처음으로 명상을 시작했을 때, 그녀는 강렬하지만 두렵기도 한 경험을 하게 되었다. 명상을 처음 시작하는 많은 사람들과 달리 클레어는 명상을 매우 쉽게 느꼈다. 그녀는 생각에 사로잡히지 않은 채 고요하고 평화로운 상태 속에 머물 수 있었다. 기쁨과 지복감이 일어났고, 그녀는 그 느낌들에 몸을 맡겼다.

그런데 갑자기 두려움이 밀려들었다. 그녀는 몸에서 분리된 느낌을 받았고, 어떻게 되돌아가야 할지 알 수가 없었다. 심장이 쿵쾅거리며 날뛰기 시작했지만 그녀는 몸과 분리된 상태에서 빠져나올 수 없었다. 그 상태는 곧 축복의 성질을 잃고, 일종의 분열성 공포의 성질을 띠게 되었다. 그녀의 스승 중 한 사람이 그녀와 함께 앉아 눈을 마주 보면서 들숨과 날숨으로 주의를 환기시킨 후에야, 그녀는 비로소 일상의 정상적 상태로 되돌아올 수 있었다.

그녀의 어머니와 명상 스승이 기울인 최선의 노력에도 불구하고 클레어는 인간관계에서 비롯하는 풍요로움을 여전히 무가치하게 여겼다. 명상에 대한 숭배 속에 은폐되어 있는 그녀의 기본 전제는, 자신이 실제 인물이 아니라는 것이었다. 그녀는 나와의 관계에서도 그런 기분을 느꼈다. 그 느낌이 그녀의 정체성을 뒷받침하는 하나의 무의식적 기둥이었다고 말해도 좋을 지경이었다. 클레어의 자아는 그 자신의 무가치함을 확신하고 있었다. 그녀가 이런 자신의 상황을 언어의 형태로 표현할 수 있게 된 것은 하나의 큰 진전이었고, 자신의 확신이 어디서 비롯했는지 이해하고 그녀를 향한 내 관심을 진지하게 받아들이기 시작한 건 더더욱 큰 진전이었다.

　상태가 호전되면서 클레어는 종종 내가 자신을 '궁지로 몰아넣는' 대신 대화 속으로 '초대하기 시작'했다고 말했다. 나는 클레어 스스로 자신의 불편한 느낌들을 위한 공간을 만들어 낼 수 있도록 그녀의 불편한 느낌들에게 자리를 양보해 주곤 했다. 그 전까지는 그녀의 비현실감과 그 아래 숨겨진 욕구와 감정들이 그녀의 인식 밖에 머물면서 그녀 행동의 상당 부분을 좌우해 왔다. 하지만 심리 치료는 클레어로 하여금 자신의 과거 인생사를, 비록 대부분 고통스러운 것이긴 하지만, 다시 소유할 수 있게 해주었다. 동생과 놀아 주는 아버지의 모습을 외면했을 때, 그녀는 사실상 자기 자신을 외면한 것이다. 당시에는 그녀가 피해야만 했던 중요한 느낌들이 분명 있었다. 눈앞에 펼쳐진 사랑의 광경만큼이나 음란하게 느껴졌던 그 느낌들 말이다. 하지만 갈망과 시기, 분노, 자기의심이 뒤섞인 그 느낌들은 이제 다시 통합될 수 있게 되었다. 내 생각에 이 방향으로 이끌어 준 건 바로 '올바른 의도'의 가르침이었다.

제거되지 않는 장애물을 그대로 마주하라

많은 불교 공동체 내에서 감정은 여전히 부정적인 명칭으로 불린다. 명상을 배우던 당시 내가 가르침을 받은 감정들은 주로 집중에 이르는 것을 가로막는 장애물이나 방해 요인들이었다. 이런 장애물에는 보통 화, 욕정, 걱정, 의심, 피로 등이 포함되는데, 이들 중 '피로(fatigue)'에는 '태만과 무기력(sloth and torpor)'이라는 다소 난해한 명칭이 부여된다. 불교 스승들은 '그 화가 누구에게 일어난 것인가?', '욕정을 품은 그자는 누구인가?'라는 식으로 물음을 던지길 좋아한다. 그 모든 느낌들의 배후에는 우리가 그토록 중요시하는 '나'라는 느낌이 자리 잡고 있다. 불협화음으로 가득한 내면세계의 중심부에서 통제력을 발휘하려고 분투하는 그것이 소위 '나'이다. 감정에 대처하는 이런 방식은, 때로는 엄청나게 유용하기도 하지만, 그 불편한 느낌 속에 내재된 중요하고 의미 있는 개인적 기억들을 건너뛰게 하는 경향이 있다. 클레어가 그 대표적인 예이다. 그녀는 무슨 수를 써서든 자신의 불편한 느낌을 피하고 싶어 했지만, 그녀의 이런 태도는 비현실감만 증폭시켰다. 감정적인 내용물은 개방적인 태도를 필요로 한다. 그렇지 않으면 그 내용물은 소화되지 않은 채 남아 있다가 부적절한 순간에 불쑥 튀어나오고 말 것이다.

불교 수행자들, 심지어는 일부 불교 스승들은 모든 느낌을 한 덩어리로 묶어 해로운 것으로 간주하는 경향이 있다. 그들은 종교적 여정을 감정과 같은 자아의 '해로운(toxic)' 측면들을 수행을 통해 '정화(cleanse)'해 나가는 과정으로 본다. 그런 '오염물들(defilements, 번뇌)'을 제거해야 정서적 장애로부터 벗어난 고요함과 평온의 상태에 도달할 수 있다는 것이다. 클레어의 관점은 어떻게 보면 이와 매우 비슷하다. 이런 관점은 사용된 용어 면에서 프로이트의 '항문기'에 시행되는 배변 훈련을 연상시킨다. 이 발달 단계에서도 역시 자신의 배설물을 깨끗이 처리함으로써 질서와 통제력을 확보하는 것이 중요시된다.

하지만 이런 수행 방식은 일종의 마비 상태를 유발할 뿐이다. 우리를 이 세상에 연결시키는 동시에 인간답게 만들어 주는 그 느낌들과의 접촉을 가로막기 때문이다. 이 같은 도피의 상태에서는 감정이 차단되고 느낌이 거부되며 기쁨 없는 상태가 평정을 대신하게 된다.

그렇다고 해서 명상 도중 일어나는 다루기 힘든 느낌들로부터 물러서는 법을 배우는 것이 중요하지 않다는 뜻은 아니다. 그 느낌들을 장애물이라 부르는 데는 다 그럴 만한 이유가 있다. 하지만 그 느낌들을 제거해야 한다는 생각은 위험하다. 나는 불교 강좌에 위니캇을 끌어들임으로써 대안을 보여주고자 노력해 왔다. '올바른 의도'는 사실 헌신적인 어머니의 의도와 다르지 않다. 어머니는 미움이란 느낌에 등을 돌리는 대신, 가장 어려운 감정 경험조차 견뎌 낼 수 있는 지혜와 자비가 자신에게 갖추어져 있다는 사실을 깨닫곤 한다. 이 능력은 충분히 좋은 부모들에게 내재되어 있다. 위니캇은 바로 이런 태도가 심리 치료의 모델이 되어야 한다는 점을 분명히 보여주었다.

나는 불교에도 이런 태도가 필요하다고 생각한다. 어린 시절의 원초적 감정들을 제거해야 할 장애물이 아닌 성장을 위한 동력으로 삼을 줄도 알아야 하는 것이다. 감정생활을 장애물로 대하는 태도는 사실 그 자체가 하나의 장애물이다. 결국 개인적 인생사를 지우는 건 불가능하기 때문이다.

3장

올바른
말

자신에게 새로운 이야기를 들려주라

'올바른 말(Right Speech, 정어)'이란 원래 거짓말, 험담, 헛된 말, 거친 말처럼 마음에 혼란을 일으키는 모든 말들을 자제하는 것을 뜻하지만, 나는 이 가르침에 추가적인 의미를 부여해 왔다. 우리가 스스로에게 말하는 방식은 다른 사람들에게 말하는 방식 못지않게 중요하고, 우리가 생각하는 방식은 소리 내어 말하는 말의 내용 못지않게 중요하기 때문이다. 불교와 심리 치료 모두 우리가 반복해서 중얼거리는 내면의 이야기들에 주의를 기울이라고 당부한다. 우리는 그 내용을 당연시하는 경향이 있지만, 그 이야기들이 항상 진실을 정확히 반영하는 건 아니기 때문이다.

전통적으로 '올바른 말'의 가르침은 팔정도에 포함된 세 종류의 윤리적 가르침들 중 제일 먼저 제시된다. 뒤에 나오는 두 가지는 '올바른 행동'과 '올바른 생활'의 가르침이다. 외적인 언어가 이처럼 강조되는 이유는 말하는 내용과 말하는 방식을 우리 스스로 선택할 수 있기 때문이다. 자유 연상을 시도할 때조차 우리는 대체로 말하기 전에 생각이나 의도부터 품는다. '올바른 말'의 가르침은 생각과 행동 사이의 공간에 주의를 기울이면서, 입 밖으로 나오려는 말에 독성이 배어 있을 경우 그 말을 제어하라고 충고한다. 하지만 일반적으로 우리는 우리의 내면생활에서 그와 같은 선택의 순간을 경험하지 못한다. 우리의 사적인 생각들은 거의 저절로 일어나다시피 한다. 반복적이고 파괴적인 사고 패턴들은 비판과 비난의 소용돌이 속으로 우리를 끌고 들어감으로써 우리 자신이나 가까운 지인들에게 해를 입히곤 한다.

비록 전통적인 가르침이 이처럼 밖으로 내뱉는 거친 말들을 자제하는 것에 초점을 맞추기는 하지만, 내 생각에 '올바른 말'의 가르침은 우리의 내면세계에도 마찬가지로 적용된다. 우리는 끊임없이 이어지는 생각의 고리를 포착하고 의문을 제기하고 제어함으로써 제멋대로 쏟아져 내리는 내면의 폭포를 중단시킬 수 있다. 많은 사람들이 자기 자신에게 중얼거리는 말에 대한 통제권을 포기하곤 한다. 그들은 그 말을 싫어하면서도 그것을 마치 기정사실인 양 받아들인다. 왜 그러냐고 물으면 그들은 "제가 원래 좀 그래요"라고 답한다. 하지만 체념은 불교에서 권하는 수용의 형태가 아니다. '올바른 말'의 가르침은 자기 자신에게 중얼거리는 그 이야기를 진지하게 받아들이되, 그 내용을 당연시하지는 말라고 충고한다. 그 내용을 분명히 인식하기만 해도 그 말에 대한 통제권을 어느 정도 얻게 될 것이다. 나는 내 환자들에게 종종 이렇게 이야기해 준다. "당신이 그렇게 생각한다는 이유만으로 그것이 진실이 되는 것은 아닙니다."

명상가는 이런 내적 과정을 마치 현미경을 통해 들여다보듯 관찰한다. 가려움이 일어나면 우리는 스스로에게 '그 부분을 긁든지 다른 행동을 취하든지 해야겠어'라고 말한다. 등에 통증이 일어나면 우리는 '더 이상 못 참겠군. 일어나서 움직이는 게 좋겠어'라고 생각한다. 길이 막히면 우리는 최악의 상황을 가정하면서 얼마나 기진맥진한 상태로 늦게 도착하게 될지 걱정한다. 무언가가 깨지면 우리는 주의 깊고 지적인 태도로 상황에 대처하는 대신 누구 탓인지부터 따지려 든다.

명상은 주어진 경험이라는 기본 재료(그것이 가려움이든, 등의 통증이든, 교통 체증이든, 갑작스러운 손실이든 간에)에 평소보다 더 오래 머물면서 우리 스스로 그 위에 덧붙이는 내용들에 의문을 제기해 보라고 권한다. 감정의 측면에서 일어난 분리를 '버림받음'으로 해석하는 내 성향은 이에 대한 좋은 예이다. 내게 분리는 쉽지 않은 경험이지만 그 위에 '버림받음'이라는 의미를 덧붙이고 나면, 그 경험은 참기 힘든 것으로 변질되기 시작한다.

명상을 한 번도 해 본 적 없는 사람들이 처음 명상을 시작할 때, 생각이 너무나도 쉽게 자신들을 낚아채 간다는 사실에 놀라곤 한다. 그래서 기초적인 명상 훈련에는 자신의 몸에 주의를 기울이면서 신체적 감각들의 일어남과 사라짐을 지속적으로 관찰하는 과정을 포함한다. 하지만 '올바른 말'의 가르침은, 적어도 내게는,

몸의 느낌에만 너무 집착해서도 안 된다는 사실을 상기시켜 준다. 우리가 스스로에게 말을 건네는 방식도 매우 중요하다. 자신의 감정을 관찰하다 보면 이 사실이 아주 명백해진다. 감정은 감정 자체의 그 생생한 느낌과 그 느낌 위에 덧붙여지는 정신적 요소로 구성되어 있다. 비록 우리가 그 둘을 구분하는 경우는 드물지만 말이다.

신혼 시절 마주친 그 느낌들을 이해하기 위해 나는 그 느낌에 대해 이야기를 나눌 누군가를 찾아야만 했다. 그 느낌들은 내 안에 너무나도 깊이 뿌리 박힌 것이어서 혼자 힘만으로는 도저히 이해할 수 없었고, 명상을 통해 사라지게 할 수도 없었다. 밤중에 내 꿈들이 말을 걸어오긴 했지만, 그 의미를 이해하기 위해서는 낮 동안 그 꿈에 대해 이야기를 나눠야 했다. 꿈에 대해 이야기를 하므로써 나는 스스로에게 중얼거리던 그 이야기를 변화시킬 수 있게 되었다. 나는 내 고통에 충분히 관심을 기울여 주지 않는다는 이유로 내심 아내를 비난하고 있었다. 하지만 일단 그 비난을 탐색하기 시작하자 비난의 말을 내뱉는 대신, 내 이야기를 바꿀 수 있게 되었다. 나는 스스로 해야 할 무언가가 있다는 사실과 내 이해 밖에 있는 그 느낌들에 어느 정도는 나 스스로 책임을 져야 한다는 사실을 이해하게 되었다.

이와 비슷한 맥락에서 나는 환자들이 먼저 이야기를 털어놓지 않으면 그들을 결코 도와줄 수 없다. 그 내용이 수치스럽고 당황스럽다 하더라도 환자는 의사에게 자신의 생각과 느낌을 최대한 말해 주어야 한다. 자신의 생각을 단순히 무시해 버리면 치료의 기회를 놓치게 된다. 무시당한 생각은 결코 변하지 않으며 내면에 잠복해 있다가 나중에 가서 보복을 가해 온다.

나는 나에게 어떤 말을 속삭이는가

어린 시절의 감정이 성인들에게 커다란 영향을 미친다는 사실을 통해 심리 치료와 불교 사이의 간극을 메우려고 노력하는 동안, 나는 뜻밖에도 샤론 샐즈버그라는 강력한 동맹군을 얻게 되었다. 나는 1974년 나로파 불교대학에서 샤론을 처음 만났고 20년 넘게 연락을 유지해 왔지만, 본격적으로 함께 일하게 된 건 그때가 처음이었다. 그녀는 원래 불교 교사가 되고자 하는 생각이 전혀 없었지만, 대학 시절 인도에서 만난 스승들의 격려로 서서히 서양 불교의 선구적 지도자 가운데 한 사람으로 자리 잡게 되었다. 1990년대 말 그녀가 뉴욕으로 이사를 갔을 때, 나는 내게 명상을 가르쳐 달라는 환자들을 매주 열리는 그녀의 명상 강좌에 보내곤 했다. 수많은 사람들이 샤론과 나 사이를 오갔고, 우리는 일종의 원거리 협력 관계를 맺게 되었다. 관계가 진전되어 우리가 로버트 서먼과 함께 가르침을 펴기 시작했을 때, 그리고 내가 위니캇의 이론을 불교에 막 도입하기 시작했을 때, 샤론은 우리 워크숍 참가자들이 지속적으로 '충분히 좋은 부모'라는 말의 의미를 설명해 달라고 요청한다는 사실에 특별한 관심을 기울였다.

내가 "자기 아이의 분노를 견뎌 낼 수 있는 부모를 뜻합니다" 라고 답을 하면, 사람들은 "'분노를 견뎌 낼 수 있다'는 말이 무슨 뜻이죠?"라고 되묻곤 했다.

그럴 때면 나는 이렇게 답해 주었다. "휩쓸리지도 거부하지도 않고 자신의 화를 감싸 안을 수 있다는 뜻입니다. 그 느낌을 버리지도 행동으로 표출하지도 않고 자신의 경험에 대해 열린 태도를 유지하는 것이지요."

샤론은 내가 몸의 감각이나 호흡뿐만 아니라 감정 경험에도 알아차림을 적용하고 있다는 사실을 이해했다. 수년 간 친구로 지내왔음에도 당시 나는 의식하지 못하고 있었지만 샤론은 이런 태도에 매우 익숙했다. 거기에는 그럴 만한 이유가 있었다. 샤론은 어린 시절 끔찍한 고통을 겪었고, 그 고통에서 비롯한 부정적 자아상을 극복하기 위해 불교 스승들의 도움을 받아 가며 엄청난 노력을 기울여 왔다. 샤론은 2001년 출간된 《믿음(Faith)》이라는 책에 어린 시절에 겪은 수많은 상실을 대범하게 털어놓으면서 불교가 자신에게 얼마나 큰 도움이 되었는지 묘사해 냈다. 나는 그녀의 책에서 깊은 영향을 받았다. '올바른 말'의 가르침은 책의 도입부에서부터 강조되고 있었다. 샤론은 책의 첫 문장에 이렇게 썼다.

'우리 모두는 자기 자신에게 '나는 누구이고 내 삶에서 중요한 것은 무엇인지'에 관해 이야기를 늘어놓는다. 내가 수년에 걸쳐 나 자신에게 중얼거린 이야기는 '나는 행복할 자격 없어'였다.

어린 시절 내내 나는 내게 어떤 근본적인 문제가 있는 것이 틀림없다는 믿음을 품었다. 좀처럼 상황이 나아질 기미가 보이지 않았기 때문이다.'

이것은 부드럽게 표현한 것에 지나지 않는다. 샤론의 인생사는 차마 듣고 있기 힘들 정도이다. 샤론이 네 살이었을 때, 그녀의 아버지는 어디론가 사라져 버렸다. 아홉 살이 되었을 때, 샤론은 수술에서 회복 중이던 어머니와 텔레비전을 보다가 그녀가 피를 쏟는 모습을 보고 구급차를 불러야 했다. 그리고 다시는 어머니를 볼 수 없었다. 어머니는 두 주 후 병원에서 숨을 거두었다. 열한 살이 되었을 때, 샤론과 함께 살면서 그녀를 돌봐 주던 할아버지가 돌아가시고, 아버지가 다시 나타났다. 집으로 돌아와서 한 달 반이 지난 후 그녀의 아버지는 수면제를 과다 복용했고, 여생을 정신병원에서 보내야 했다. 샤론은 할머니와 함께 살다가 열여섯 살이 되었을 때 대학에 진학하기 위해 집을 떠났다.

샤론은 자신의 책에서 이런 경험이 가져다준 결과를 숨김없이 털어놓았다. 그녀를 가장 힘들게 한 건, 그 누구도 자신이 겪은 그 모든 상실에 대해 터놓고 이야기하려 하지 않았다는 것이다. 진지한 대화가 있어야 할 곳에는 '모호하고 불투명한 침묵'만이 가득했다. 이는 드문 일이 아니다. 부모가 자살을 했거나 어린 시절 질병으로 사망한 환자들은 일관되게 '주변의 그 누구도 그 일에 대해 이야기하려 하지 않았다'고 말하곤 한다. 샤론은 자신의 슬픔과 상실감, 분노, 혼돈, 좌절감 등을 주변 사람들과 자기 자신에게 숨길 수밖에 없었노라고 고백했다. 그녀는 이렇게 썼다.

'나는 스스로에게 '내 느낌 따윈 아무래도 상관없어'라고 말하고 있었다. 나는 아무것도 신경 쓰지 않았고, 신경 쓰고 싶지도 않았다. 나는 거리를 둔 채 비좁고 협소한 세계 속에 머무는 것이 안전하다는 사실을 아주 잘 알게 되었다. 그런 태도를 취한 건 분명나 자신이었지만 나는 버림받은 느낌을 받았고…. 수년 동안 거의 아무 말도 하지 않았다. 나는 나 자신에게 분노나 기쁨 같은 생생한 감정을 거의 허용하지 않았다. 내게는 삶이 마치 서서히 깎여나가는 절벽 끝에서 균형을 잡으려 분투하는 과정처럼 느껴졌다.'

수년에 걸친 불행 끝에 샤론은 불교에서 얻은 영감으로 상황을 호전시키는 행운을 누리게 되었다. 대학시절 인도를 여행하면서 그녀는 여러 명의 탁월한 불교 스승들과 우연히 마주쳤다. 그녀는 자신의 이야기에 대한 집착을 줄이기 위해 불교를 활용했고, 무엇보다도 자기 자신을 다시 돌보기 시작했다. 그녀는 고통을 피할 수 없는 삶의 한 측면으로 여기는 붓다의 가르침에서 위안을 얻은 후 불운한 처지에 놓인 자신을 비난하길 중단했다. 어린 시절부터 그녀를 에워싸고 있던 모호한 침묵의 자리에는 자신의 느낌을 꾸밈도, 물러섬도 없이 있는 그대로 직시하고자 하는 새로운 동기가 들어섰다. 그리고 그녀는 모든 사람(심지어 그녀 자신도!)이 행복을 경험할 수 있다는 약속에 믿음을 갖게 되었다. 《믿음》이란 책에서 가장 가슴 아픈 부분은, 그녀가 명상을 하기 전 자신이 가장 공감을 느낀 구절이 만화《피너츠Peanuts》에서 루시가 찰리 브라운에게 건넨 유명한 말이었노라는 고백이었다. 루시는 찰리 브라운에게 이렇게 쏘아붙였다. "찰리 브라운, 네 문제가 뭔지 아니? 네 문제는 바로 네가 너라는 거야." 찰리 브라운이 자신이 할 수 있는 일이 뭐가 있겠느냐고 묻자 루시가 되돌아와서 말했다. "난 조언 같은 건 해줄 수 없어. 난 그냥 문제를 지적할 뿐이야."

우리가 처음으로 함께 일하기 시작했을 때, 샤론은 한 심리치료사 친구에게 심리 치료를 위해 가장 중요한 것이 무엇이라고 생각하느냐고 물었다. 그 친구는 조심스럽게 핵심 요소는 사랑일 것이라고 답했다. 좀 더 모호한 표현을 쓰긴 했지만, 프로이트 역시 비슷한 말을 한 적이 있다. 그는 사랑을 '받아들일 만한 긍정적 전이(unobjectionable positive transference)'라고 불렀다.

샤론은 동의하지 않았다.

그녀는 "약속 시간에 맞춰 상담 시간에 나타나는 것, 그것이 그 무엇보다도 중요해"라고 반박했다.

샤론의 말은 내게 깊은 인상을 주었다. 그녀는 무언가 중요한 것을 이해하고 있었다. 자신의 문제점과 관련된 찰리 브라운의 이야기에 사로잡혀 있을 때, 그녀는 자신의 삶 외부에 갇혀 있었다. 삶 속으로 되돌아오기 위해 그녀는 평생토록 피하려고 애써 온 그 느낌들과 반복적으로 마주해야만 했다. 그녀는 안전을 위해 자기 주위에 만들어 둔 거리가 자신의 삶을 방해하고 있다는 사실을 이해하고는, '참여하고 관계 맺고 연결되기' 위해 의식적으로 노력을 기울였다. 자신이 갇혀 있던 절벽 끝에서 떨어져 나오기 위해 그녀는 세상과 관계 맺는 다른 방식을 배워야만 했다. 그 결과 스스로에게 반복하던 그녀의 이야기도 점차 변하기 시작했다. 프로이트는 치료적 관계에 관한 논문의 끝부분에 이와 관련된 유명한 재담을 남긴 바 있다. 그는 1912년 발표된 논문에다 이렇게 썼다. "모든 것을 고려해 봤을 때, 상징적인 의미에서 부재중(in absentia)인 누군가를 파괴하기란 불가능한 일이다." 내면의 대화를 끄집어내 의문을 제기하려면 결국 환자가 나타나야 하는 것이다.

경험은 해석에 따라 바뀌는 것

인도에서 샤론은 디파 마Dipa Ma라는 벵골 지역의 한 여성에게서 특별한 도움을 받았다. 그녀는 무닌드라의 가까운 친척인 동시에 가장 높은 성취를 이룬 수제자이기도 했다. 10대 때 결혼을 한 디파 마는 40대 초반이 될 때까지 두 아이와 남편을 잃었고 자신의 건강마저 잃게 되었다. 그녀는 46세 때부터 좌절감과 우울감을 극복하기 위해 명상에 전념하기 시작했다. 1970년대 초, 무닌드라의 권유로 샤론이 캘커타 지역의 한 소박한 아파트에 살고 있는 그녀를 찾아갔을 때, 디파 마는 60세 나이의 숙련된 불교 스승이 되어 있었다. 디파 마는 샤론과 수많은 시간을 함께했고, 샤론이 1974년 미국으로 돌아가 불교 스승이 될 것이라고 예견하기도 했다. 샤론은 이 말에 엄청 놀랐다. 디파 마가 샤론에게 말했다.

"당신은 자신이 원하는 모든 일을 할 수 있습니다. 당신을 가로막는 건 '나는 할 수 없다'는 그 생각뿐이에요. 당신은 가르침을 펴야 합니다. 당신은 진정으로 고통을 이해하는 사람이니까요."

나는 샤론의 경험담에서 커다란 영감을 받아 왔다. 고통스럽더라도 약속 시간에 모습을 드러내는 피상담자들처럼 명상을 통해 꾸준히 자신의 내면과 마주하겠다는 그녀의 결심은 심리 치료와 불교의 연관성에 대한 내 확신을 강화시켜 주었다.

고통스러운 감정들은 몸의 감각만큼이나 유용한 명상의 대상이다. 사람들은 자신의 내적 생활에 대해 개방적이고 수용적이고 호기심 어린 태도를 계발하는 것보다, 자신의 감정들을 장애물처럼 취급하는 데서 종종 더 편안함을 느낀다. 하지만 감정을 문제시하는 태도는 아무런 도움도 안 된다. 그런 식으로 감정을 바라본다 해도 우리가 할 수 있는 일이 뭐가 있겠는가? 감정이 그렇게 단순하게 제거되는 대상인가? 감정을 제거한 척하는 태도는 자기기만을 야기할 뿐이다. 그리고 감정을 오염물 취급하는 태도는 감정에 대한 사람들의 부정적 편견만 강화할 뿐이다. 사람들은 그런 감정들을 느꼈다는 사실을 또 다른 실패의 증거로, 자신을 비난할 또 다른 구실로 활용할 것이다.

샤론이 어린 시절 피하고 싶어 했던 그런 종류의 느낌들은 부적절한 순간에 솟아올라 우리를 곤경에 빠뜨리곤 한다. '올바른 말'의 가르침을 실천한다는 건, 그런 감정들을 정면으로 직시하면서 우리 스스로 그 감정들에 부여해 온 해석에 집착하지 않도록 노력하는 것을 뜻한다. 이는 결국 그 감정에 대해 습관적이고 자학적인 방식으로 반응하는 대신, 그 느낌을 편하게 대하면서 불쾌함을 받아들이고 그것과 함께 숨을 쉬고 그 감정에 대해 우리가 무슨 이야기를 늘어놓는지 자문해야 한다는 뜻이다.

나는 '심리 치료에서 가장 중요한 요인은 약속 시간에 나타나는 것'이라는 샤론의 말이 경험에서 우러나온 것이라고 생각한다. 심리 치료를 받으러 갈 때 우리는 자신의 느낌을 찾고, 그 느낌을 끄집어내, 탐구 주제로 설정한다. 우리는 감정에 대해 이야기를 나누고, 그 느낌을 조사하며, 그것에 대해 의문을 품고, 그 감정의 모서리를 더듬는다. 날것 그대로의 감정을 우리가 그 주위에 덧씌워 놓은 이야기로부터 분리해 내고자 하는 이런 결심이야말로 '올바른 말'이란 가르침의 핵심이라 할 수 있다. 그런 태도는 가장 강력한 고통 앞에서 우리 자신에게 더 점잖게 말을 걸 수 있도록 해준다. 명상 도중이나 상담 도중은 물론, 한밤중에 깨어나 무엇이 잘못되었는지 고민할 때조차도.

'샤론은 고통을 진정으로 이해하므로 불교 스승이 될 것'이라는 디파 마의 예견을 처음 들었을 때, 나는 그 말을 '샤론 스스로 엄청난 고통을 겪어 본 만큼 좋은 스승이 될 수 있을 것'이라는 뜻으로 해석했다. 하지만 수년 간 샤론과 함께 일을 해 보고 나서야 그 말을 다른 각도에서 바라볼 수 있게 되었다. 나는 디파 마의 말에 좀 더 깊은 의미가 담겨 있다고 믿는다. 샤론이 고통을 이해한 건 단순히 엄청난 고통을 겪어 봐서가 아니었다. 그것은 이전에는 피하고 싶어 했던 다양한 심리 요소들을 검토하고 이름을 붙이면서, 또한 자신의 미숙한 결론을 명상적 탐색의 대상으로 삼으면서 고통을 철저히 조사해 봤기 때문이다. 샤론이 고통을 진정으로 이해할 수 있었던 건 젊은 시절 그랬듯이 '네 문제는 네가 너라는 거야'라는 결론으로 성급하게 건너뛰는 대신, 자신의 내면에 있는 고통을 가능한 모든 각도에서 자세히 살펴본 덕분이었다.

　　샤론은 어린 시절 매우 실제적이고 구체적인 상실들로 인해 고통을 받았지만, 그녀가 자신의 고통에 부과해 온 해석들은 그런 엄청난 일을 겪어 보지 않은 사람들에게서도 발견된다. 많은 사람들은 샤론과 같은 엄청난 트라우마를 겪어 보지 않았음에도 자기 자신을 부적절하게 느낀다. 샤론은 스스로 견뎌야 했던 다양한 상실들을 기억할 수 있지만, 다른 사람들은 무엇이 잘못되었는지 단지 추론만 할 수 있을 뿐이다. 그래서 나는 사람들이 자신의 경험에 스스로 부과하는 해석 내용에 엄청난 관심을 기울인다. 심리치료사와 나눈 대화가 혼자만의 대화를 변화시킬 때라야 비로소 치료는 시작되기 때문이다.

모든 자기혐오는 덧붙여진 것에 불과하다

미란다는 이와 관련된 훌륭한 사례를 제공해 준다. 존경받는 불문학 교수였던 그녀는 수년 전 내게 치료를 요청했다. 미란다는 사무엘 베케트Samuel Beckett의 작품을 전공한 학자였다. 그녀가 베케트를 선택한 이유는 인간 존재의 황량한 기초에 대한 그의 이해에서 위로를 받았기 때문이었다. 20년 넘게 사무엘 베케트와 친교를 나누면서 그녀는 그의 천재성과 그의 글에서 느껴지는 연민의 감정에서 위안을 얻었다.

치료가 중대한 기로에 이르렀을 때, 미란다는 설명할 수 없는 극심한 불안에 휩싸이는 경험을 하게 되었다. 봄기운이 느껴지는 월요일 아침, 그녀는 그리니치 빌리지Greenwich Village에 위치한 친구의 텅 빈 화실로 발걸음을 옮겼다. 그곳은 나무와 꽃들로 장식된 작은 정원이 내다보이는 아름다운 작업실이었고, 그녀는 가족이나 이웃의 간섭에서 벗어나 그곳에서 글을 쓸 수 있다는 생각에 들떠 있었다. 그녀는 여건이 될 때마다 베케트의 작품들을 소리 내어 읽곤 했다. 낭독은 집중에 도움이 되었고 그의 작품에 대한 감상도 심화시켜 주었다. 하지만 그날 아침 그녀는 접근을 차단하는 보이지 않는 벽에 가로막힌 느낌을 받기 시작했고, 이내 강력한 불안감에 휩싸였다. 오래전 언젠가 느껴 본 적이 있는, 완전히 낯설지만은 않은 그런 불안이었다.

미란다는 그날 그 불안이 어디서 비롯했는지 알 수 없었지만, 엄청나게 불쾌해서 도무지 집중을 할 수 없었다. 고요했던 작업실에는 불길한 분위기가 감돌기 시작했다. 그녀는 어둠과 두려움에 사로잡혀 침울한 기분 속으로 빠져들었고 그날 하루의 대부분을 도시의 길거리를 방황하면서 보냈다.

다음 날 그 경험에 대해 이야기를 하면서 미란다는 한 가지 연상 내용을 떠올렸다. 그녀는 열 살 무렵 자신이 죽게 될 것이라는 확신을 품었던 걸 기억해 냈다. 부모님들은 그녀를 안심시키기 위해 온갖 노력을 다 기울였지만, 그녀는 이제 부모들이 죽게 될 것이라고 확신하면서 도무지 마음을 놓지 못했다. 딸의 기분을 가라앉히기 위해 그녀의 부모는 미란다가 좋아하던 장소인 할머니 댁으로 그녀를 데려가 그곳에 머물게 했다. 하지만 그녀는 할머니와 단 둘이서만 있어 본 경험이 단 한 번도 없었다. 그녀가 할머니 댁을 좋아한 건 그곳에서 모든 가족이 함께 모이곤 했기 때문이었다. 미란다는 부모와 떨어진 채 그들이 죽게 될 것이라고 여전히 확신하고 있었다. 그녀는 부모님을 다시 못 보게 될지도 모른다는 두려움에 밤마다 비명을 지르면서 잠에서 깨어났다.

　　미란다의 이야기에는 외로움이란 감정이 짙게 배어 있었지만, 그 외로움은 사랑하는 사람을 실제로 잃어 본 사람이 느끼는 그런 종류의 외로움은 아니었다. 그것은 그녀 스스로 가까스로 견뎌 내고 있던 외로움으로, 혼자 남겨진 비참함을 실제로 경험해 본 샤론의 느낌보다는 버림받음에 대한 내 막연한 두려움 쪽에 더 가까웠다. 그 느낌을 완전히 없애는 것만이 유일한 해결책으로 느껴질 정도로 무섭고 두려웠던 샤론의 고통과는 분명 구분되는 느낌이었다. 그 외로움은 화실에서 불현듯 솟아올랐지만 미란다 혼자 감당하기에는 너무나도 강력했다. 그녀는 굴욕스러워 하면서 그 느낌을 더 탐색하기를 극도로 꺼렸다. 고통에 대한 두려움을 극복하고 그 느낌과 마주하도록 돕기 위해 나는 그녀에게 수차례나 거듭 말해야 했다.

미란다는 상담 도중 자기혐오를 쏟아내면서, 자신의 진정한 본성에 놓여 있는 건 자신 없음과 우울함, 무가치함뿐이라고 주장했다. 미란다가 사용한 '진정한 본성(true nature)'이란 용어가 내 주의를 끌었다. 미란다가 불교에 특별히 관심을 가졌던 건 아니고 그녀가 의도적으로 불교 개념을 동원한 것인지도 알 수 없는 일이었지만, 나는 그녀의 주장에 반대해야 할 의무를 느꼈다. 아마도 붓다는 자신의 진정한 본성이 자신 없음과 무가치함이라는 그녀의 말에 동의하지 않았을 것이고, 나도 마찬가지였다. 나는 공허감이나 좌절감을 느낄 때보다 웃을 때 그녀가 더 그녀다워진다는 느낌을 받았다.

"그 모든 자기혐오는 덧붙여진 것에 불과합니다. 당신은 똑같은 이야기를 끊임없이 반복하면서 그 이야기를 계속 자신에게 덧씌우고 있어요. 당신은 진정한 자신의 모습을 드러내면서 제 앞에서 솔직하게 행동한다고 생각하시겠지요. 하지만 당신이 제게 보여주는 건 오직 당신의 자기혐오뿐입니다. 그 태도를 한번 내려놓아 보세요. 지금 당장. 이 순간에. 당신은 자신의 진정한 본성이 무엇인지 아직 잘 모릅니다. 당신은 그것이 드러나기 위한 공간을 만들려는 노력을 시작조차 안 한 상태예요."

나는 디파 마가 샤론에게 '당신은 자신이 원하는 건 무엇이든 할 수 있고, 당신을 가로막는 건 당신 자신의 생각뿐'이라고 한 말을 떠올려 보았다. 미란다는 디파 마의 말과 반대로 자신의 부정적인 생각들을 제어하지 않았다. 그녀는 단숨에 판단으로 건너뜀으로써 자신의 정신적 고통을 가중시키고 있었다. 나는 미란다가 자신에게 하는 말에 책임을 질 수 있게 되기를 바랐다.

이 개념은 미란다에게 하나의 계시와도 같았다. 나는 약간의 명상 지침을 제공함으로써 미란다의 자각을 뒷받침해 주었다. 내가 미란다에게 제시한 건, 그녀 자신의 마음에 더 깊이 귀를 기울이면서 그 자신의 반복적인 생각들로부터 거리를 두는 구체적인 명상법이었다. 이제 미란다는 원한다면 언제든 자기혐오로부터 떨어져 나올 수 있었다. 그녀는 예전처럼 자기혐오에 탐닉할 필요가 없게 되었다. 그녀의 진정한 본성에 놓여 있는 건 고통도, 무가치함도, 절망감이나 자신 없음도 아니었다. 그녀의 진정한 본성은 잠재된 채, 그녀 스스로 자신에게 하는 말에 의문을 제기하기만을 기다리고 있었다.

'올바른 말'의 가르침을 내 환자들에게 적용하는 동안 나는 어쩔 수 없이 이 개념에 이끌리게 되었다. 나는 미란다가 자기 비하적인 이야기들을 습관적으로 덧붙이지 않고서도 자신의 느낌들과 함께 머물 수 있다는 사실을 이해하길 바랐다. 그녀는 자신의 말대로 부정성을 빨아들이고 분출하는 해로운 에너지들의 어지러운 소용돌이로 남게 될까? 아니면… 다른 무언가로 변할 수 있을까? 내 재촉에 못 이겨서인지 내 신념에 이끌려서인지는 모르겠지만, 어쨌든 그녀는 좀 더 개방적인 태도를 갖게 되었다. 그녀가 자신의 낮은 자존감에 의문을 제기하면서 그 느낌을 사실이 아닌 하나의 생각으로 대하기 시작하자 생기 넘치는 눈으로 나를 바라보며 미소를 지었다. 그리고 말했다.

"한번 해 볼게요."

그 후 수 주에서 수 개월 동안 미란다는 그 느낌들을 다시 직면해 나갔다. 여전히 외로움으로 고통을 겪고 있던 그녀는 좀 더 느슨한 주의력으로 그 외로움을 바라보면서 그 느낌이 자연스럽게 오고가도록 내버려 두었다. 그녀는 자신의 불안을 알아차렸고, 두려움을 수용했으며, 그 느낌들로부터 도망치지 않았다. 그녀는 그 느낌들을 일종의 연극과도 같은 하나의 구경거리로 대했다. 외로움이 강해질 때면 글을 끄적이기도 했지만 그녀는 무엇보다도 내면의 탐색에서 상당한 진전을 보았고, 자신의 마음속에 어떤 가벼움이 일어나는 것도 느낄 수 있었다. '올바른 말'이 글쓰기 작업의 진전을 의미하는 것이라면 그녀는 분명 실패했다. 하지만 그것이 그녀 자신에게 하는 말을 바꾸는 것을 의미한다면 성공을 맛보았다고 할 수 있을 것이다.

트라우마는 절대 완전히 사라지지 않는다

미란다를 치료하는 동안 나는 예기치 않게 사무엘 베케트라는 동맹군을 만나게 되었다. 1946년부터 엄청난 창의력을 분출하기 시작한 베케트는 소설 작품인 《몰로이molloy》와 《말론, 죽다(Malone Dies)》를 비롯해 그의 가장 유명한 희곡 작품인 〈고도를 기다리며 (Waiting for Godot)〉를 써냈다. 그 시절 그는 대부분의 시간을 파리에 있는 자신의 방에서 홀로 지내면서 집필에만 몰두했다. 그가 집을 나서는 건 몽파르나스 지역의 술집으로 밤마다 산책을 나갈 때뿐이었다. 그의 전기 작가에 따르면, 이 모든 일은 눈보라가 휘몰아치는 더블린 부두 끝에서 얻은 영감에서 비롯했다고 한다. 그 전기 작가는 이렇게 썼다.

> 울부짖는 바람과 요동치는 물살 한가운데에서, 그는 갑자기 '평생 동안 억누르려고 분투해 온 그 어둠'이 사실 창조적 영감의 원천이었음을 깨닫게 된다. 당시 그가 독자도 못 얻고 작가적 열망도 충족시키지 못하고 있었던 건 그 어둠을 외면한 탓이었다. "난 항상 우울할 거야." 베케트는 결론지었다. "하지만 위안이 되는 건 내가 이제 이 어둠을 내 인격의 중요한 한 부분으로 받아들일 수 있게 되었다는 거지. 어둠을 수용했으니, 그것은 이제 나를 위해 일하게 될 거야."

이 글은 엄청난 고뇌 앞에서 자신에게 부드럽게 말을 건네면서, 더 이상 자신의 어둠을 억누르려 하지 않는 한 인간의 모습을 잘 보여준다. 이런 수용적 태도는 심리 치료와 불교의 핵심을 이루는 것으로, 우울증이란 어두운 그림자뿐만 아니라 삶의 한 부분을 이루는 상실의 피할 길 없는 슬픔에도 마찬가지로 적용할 수 있다. 사람들은 너무 자주 그런 느낌에 샤론이 묘사한 것과 같은 방식으로 반응하곤 한다. 하지만 그 느낌을 밀어내고 '평소의 상태(normal)'를 회복하려는 노력은 그 뒤에 모호하고 불투명한 침묵만을 남길 뿐이다.

나는 아버지가 뇌종양으로 돌아가신 뒤 약 4년이 지났을 때쯤 88세의 어머니와 대화를 나누다가 이와 관련된 통찰들을 추가로 얻을 수 있었다. 나는 스스로의 상태에 의문을 제기하는 어머니의 말을 듣고 깜짝 놀랐다.

"너는 내가 이제 괜찮을 거라고 생각하겠지." 거의 60년을 함께해 온 남편을 잃은 고통에 대해 이야기하며 어머니가 말했다. "벌써 4년이 넘게 흘렀으니까. 하지만 난 아직도 속이 상한단다."

어머니가 내게 이런 식으로 말하길 좋아해서 내가 정신과의사가 된 건지, 아니면 내가 정신과의사여서 어머니가 내게 이런 식으로 말을 건네는 건지 알 수는 없었지만 나는 어머니와 이런 대화를 나눌 수 있어 기뻤다. 나는 슬픔은 대화를 통해 표현해 내야 한다고 생각한다. 슬픔을 혼자서만 품고 있으면 그 느낌에 침식당하기 쉽기 때문이다.

"트라우마는 절대 완전히 사라지지 않아요. 시간이 감에 따라 변하기도 하고 누그러들기도 하겠지만 절대 완전히 없어지지는 않을 거예요. 왜 스스로 아무렇지도 않아야 한다고 생각하시는 거죠? 제 생각에 그건 어쩔 수 없어요."

내 대답을 숙고하는 어머니의 모습에서 거의 손에 만져질 듯한 안도감이 감지되었다.

"슬픔을 극복 못 한 것 때문에 죄책감 느낄 필요는 없다는 소리니? 내 첫 남편이 죽었을 때는 10년이나 걸렸는데." 어머니는 대학시절 연인을 회상하면서 자신이 20대 중반이었을 때 그가 심장 이상으로 세상을 떠난 일을 갑자기 기억해 냈다. 아버지를 만난 건 그로부터 몇 년 후였다. "어쩌면 나 자신에게 좀 너그러워져도 될 것 같구나."

내가 어머니의 첫 번째 남편에 대해 알게 된 건, 열 살이나 열한 살 때쯤 단어 완성 놀이(Scrabble)를 하다가 단어를 찾기 위해 어머니의 손때 묻은 웹스터 영어사전을 펼쳤을 때였다. 그 사전의 앞표지 뒷면에는 검은 잉크로 어머니의 이름이 적혀 있었다. 필체는 어머니의 것이 분명했지만 그 이름은 어머니의 현재 이름인 셰리 엡스타인Sherrie Epstein이 아닌, 셰리 스타인벡Sherrie Steinbach이었다 (이 이름은 결혼 전의 이름도 아니었다). 완전히 낯선 동시에 눈에 익은 글씨체로 인해 아주 익숙하기도 한 어머니의 또 다른 모습이었다.

"엄마, 이게 뭐예요?" 나는 빛바랜 파란색 사전을 집어 들며 어머니에게 물었고, 어머니는 이야기를 쏟아냈다. 그 후로 우리는 거의 그 이야기를 하지 않았다. 50여 년 후 아버지가 돌아가시고 나서야 어머니는 그 이야기를 다시 꺼내기 시작했다. 어머니가 첫 남편을 잃은 고통을 완전히 극복했는지 나는 알 수 없다. 아마도 어머니 스스로 그 이야기를 꺼낸 건, 아버지의 죽음을 겪으면서 그 고통의 기억이 다시 되살아났기 때문일 것이다.

　어머니와 이 대화를 나누었을 무렵, 우연치고는 놀랍게도 나는 트라우마에 관한 책 한 권을 막 탈고한 상태였다. 트라우마는 재난과 같은 사건의 후유증에 불과한 것이 아니다. 한정된 소수의 사람들만 트라우마를 겪는다는 생각도 잘못된 것이다. 덧없음의 고통과 마찬가지로 트라우마는 일상적 삶의 저류를 가득 메우고 있다. 나는 '외상 후 스트레스 장애(post-traumatic stress disorder)로부터 자유로운 사람이라도 외상 전 스트레스 장애는 겪을 수밖에 없을 것'이라고 즐겨 말하곤 한다. 사실 재난을 겪을 가능성을 의식하지 않고 살아가기란 불가능하다. 어쨌든 죽음이(사촌격인 나이 듦, 질병, 사고, 이별, 상실 등과 함께) 우리의 주위를 서성거리고 있기 때문이다. 죽음에서 자유로운 사람은 아무도 없는 것이다.

애도 과정에는 정해진 시간표가 없다

어머니의 질문에 대한 내 반응(트라우마는 절대 완전히 사라지지 않는다는)은 정신과의사로 경력을 쌓는 동안 배우게 된 교훈에서 비롯한 것이다. 고통에 저항하고 그 고통의 여파를 완전히 느끼지 않도록 우리 자신을 방어하는 과정에서, 우리는 현실 감각을 박탈당하고 만다. 심리치료사인 나는 자신의 취약성을 인정하고 자신의 고뇌를 받아들이는 일이 얼마나 어려운 일인지 너무나도 잘 안다.

자신의 경험과 함께 머무는 것보다 우리 자신에게 끊임없이 되풀이해 온 이야기 속으로 빠져드는 편이 훨씬 더 쉽다. 많은 사람들이 내 어머니처럼 "지금쯤 극복했어야 하는 것 아닌가?"라고 묻곤 한다. '평소의 상태'로 서둘러 옮겨감으로써 우리 자신의 고통뿐 아니라 이와 긴밀히 연관된 다른 사람들의 고통까지도 못 본 체하려 하는 것이다.

재난이 닥치면 우리는 즉각적으로 공감 어린 반응을 보이지만 속으로는 한시 바삐 '평소 상태'를 회복해야 한다고 생각하곤 한다. 파리 테러 공격과 보스턴 마라톤 테러, 올랜도 나이트클럽 대학살의 희생자들이 상처를 극복하기까지는 수년이 걸릴 것이다. 전쟁에서 살아 돌아온 군인들은 전쟁터에서의 경험을 짊어진 채 살아가게 될 것이다. 우리 사회는 과연 이 사람들을 수년 동안 가슴에 품고 있을 수 있을까? 아니면 내 친구가 다섯 살 때 어머니의 자살 이후 아버지에게서 들은 말처럼, '어머니는 죽었으니 다시는 입에 담지도 말라'는 식의 태도로 일관하게 될까?

1969년, 불치병 환자들을 돌봐 온 스위스의 의사 엘리자베스 퀴블러 로스Elisabeth Kubler-Ross는 《죽음과 죽어감에 답하다(On Death and Dying)》라는 책을 출간함으로써 사랑하는 이의 죽음을 경험한 사람들의 트라우마를 세상에 알린 바 있다. 부정, 분노, 타협, 우울, 수용의 다섯 단계로 이루어진 그녀의 애도 단계 모델은 당시로서는 획기적인 것이었다. 이 모델은 죽음을 평범한 대화의 주제로 격상시켰다. 하지만 그녀의 이론은 본의 아니게 사람들로 하여금,

내 어머니가 그랬던 것처럼, 슬픔을 교정해야 할 무언가로 여기게 만들었다.

애도 과정에는 정해진 시간표가 없다. 슬픔의 경험은 사람마다 다 다르며, 그 느낌이 반드시 사라져야만 하는 것도 아니다. 슬픔에 대처하는 가장 건강한 방법은 슬픔을 거부하려 하는 대신 그 느낌에 가만히 기대는 것이다. 슬픔을 무시한 채 평소 상태를 회복하려 하다가는 현실과 괴리된 느낌만 갖게 될 것이다.

나는 첫 남편의 죽음을 극복하는 데 10년이 걸렸다는 어머니의 말을 들었을 때 깜짝 놀랐다. 어머니의 기분이 나아지기 시작했을 무렵이면 나는 벌써 여섯 살이나 일곱 살쯤 되어 있었을 것이다. 내 아버지는 자상한 내과의사였음에도 어머니의 첫 번째 결혼 이야기를 하고 싶어 하지 않았다. 아버지와 결혼할 당시 어머니는 여동생에게 첫 번째 결혼식 사진을 보관해 달라고 부탁했다. 나는 그 사실을 전혀 몰랐고 물어볼 생각조차 하지 않았지만, 아버지가 돌아가시고 난 후부터 어머니가 갑자기 자기 인생의 이 숨겨진 시기에 대해 매우 개방적인 태도를 취하기 시작했다. 숨을 죽인 채 60년 동안 숨어 있던 기억이 되살아난 것이다.

내 어머니는 아버지의 죽음을 대하면서 첫 남편이 죽었을 때 느꼈던 것과 똑같은 압박감을 자신에게 주고 있었다. 앞서 일어난 상실이 나중의 상실에 영향을 미쳤으므로 어려움은 더 복잡해져만 갔다. 나는 불교적 성향을 지닌 정신과의사의 입장에서 어머니와 대화할 수 있었던 것을 기쁘고 감사하게 생각한다. 빨리 슬픔을 극복하라는 감언이설 이상의 것을 어머니에게 줄 수 있었기 때문이다.

트라우마(크든 작든, 오래된 것이든 새로운 것이든 간에)를 마주하고자 하는 의지는 트라우마 치료의 열쇠이다. 트라우마는 다섯 단계를 거쳐 사라지지 않으며, 사실 그럴 필요도 없다. 샤론이 처음 불교를 받아들일 때 깨달은 것처럼, 그리고 베케트가 더없이 우아한 문체로 표현해 낸 것처럼, 고통은 피할 수 없는 삶의 한 측면이다. 우리는 고통을 겪을 때 더욱 인간다워진다.

'올바른 말'의 가르침은, 적어도 내 해석대로라면, 고통이라는 이 불가피한 삶의 측면을 경험할 때마다 우리 자신의 내적 독백에 주의를 기울이라고, 그 고통의 의미를 우리가 어떤 식으로 과장하는지 알아차리라고 권고한다. 우리는 내면생활이라는 혼자만의 영역에 머물며 어려움을 더 악화시키는 경향이 있다. 우리 자신의 잠재의식적 독백은 경험 위에 덧씌워져 이미 어려운 상황을 더 힘들고 참기 힘든 것으로 만들어 놓는다. '올바른 말'의 가르침은 이런 태도를 불필요한 것으로 간주한다. 이 가르침을 따른다 해도 자기비판은 여전히 일어나겠지만(오래된 습관은 순식간에 소멸될 수 없다), 적어도 자기 자신의 내적 비판을 대하는 태도는 변화시킬 수 있을 것이다. 중독성 있는 자기비하적 생각들을 있는 그대로 관찰하는 법을 배울 때, 그 생각의 지배력은 줄어들게 될 것이다.

'올바른 말'의 가르침은 중요한 지점에 자각을 도입함으로써 그 생각들의 독성을 완화시켜 준다. 이 발견으로 인해 생기를 되찾은 마음은 안도감을 경험하게 된다. "이 일 때문에 죄책감 느낄 필요는 없다는 소리니?"라는 내 어머니의 반응은 이런 변화를 잘 보여준다. 그리고 "어쩌면 나 자신에게 좀 너그러워져도 될 것 같구나"라는 어머니의 결론은 이 가르침이 선사하는 자유를 잘 나타내 준다. 심리치료사로서 나는 환자들이 사용하는 이런 표현들에 세심하게 주의를 기울이도록 훈련을 받아 왔다. 내 어머니가 사용한 '어쩌면' 같은 표현은 망설임이나 의심을 나타내는 것으로, 말하는 사람이 의식하지도 못하는 사이에 나오곤 한다. 어머니가 내 환자였더라면 나는 아마 좀 더 밀어붙였을 것이다. 예컨대 나는 그녀가 정말로 자신에게 너그러워질 수 있는지 확인하기 위해, 어머니에게 '어쩌면'이란 표현을 빼고 문장을 반복해 보라고 요청했을 것이다. 하지만 이쯤 해두는 게 좋겠다는 생각에 나는 입을 다물었다. '올바른 말'조차 지나친 것이 될 수 있기 때문이다.

4장

올바른
행동

주어진 순간에 최선의 행동을 찾는 것

자신의 우울증을 회피하지 않겠다는 사무엘 베케트의 결심은 매우 불교적인 것이었다. 자신의 어두운 면을 제거하기 위해 에너지를 쏟는 대신 그는 그 어둠을 영감의 원천으로 활용했다. 이런 태도는 올바른 말과 올바른 행동 간의 연관성을 잘 보여준다. 두 가르침 모두 절제의 힘을 활용하는 것을 중시한다. 영감을 얻기 전 베케트는 자신을 괴롭히는 문제를 제거하기 위해 심리치료사를 찾는 미숙한 환자 같은 인물이었다. 하지만 영감을 얻고 나서부터 그는 완전히 다른 수준에서 행동하기 시작했다. 그는 더 이상 그 자신의 일부를 제거하려 하지 않았고, 더 이상 완벽함이란 거짓된 이미지를 좇지도 않았다. 그는 자신의 비현실적인 기대를 수정하면서 자기 자신의 내면을 더욱 깊이 탐색해 나갔고, 결국에는 그와 같은 탐색의 결과를 예술 창작을 위해 활용할 수도 있게 되었다.

원래 '올바른 행동'이란 파괴적 행동을 중단하는 것을 뜻한다. 살생, 도둑질, 해로운 성적 행동(삿된 음행), '부주의해질 정도의' 음주 등은 전통적인 핵심 금지 항목이다. 수도승들은 이런 계율을 지키겠다는 서약을 하는 것이 보통이다. 이 서약은 이중의 혜택을 제공해 준다. 즉 집단 전체에 강력한 도덕적 규율을 부과함으로써 공동체를 보호해 주고, 그런 행동에서 비롯하는 내적 동요를 사전에 차단함으로써 개인들을 보호해 준다. 불교는 정신적 평온을 추구하는 만큼, 누군가의 행동이 혼란을 초래할 경우, 그 행동을 명백히 비생산적인 것으로 간주한다.

하지만 충동적으로 행동하지 않는 것과 아무런 행동도 하지 않는 건 분명 다르다. 강박적으로 음식에 탐닉하는 것과 침착하게 식사를 준비하는 것 사이의 차이점에 대해 생각해 보기 바란다. 전자의 경우에는 상황에 대한 기억이 흐릿하고, 식사 후에 종종 구역질나는 느낌까지 남는다. 엄청난 양의 음식을 섭취했지만 그 맛에는 거의 주의를 기울이지 않은 것이다. 반면 후자의 경우에는 절제하는 태도가 동반되지만, 그렇다고 활동이 없는 건 아니다. 이 경우에는 시장에 가서 적절한 재료를 구입하고 채소를 썰고 요리를 하고 식탁에 음식을 배치하는 것 등이 '올바른 행동'이다. 이 모든 과정에는 엄청난 자제력이 필요하다. 즉각적인 만족을 향한 자아의 욕구를 지연시키는 것이야말로 팔정도의 이 측면에 내재된 핵심 원리인 셈이다.

놓아 버림과 뒷걸음질

심리치료사는 '올바른 행동'을 훈련하기에 더없이 적합한 환경 하에 있다. 온갖 종류의 질환을 앓는 사람들이 즉각적인 효과를 기대하며 치료에 임하기 때문이다. 이런 기대는 심리치료사에게 엄청난 부담으로 다가온다. 약을 처방해서 환자의 증상을 빠르게 완화시킬 수 있는 다행스러운 경우도 있지만, 소수에 불과하다. 즉각적인 도움을 제공할 수 없는 대부분의 경우, 나는 기다려야 한다. 나는 초조함과 돕고자 하는 내 욕구가 치료에 개입하지 못하도록 억제해야 한다.

치료는 신뢰 관계를 구축하는 데 중점을 두는 길고 느린 과정이다. 신뢰가 형성됨에 따라 치료자가 마음 놓고 활동할 수 있는 공간도 점점 더 넓어지며, 그런 치료자의 개입은 자신의 문제에 관한 환자들의 선입견을 교란시키는 방식으로 이루어질 때 가장 효과적이다. 여기에는 자신의 문제점에 관한 사람들의 경직되고 과장된 관념들을 제거하면서 그들을 불편함 속으로 점잖게 밀어넣는 과정도 포함되고, 자신에게 오래도록 중얼거려 온 이야기들에 의문을 제기하도록 유도하는 절차도 포함된다.

위니캇은 '모른다는 사실을 받아들일 때 엄청난 안도감이 일어난다'라고 쓴 바 있다. 이는 심리 치료의 가장 흥미로운 측면 중 하나이다. 비록 이 과정 내부에도 즉흥적 행동을 의도적으로 억제한 뒤 그 행동을 규정된 절차에 따른 형식적 행동으로 대체하게 만드는 요인들이 많이 포함되어 있긴 하지만 말이다. '올바른 행동'의 가르침은 심리치료사들에게 치료하고자 하는 소망이 치료 과정에 개입되지 않게 하라고, 자신의 전문성 뒤에 숨는 대신 상호 신뢰에서 비롯하는 친밀한 관계(rapport, 라포르)를 치료의 도구로 활용하라고 권고한다. 사실 '올바른 행동'의 윤리적 규제는 심리 치료의 제한 사항들과 아주 잘 맞아떨어진다. 예를 들어, 만일 심리치료사가 자기 환자를 성적으로 이용한다면 관계를 통해 획득한 신뢰와 자유는 즉시 사라질 것이다. 하지만 심리치료사가 치료를 저해하는 방식에 이런 거친 것들만 있는 것은 아니다. 정확하고 올바른 것에 집착하면서 자신의 조언대로 따를 것을 지나치게 강요하는 심리치료사 역시 환자를 잃기 쉽다.

'올바른 행동'을 통해 내 환자들의 신뢰를 얻는 데 성공하면 변화의 가능성이 생겨난다. 낡은 패턴은 노출되고 새로운 가능성들이 드러나기 시작한다. 불교의 역사는 그런 신뢰를 활용해 자신의 정체성과 관련된 제자들의 제한된 신념을 허물어뜨린 스승들의 사례들로 가득 차 있다. 이 점에서는 심리 치료도 뒤떨어지지 않는다. 우리가 환자들에게 그들 자신의 반복적인 생각이 사실이 아닌 생각에 불과하다는 점을 보여주면, 그들은 일시적으로나마 해방감을 맛보게 된다. 우리의 이야기는 우리 스스로 믿어 온 것처럼 그렇게 확실하지 않은 경우가 많다. 개방적인 태도로 그 이야기를 검토하면 할수록 그 이야기에 대한 확신도 줄어드는 것이 보통이다.

이처럼 '올바른 행동'의 가르침은 완벽주의를 극복하도록 심리 치료사들을 도와준다. 하지만 그 가르침은 환자들에게도 매우 유용할 수 있다. 사람들은 그 무엇보다도 기분을 더 낫게 하기 위해 자신이 할 수 있는 일이 어떤 것인지 알고 싶어 한다. '올바른 행동'의 가르침은 바로 이 지점에서 가장 큰 도움을 제공해 준다. 불교에 관심을 갖는 많은 사람들(그리고 심리치료사를 찾는 많은 사람들)은 그 해답이 '놓아 버림(letting go)'에 있다고 생각한다. "놓아 버리는 법을 가르쳐 주세요." 그들은 내게 요청한다. "제대로 명상하는 법을 배우면 분명 도움이 될 거예요." 그들은 일반적으로 '놓아 버림'이 그들을 괴롭히는 그것을 포기하는 것을 뜻한다고 생각한다. 그래서 그들은 누군가에게 화가 난 경우 스스로에게 그 화를 놓아 버리라고 말하고, 불안에 휩싸였을 때는 그 불안을 놓아 버리려 노력한다. 혼란스러운 생각이 일어나면 그 생각을 없애려 노력하고, 슬픔이나 불쾌감이 일어나면 그 느낌을 내려놓으려 애를 쓴다.

하지만 '놓아 버림'은 당신을 괴롭히는 그것을 놓아 보내는 것과 무관하다. 그것을 제거하려 애를 쓰면 그것을 더 강하게 만들 뿐이다. '놓아 버림'은 놓아 보내는 것보다 인내와 더 밀접하게 연관되어 있다. 일반적으로 우리가 생각하는 것과 방향성도 다르고 초점도 다른 것이다. 일본 불교에는 이 점을 묘사하는 다음과 같은 유명한 경구가 존재한다. '빛을 내면으로 돌림으로써 너 자신을 밝혀 주는 '뒷걸음질'을 배워라. 그러면 몸과 마음이 스스로 떨어져 나가면서 네 자신의 본래 면목이 드러나게 되리라.' 이 '뒷걸음질'은 '올바른 행동'을 묘사하는 또 다른 방식이라 할 수 있다. 문제가 되는 대상을 떼어내려고 노력하는 대신, 자신의 내면을 향해 한 걸음 물러선다. 무언가가 떨어져 나간다 해도 그것은 저절로 그렇게 되는 것뿐이다. 당신이 직접 그것을 떼어내는 건 불가능하다.

무엇이 뒤틀린 연상을 만들어 내는가

나는 내 환자들과 작업하면서 이 기본적인 접근법이 엄청난 도움이 된다는 사실을 깨닫게 되었다. 처음 치료에 임할 때 사람들은 대부분 자신의 문제가 무엇인지 제대로 설명하지 못한다. 그들은 종종 자신의 문제가 무엇인지 모르고, 설령 안다 하더라도 앞뒤가 맞지 않는 말만 늘어놓을 때가 많다.

"거리를 걷는 예쁜 소녀를 보았을 때 제가 왜 그녀의 목을 조르는 환상을 품는 걸까요?" 70세의 한 남성이 내게 물었다. 그는 불현듯 솟아나는 불쾌하고 낯선 생각들로 고통을 받으면서 심한 마음고생을 하고 있었다. "당신이 도움 되는 말을 할 때마다 당신의 고환을 빠는 이미지가 떠오르는 이유는 뭘까요?"

이런 문장들을 결코 쉽게 발설하지는 않는다. 이런 강박적이고 불편하고 은밀한 생각들에는 엄청난 불안이 묶여 있는 경우가 대부분이다. 랄프는 비록 자신의 강박적 생각을 행동에 옮긴 적은 한 번도 없었지만 스스로 자신의 행동을 통제하지 못하는 상황이 벌어질까봐, 자신의 충동이 자신을 능가하는 일이 일어날까봐 걱정하고 있었다.

이런 생각들을 발설하고 고백했다는 것 자체는 분명 큰 진전이었지만 나는 그 생각들이 일어나는 이유를 알 수 없었다. 그의 고뇌를 덜어 주고 그 생각들을 사라지게 해 줄 마법의 말 같은 건 없는 것일까? 나는 그에게 자유연상을 권해 본다. 어쩌면 그런 강박적 생각들과 어린 시절 사이의 연관성을 발견하게 될지도 모를 일이다. 물론 아닐 수도 있지만. 이렇게 하는 것이 상황을 더 낫게 만들어 줄까? 다른 방법은 없는 것일까?

랄프의 증상은 매우 특이했지만 그 증상에 대한 그의 당황스러운 반응은 평범했다. 내가 개인 환자를 보기 시작했을 당시 만난 내 두 번째 심리치료사 이자도르 프롬Isadore From은 이 점을 아주 잘 아는 듯 보였다. 그는 치료를 시작할 때마다 "마크, 오늘은 무슨 일이죠?"라고 질문을 던지곤 했다. 나는 이 질문을 하는 그의 시선이 항상 부담스러웠다. 그날 내가 상담실을 찾은 이유가 무엇인지, 또는 그가 내게 무엇을 기대하는지 도무지 분명히 알 수 없었기 때문이다! 시작 때마다 이런 질문을 던지는 이유를 물었더니 그는 나뿐만 아니라 모든 사람들과의 상담을 이런 식으로 시작한다고 대답했다. 그는 "오늘 기분이 어떠세요?"나 "잘 지내셨나요?" 같은 관습적 인사보다 그 질문을 더 좋아했다. 이자도르는 사교적 인사를 싫어하는 사람이었다. 그는 내가 감당할 수 있는 한도 내에서 내 불안과 접촉하도록 나를 자극하는 것을 좋아했다. 그는 내가 좀 더 부드러운 방식을 선호한다는 점을 잘 알았지만, 그런 자세로 치료에 임했더라면 내 방어를 무너뜨리기는커녕 강화하고 말았을 것이다.

사람들은 종종 꽉 짜인 생활을 하다가 계획대로 일이 잘 안 풀릴 때 심리치료사를 찾는다. 치료자와 나누는 대화를 통해 그들은 서서히 그리고 점진적으로 자신을 질식시키는 원인을 더 잘 이해하게 된다.

랄프와 나눈 대화 역시 증상과 관련된 수많은 흥미로운 사실들을 드러내 주었다. 어쩌면 그는 어린 여성에게 매력을 느끼는 걸 견딜 수 없었는지도 모른다. 어쩌면 거절당하는 것이 두려워 예쁜 여성을 볼 때마다 강박적인 방식으로 미리 복수를 떠올린 것인지도 모른다. 그리고 어쩌면 그의 생각은 40년 전 여자친구에게 빠져 있을 때 그녀의 얇고 섬세한 목을 보고 그 목을 조르는 상상을 하다가 겁에 질려 방 밖으로 도망쳐 나온 기억에 뿌리를 둔 것인지도 모른다. 어쩌면 매력이나 고마움을 느끼는 상황이 그를 의존적으로 만들어 그의 두려움을 자극한 것인지도 모른다. 랄프는 도시의 빈민가에서 힘 세고 덩치 큰 아이들의 괴롭힘을 받으면서 자랐다. 나약하게 의존성을 드러냈다면 그는 아마도 더 심한 괴롭힘을 당했을 것이다. 이런 추론들이 그의 기분을 낮게 해 주었을까? 그럴지도 모른다. 하지만 이런 결론 자체보다는 개방적인 자세로 함께 질문을 던지면서 대화를 나눈 치료 과정이 그에게 훨씬 큰 도움을 주었다.

　나는 랄프가 거리에서 마주치는 예쁜 여성들을 충분히 주의 깊게 바라보지 않는다는 점을 지적한 적이 있는데, 이 말은 내가 한 말 중 가장 큰 도움이 되었다. 그는, 모든 남자들이 그렇듯 몰래 바라봐야만 했다. 그는 본능의 목을 조르고, 바라봄을 가로막고, 욕망을 억누르면서 그 자신을 질식시키고 있었다.

　그의 태도는 사실 나에 대한 경우와 다를 바가 없었다. 내가 도움이 되는 말이나 행동을 통해 그의 고마운 느낌을 자극하면, 그는 혐오스러운 성적 사고를 동원해 그 느낌을 차단하곤 했다. 그렇게 해서 그 금지된 생각이 관심의 초점이 되면 그는 다시 그 생각을 억누르려 노력하면서 발버둥쳤다. 이 과정은 빠져나오기 힘든 강박적 악순환의 고리를 형성했다. 생각을 하지 않으려는 노력은 그 생각을 더 뚜렷하고 더 위협적으로 만들 뿐이었다.

　"당신 마음속에서 무슨 일이 일어나고 있는 걸까요? 당신은 두려움으로 잔뜩 뒤틀린 생각들을 제 앞에 제시하지만, 그런 생각들은 진정한 당신이 아닙니다."

　"실제 현실에 머물도록 노력해 보세요." 나는 표현을 수없이 바꿔 가면서 그에게 이 말을 반복적으로 들려주었다. "당신의 호흡, 당신의 몸, 당신이 실제로 보고 느끼는 것들에 집중하세요. 당신이 반드시 증상을 사라지게 해야 하는 건 아닙니다. 증상과 관계 맺는 방식만 바꾸면 돼요. 그 생각들에 대한 거부감을 줄이면 생각이 당신을 사로잡는 힘도 약해질 겁니다. 당신은 집착은 누그러뜨린 채 주변의 대상들을 좀 더 열린 태도로 바라볼 수 있어요."

이 말이 그의 내면을 건드린 것 같았다. 랄프는 내 조언을 좋아했고 현실적으로도 큰 도움을 받았다. 여성의 목을 조르는 상상이 완전히 사라진 건 아니었지만, 거리를 지나가는 여성을 바라봐도 된다는 허락과 권고는 그에게 엄청난 도움이 되었다. 그는 강박적 생각을 향한 몰두에서 벗어나 주변을 바라보기 시작했다.

"어디를 바라보고 싶으신가요?" 내가 그에게 물었다.

그는 수줍어하면서 여성의 가슴이라고 대답했다. 랄프는 얼굴을 잘 기억하지 못하는 그런 유형의 인물이었다. 그는 방 안의 장식이 변해도 그 사실을 알아차리지 못했고 시각적 신호들에도 별다른 주의를 기울이지 않았다. 내 생각에 그는 시각 세계와 감정 세계, 성적 세계를 등진 채 살아가는 인물이었다. 하지만 그는 이제 시각 세계로 되돌아가는 모험을 즐기게 되었다. 그는 원치 않는 생각이 밀려들 때에도 거리에서 마주친 여성들의 몸과 얼굴을 다시 떠올렸고, 그런 태도가 강박적인 생각에 사로잡혀 있는 시간을 줄여 준다는 점도 깨닫게 되었다. 강박적인 생각은 여전히 일어났지만 그 생각들이 전처럼 그의 생명력을 쥐어짜지는 않았다. 그는 자신의 불쾌한 생각들을 도덕적 결함으로 여기는 대신 생각에 불과한 것으로 간주하기 시작했다.

괴롭히는 것의 실체를 찾는 것이 먼저

누군가는 불교적 관점에서 랄프의 관음증을 부추긴 건 해로운 처사라고 말할지도 모른다. 붓다가 말했듯이 탐욕은 고통의 뿌리이고 욕망은 끝이 없기 때문이다. 욕망에 대한 탐닉은 우리를 욕망의 손아귀에 더욱 얽매이게 만들고, 순간적인 만족과 집요한 추구로 구성된 끝없는 순환고리 속으로 우리를 밀어 넣을 뿐이다. 본능의 지배를 느슨하게 만드는 것이야말로 불교적 접근의 가장 두드러진 특징이다. 하지만 욕망의 지배를 느슨하게 하려면 먼저 욕망이 무엇인지 알아야 한다.

랄프는 자신의 욕망과 너무나도 사이가 안 좋았기 때문에 욕망을 다스리는 것도 불가능했다. 그렇지만 차츰 긴장을 누그러뜨림에 따라 그는 자신의 시선에 단순한 욕정 이상의 무언가가 있다는 점을 이해하게 되었다. 성적 욕망은 종종 정서적 친밀감을 향한 갈망을 은폐하곤 한다. 나와 맺은 진정한 관계에 대한 그의 강박적 반응이 이 인식으로 향하는 창을 열어 주었다. 어느 날 그는 내게 석양을 바라볼 때도 그런 생각들이 떠오른다고 고백했다. 그로서는 도무지 이해할 수 없는 일이었다. 하지만 그는 석양에 지극히도 부드럽고 심금을 울리는 무언가가 있다는 걸 깨닫게 되었다. 그 강렬한 감흥을 피하기 위해 강박적 사고로 도피 행각을 벌인 것이다.

선불교에는 랄프 같은 환자의 치료 과정을 묘사하는 유명한 일화가 하나 있다. 그 이야기는 중국에 선불교를 전파하기 위해 9년 간 벽만 바라보며 명상을 한 인도의 선승 보리달마(보디 다르마 Bodhidharma)에 관한 것이다. 5세기나 6세기 경에 살았던 전설적 인물인 보리달마는 방해받는 것을 좋아하지 않았다. 그는 동굴 속에 혼자 살면서 하루 종일 벽만 바라봤다. 사람들이 동굴까지 찾아와 가르침을 구해도 그냥 돌려보내곤 했다. 하지만 훗날 그의 계승자가 된 한 사람은 결코 쉽게 포기하지 않았다. 혜가慧可는 눈이 내리는 동굴 입구에 서서 막무가내로 버텼다. 결국 그는 헌신과 믿음의 증표로 자신의 왼팔을 잘라 보리달마에게 건넸다고 한다. 이 부분은 종종 불교 수행에 성공하기 위해 필요한 집요함을 보여주는 사례로 인용되곤 한다. 하지만 나는 혜가의 결단과 분투가 이 이야기의 핵심도 아니고, 여기서 제시하고자 하는 '올바른 행동'도 아니라고 생각한다. 사실 보리달마는 그 투쟁을 놓아 버릴 수 있도록 혜가를 도와준다.

이 이야기의 핵심은 그 다음에 있다.

마침내 말할 기회를 얻게 되었을 때, 혜가는 보리달마에게 이렇게 말한다. "제 마음이 불편합니다. 부디 진정시켜 주십시오."

이에 대해 보리달마는 이렇게 응답한다. "네 마음을 가져와 보라. 그러면 진정시켜 주겠노라."

혜가는 말한다. "제 마음을 찾아봤지만 찾을 수 없었습니다."

그러자 보리달마는 이렇게 답한다. "봐라, 내가 네 마음을 진정시켰다."

혜가는 자신의 근심에서 벗어나고자 하는 욕구를 품었다는 점에서 랄프와 매우 비슷하다. 그리고 보리달마는 역설적인 가르침으로 혜가의 마음을 치료한다. 그를 괴롭히는 마음을 찾아보라고 요청함으로써 보리달마는 혜가의 관심을 사로잡는다. 혜가를 안전지대 밖으로 끌어내어 근심에 대한 집착에서 벗어나게 했다는 점에서 보리달마의 가르침은 '올바른 행동'의 가르침을 닮아 있다. 보리달마는 혜가의 관점을 변화시킴으로써 문제의 뿌리 부근에 놓여 있다고 확신했던 마음이 그의 상상대로 거기 있는 것이 아니라는 점을 깨닫게 한다. 대부분의 불교 스승들이 강조하듯이, 혜가가 마음을 발견하지 못한 건 그 자체로 하나의 발견이었다. 텅 비고 깨어 있는 마음의 본성은 이미 진정된 상태로 그곳에 항상 존재한다. 혜가는 보리달마의 능수능란한 화법을 통해 그 사실을 깨닫게 된 것뿐이다.

성공적인 심리 치료 상황에서도 이와 비슷한 일이 벌어진다. 사람들은 증상 때문에 심리치료사를 찾으며, 비록 혜가처럼 공격적으로 요구하지는 않지만, 본질적으로 치료사가 자신의 마음을 진정시켜 주기를 바란다. 선불교의 이야기를 반복해서 들려주는 것만으로 충분했다면 내 삶은 순조로웠을 것이다. 하지만 나는 보리달마를 모방하지 않으면서도 그처럼 기지를 발휘해야 하는 어려움에 놓여 있다. 보리달마는 창의적인 방식으로 혜가의 내적 독백을 끄집어내 그 이야기를 해체시켰다. 그는 지시하는 대신 대화 속에 즉흥적으로 그 느낌이 배어들도록 유도함으로써 혜가에게 자기 자신을 이해하는 완전히 다른 방식을 제시해 주었다.

'유혹'을 가르친 심리치료사

이런 종류의 접근법은 사실 심리 치료에도 낯설지 않다. 환자들을 그들의 안전지대 밖으로 끄집어내기 위해 온갖 노력을 기울인 뛰어난 심리치료사들의 이야기는 수없이 많다. 불교와 심리 치료를 주제로 사흘에 걸쳐 워크숍을 진행하던 도중, 나는 스물에서 서른 정도 연상인 한 여성과 점심 시간에 대화를 나누게 되었다. 그녀는 대학생이었던 1940년대 말 경에 빌헬름 라이히Wilhelm Reich에게 치료받은 경험이 있었다. 그녀와 빌헬름 라이히의 대면은 내게 혜가와 보리달마의 만남을 연상시켰다. 그녀의 이야기를 듣다 보니 지그문트 프로이트에게 직접 치료받은 누군가를 만나는 것 같은 기분이었다. 불교와 심리 치료에 관한 워크숍을 진행하던 도중 그런 이야기를 듣게 되어 너무나도 기뻤다.

　라이히는 프로이트의 젊은 제자들 중 한 사람이었다. 그는 스물두 살이었던 1919년에 프로이트를 처음 만났는데, 당시 그는 아직 의과대학을 졸업도 안 한 상태였다. 그는 비엔나 정신분석학회에서 급속도로 유명해졌고, 성격 분석 및 오르가슴의 기능과 연관된 자신만의 이론을 발전시켰지만 말년으로 갈수록 점점 더 괴팍해지면서 논란의 중심에 서게 되었다.

라이히의 핵심적인 견해는 찬사와 조롱을 동시에 받은 '오르가슴 능력(orgastic potency)'이란 개념 속에 압축되어 있다. 그는 오늘날 좀 더 인정받게 된 신체 중심 치료의 선구자로, 1920년대에는 게슈탈트 치료(Gestalt therapy, 통합된 전체와 유기체적 균형에 도달하고자 하는 인간의 성장 욕구를 중시하는 심리 치료의 한 유형 - 옮긴이)의 창시자이자 내 치료사인 이자도르 프롬의 심리 치료를 담당했던 프리츠 펄스Fritz Perls를 지도하기도 했다.

라이히는 갈등 상황에서 억압당한 감정이 근육 속에 긴장의 형태로 저장된다고 설명하면서, 사람들의 '성격(characters)'을 이 만성적 긴장을 통해 읽어 낼 수 있다고 주장했다. 프로이트가 라이히의 '장난감 목마(hobby-horse)'라고 부른 오르가슴은 그에게 이 신체적 긴장을 해소하기 위한 가장 핵심적인 수단이었다. 라이히에 따르면, 섹스와 오르가슴의 마력을 통해 근육의 긴장이 해소될 뿐만 아니라 자아 자체도 일시적으로 그 경직성을 잃게 된다고 한다. 지금 보면 신비스러울 게 하나도 없는 주장이지만 라이히의 시대에는 이런 견해가 엄청난 논란의 대상이 되었다. 프로이트는 라이히의 견해를 진지하게 받아들이지 않았다. 정신과 신경증 간의 관계가 라이히의 생각처럼 그렇게 단순하지는 않을 것이라고 생각한 것이다. 하지만 라이히의 이론과 그의 인격에는 힘이 있었던 만큼, 그의 영향력은 여러 대륙으로 뻗어 나갔다.

1939년, 라이히는 뉴욕으로 건너와 포레스트 힐Forest Hills 지역에 사무실을 차렸고, 1950년에 메인Maine 주로 이사할 때까지 이곳에서 10년 동안 환자를 보았다. 내 워크숍에 찾아온 여성은 이 시기에 라이히를 만난 것이 틀림없었다. 그녀는 점심 시간 동안 사람들로 가득 찬 식탁 위에서 자신의 이야기를 늘어놓았기 때문에 나는 유감스럽게도 그녀의 말에 즉시 주목하지 못했고, 세부 내용도 제대로 기억하지 못한다. 하지만 기본적인 내용들은 기억이 난다.

그녀는 방학을 보내기 위해 집으로 향하던 중, 뉴욕의 지하철역에서 마비를 일으킬 정도의 강한 불안감을 느꼈다. 오늘날의 용어대로라면 공황발작(panic attack)을 일으켰다고 표현하면 적절할 것이다. 그녀는 집으로 갈 수도, 학교로 되돌아갈 수도 없는 상황에서 가까스로 친구에게 연락해 도움을 청했다. 정확한 과정은 기억이 안 나지만 어쨌든 이후 누군가가 그녀에게 라이히 박사를 소개해 주었다. 늘 해 오던 대로 라이히는 먼저 그녀에게 몸을 관찰할 수 있도록 옷을 벗고 뒷방에 있는 침상 위에 누우라고 했고, 그녀는 그대로 했다. 그런 뒤 그는 그녀에게 다시 옷을 입고 앞방에 있는 상담실로 와서 이야기를 나누자고 했다.

"당신의 문제는 남자를 유혹할 줄 모른다는 것입니다. 제가 그 방법을 가르쳐 드리죠."

라이히는 그녀에게 지하철을 탄 것처럼 가장하게 했다. 그는 반대편에 앉아 신문을 읽었고 그녀는 라이히와 눈을 마주치며 그를 유혹해야 했다. 그들은 치료 시간의 대부분을 역할 연기에 할애했고, 그녀의 내면에서는 어떤 변화가 일어났다. 그녀는 이 작업을 즐겼고 자신의 불안이 성적 소심함에서 비롯한 것이라는 라이히의 말을 신뢰했다. 60년 후 주말 워크숍에 참석한 그 나이 든 여성은 자신감 있고, 카리스마 넘치고, 쾌활한 면모를 드러내 보였다. 스무 살인 내 아들도 그 식탁에 있었는데, 그 여성은 자신의 이야기를 하면서 그를 장난스럽게 놀려 댔다. 그녀는 내 아들도 자신만의 이야기를 들려줄 수 있을 것이라고 확신한 것이 틀림없었다.

수십 년 전 일어난 라이히의 치료적 개입은 자신만의 삶을 살도록 그녀를 자극해 주었다. 이 여성은 내가 확립하고자 시도해 온 심리 치료와 불교 사이의 연관성을 감안해 가면서 이 이야기를 했다. 라이히가 개입함으로써 그녀는 자신의 필요와 욕망, 몸을 향해 스스로를 열어젖혔고, 매력을 발산하며 다른 사람에게 다가가는 능력도 일깨울 수 있었다. 그런데 그의 개입은 그녀를 자신의 자아 밖으로 즉, 자신의 일상적 측면 밖으로 나아가도록 도와주었다는 점에서 종교적인 요소도 함께 지니고 있었다. 라이히는 고립에서 벗어나 연결된 세계로 나아가게 해 주겠다는 종교의 전통적 약속을 지켜냈다. 또한 그는 젊은 여성에게 인습적 금기를 깨고 자기 자신을 주장할 수 있는 권한도 부여해 주었다.

심리치료사인 마이클 빈센트 밀러Michael Vincent Miller는 이렇게 썼다. '사교술로써의 유혹(flirtation)은 상상력에 중점을 둔 유희의 한 형태이다. 그것은 두 사람이 서로 상대의 마음을 안다는 확신 없이 그들 사이에 무슨 일이 벌어질지 공상을 펼칠 때 성립한다. 유혹은 관계를 맺는 매혹적인 수단으로, 일시적이건 장기적이건

상관없이 상대에 대한 일종의 신비감을 간직케 한다. 그것은 자극적이면서도 정중한 과정이다.'

이런 관점에서 보면 라이히의 접근법과 불교 사이의 유사성이 좀 더 분명해질 것이다. 유혹은 결국 불확실성을 창조하고 유지하는 하나의 과정이기 때문이다. 보리달마는 빌헬름 라이히가 수천 년 후 포레스트 힐에 있는 자신의 상담실에서 한 것처럼 유혹을 활용함으로써, 즉 불가능한 것을 요청함으로써 혜가의 근심을 덜어 주었다. 비록 이렇게 노골적인 용어로 묘사되는 것은 아니지만 심리 치료는 지금까지 치유적 변화를 촉발시키는 유혹의 잠재력을 무시한 적이 단 한 번도 없었다.

루이스 글룩Louise Gluck은 '바위 속의 칼(The Sword in the Stone)'이란 시에서 자신의 경험을 토대로 이런 종류의 유혹을 생생하게 묘사해 낸다. 그녀의 시에서는 보리달마의 대범함도, 빌헬름 라이히의 과단성도 찾아볼 수 없다. 그녀는 이 시에서 자신의 분석 경험만을 절제된 어조로 서술해 낸다. 하지만 그 밑에 깔린 분위기는 지극히도 유사하다.

내 분석가가 잠시 내 얼굴을 쳐다봤다.
당연히 나는 그를 바라볼 수 없었지만
수년 간 함께하면서 나는 이런 순간들을 직감하게 되었다.
평소처럼 그는 그것이 사실인지 확인해 주길 거절했다.
내 상상력과 그의 수줍음, 우리의 작은 게임.

그런 순간이면 나는 그에게 화색이 도는 것을 느낀다.
그 순간이 나의 내면으로부터 내가 억누르려 했던
쾌활함을 이끌어내 준 것 같다.
내 행동에 대한 내 분석가의 무관심은
이제 크나큰 평온만을 안겨 준다.
우리 사이에는 이미 친밀감이 자라났다.
성을 에워싼 숲처럼.

친밀감을 성을 에워싼 숲에 빗댄 글룩의 묘사가 아주 인상적이다.
붓다는 궁극적인 자유를 찾아 자신의 성을 떠나 그 주위에 있는
숲으로 들어간 바 있다. 그 숲은 그가 자기 자신을 발견한 곳이자,
그 자신의 독창성과 잠재력을 완전히 꽃피운 곳이기도 했다. 그
숲은 그가 자신의 칼을 돌에서 해방시킨 장소였다.

사실이 바뀌었으면 태도도 바꾼다

나는 토리라는 나이 든 스승과 여러 번에 걸쳐 대화를 나누면서
이 문제에 대해 깊이 숙고해 봤다. 토리는 남편과 함께 살던 집에
서 그리 멀지 않은 독립 주거 시설에서 생활하고 있었다. 그녀는
이 시설 내부에 있는 아주 근사한 아파트에서 살았지만, 그곳은
그녀에게 대학 기숙사나 수도원처럼 느껴졌다. 그곳은 토리에게

좋은 환경이었지만 이곳에서의 생활을 토리 스스로 계획한 것은 아니었다. 토리는 남편이 죽은 후에도 자신의 집에 계속 머물려고 노력했다. 하지만 그렇게 하는 것은 너무 견디기 힘든 일이었다. 결국 그녀는 자식들의 요청에 따라 익숙한 안전지대 밖으로 이사를 가게 되었다. 하지만 새로운 생활 환경에서 인간관계를 맺는 건 그리 쉬운 일이 아니었다. 50년 넘게 남편과 함께 살아 온 토리는 이제 혼자 힘으로 수많은 새로운 관계를 구축해 나가야 했다. 내가 전화를 걸거나 방문을 할 때마다 그녀는 항상 기쁘게 맞아 주었고, 우리는 주로 인간관계라는 이 예기치 못한 도전 거리에 대해 이야기를 나누었다. 토리는 인간관계에 적극적으로 대처하면서 불안이 새로운 사람들과 관계 맺는 것을 방해하지 못하게 했다. 하지만 그녀는 그 과정에서 전혀 예상치 못했던 상황과 마주하게 되었다. 그녀는 그 사건을 계기로 '올바른 행동'에 대해 이해할 수 있었다.

그녀의 남편은 최고의 전성기를 맞았을 때, 교수로 있던 대학의 총장으로 임명되었다. 그렇지만 그는, 학자들이 종종 그렇듯, 정치적 문제에 연루되어 총장직에서 물러나라는 압력을 받게 되었다. 세 명의 위원들(대학 부총장과 역사학과 학장, 대학 행정관)은 그에게 사임을 권유했다. 이는 그에게 엄청난 실망감을 안겨 주었고 토리 역시 크게 당혹스러웠다. 그녀의 남편은 평소 성격대로 자신의 기분에 대해 별다른 말을 하지 않았지만 토리는 심한 상처를 받았고 화도 많이 났다. 그녀는 특히 남편에게 불손한 태도로 난

데없이 문제를 제기한 부총장을 비난했다. 이 일은 폭풍이 휘몰아치듯 갑작스럽게 일어나 그들의 삶을 엉망으로 만들어 놨다. 토리의 남편은 대학에 계속 남아 명예를 회복하기 위해 노력하다가 81세에 병으로 세상을 떠났다. 그는 그런 노력 속에서 평온을 찾은 듯했지만, 토리는 그 위원들을 용서할 수 없었다.

　우연찮게도 토리의 주거 시설에는 나이 든 교수들로 가득 차 있었다. 역사학과 학장은 그녀가 처음 아파트를 얻었을 때 복도 끝에 살고 있었고, 수년 후에는 부총장이 이곳으로 이사를 왔다. 부총장은 남편의 해임 이후 관계를 끊기 전까지만 해도 부부와 잘 아는 사이였다. 토리에게 이 상황은 마치 억압되었던 것들이 되살아나 돌아다니는 공포 영화 같았다. 그녀는 집 안에 갇힌 채 가장 고통스러운 과거를 떠오르게 하는 불편한 사람들의 침입을 견뎌 내야 했다. 얼마 지나지 않아 그녀는 부총장이 포함된 저녁 식사 자리에 초대받게 되었다.

　은퇴자 주거 단지에서는 저녁 식사가 고등학교의 점심 식사나 대학교의 저녁 모임처럼 중요한 사교 행사였다. 거주자들은 함께 식사를 하기 위해 계획을 짰고 지켜야 할 에티켓도 분명히 정해져 있었다. 사교 모임에 참석하지 않는 사람들은 변방 지역에 남겨진다. 그들은 혼자 식사를 하거나 치매 초기 증상을 앓는 사람들과 같은 식탁에 앉아야 한다. 토리는 이 새로운 현실에 한 번 데여 본 후부터 좋아하는 사람들과 식사 약속을 잡는 데 능숙해졌다. 부총장을 피하려 했다간 사회적으로 고립될 것이 뻔했다. 그녀의 딸은 어머니에게 자존심을 내려놓으라고 충고했다.

"예의를 갖추고 그와 함께 저녁을 드세요."

토리는 이 말에 동의했고 다행스럽게도 그와 함께한 첫 번째 저녁은 그리 나쁘지 않았다. 비록 그들이 주고받은 건 사교적인 인사말뿐이었지만, 마치 큰 장애물을 극복한 것 같은 기분이 들었다.

하지만 다음 날 그녀가 우편물을 꺼내고 있는데 부총장이 뒤에서 나타났다. 그의 우편함은 토리의 우편함 바로 밑에 있었다.

"토리!" 그가 말을 걸었고, 토리는 그의 목소리에 잔뜩 긴장했다. "당신과 조에 관한 이야기를 나누고 싶어요."

나는 이야기를 들으면서, 그가 토리에게 말을 걸어 어색한 분위기를 깬 건 좋은 일이라고 생각했다. 토리는 그가 함께한 저녁 모임에 참석했고, 이제는 그가 토리에게 그녀의 남편에 관한 이야기를 하기 위해 다가서고 있었다.

"비록 잘못된 일에 얽혀 들긴 했지만 조는 좋은 사람이었어요." 그가 말했다.

그렇게 그들은 우편함 앞에서 대화를 나누게 되었다. 우연히 같은 주거 시설에 입주하지 않았더라면 결코 일어나지 않았을 그런 대화였다. 토리는 동요했지만 위안을 받기도 했다. 마침내 그 사람에게 무언가 말할 수 있는 기회를 얻게 되었기 때문이다. 그녀는 남편에게 한 번 더 기회를 주지 않은 것이 얼마나 부당한 처사였는지 이야기하기 시작했다. 남편의 해임은 너무나도 갑작스럽고 충격적인 것이었다. 사전에 아무런 경고도 없었기 때문이다.

남편은 자신이 옳은 일을 한다고 믿고 있었다. 부총장은 토리의 말에 깜짝 놀랐다.

"우리는 그 일에 관해 최소 세 번 이상 미리 대화를 나누었습니다. 저는 조에게 상황이 안 좋다고 말해 줬어요. 정치적인 문제가 있었거든요. 조에게는 상황을 반전시킬 기회가 충분히 있었어요."

토리는 그 순간 남편이 그런 사실들을 자신에게 말해 주지 않았다는 걸 깨달았다. 총장직을 잃게 된 후에도 그는 자신이 받은 경고에 대해 아내에게 이야기하지 않았다. 토리는 이 사실을 알고 혼란에 휩싸였다. 사건에 관한 그녀의 해석(자신의 태도를 결정지은 그 오해)은 이제 의심스러운 것이 되어 버렸다. 그녀는 수년 동안 스스로에게 그 이야기를 반복하면서 조를 대신해 부총장에게 앙심을 품어 왔지만 이제 그 이야기에 엄청난 허점이 있었다는 사실이 분명해졌다. 그의 설명에 그녀의 기분은 가라앉았고 화가 있던 그 자리에는 겸허한 느낌이 들어섰다. 나는 토리가 사실을 말해 주지 않은 남편에게 화가 났을 것이라고 생각했지만 그녀는 모든 것을 다 이해한 듯 보였다. 토리의 남편은 아내에게 창피스러운 모습을 보이고 싶지 않았던 것뿐이다.

부총장은 토리의 남편을 '잘못된 일에 얽혀들긴 했어도 좋은 사람'이라고 표현했다. 그녀는 이제 그 말의 의미를 이해할 수 있었다.

주어진 순간에 할 일을 하는 것

부총장의 접근을 받아들인 토리의 태도는 내게 강을 건너는 불가의 두 수도승 이야기를 상기시켜 준다. 길을 걷던 수도승 두 명이 반대편으로 건너가지 못해 애를 먹고 있는 한 젊은 여성과 우연히 마주치게 되었다. 그중 한 수도승이 여성에게 손을 대지 않겠다는 서약에도 불구하고 그녀를 등에 업고 강을 건너가 반대편에다 내려 주었다. 두 수도승은 계속 가던 길을 갔지만, 서약대로 여성을 건드리지 않은 수도승은 과하게 친절을 베푼 동료를 가만둘 수 없었다.

"어떻게 그런 일을 할 수가 있나? 자네는 여인에게 손을 대서는 안 된다는 걸 잘 알면서도, 그녀를 업어 주기까지 했네." 그가 따져 물었다.

동료 수도승이 대답했다. "나는 오래전에 그녀를 내려놓았는데 자네는 여전히 그녀를 짊어지고 있나 보군 그래."

나는 이 이야기를 너무나도 좋아한다. 서약을 깨고 여인을 업어 준 수도승은 그 순간 필요한 일을 한 것이다. 그는 어려움에 처한 사람의 필요에 공감함으로써 '올바른 행동'을 수행해 냈다. 하지만 다른 수도승은 고결한 체하면서 계율을 문자 그대로 지키다가 더욱 집착에 얽혀 들고 말았다. 그는 상황의 요구에 주의를 기울이기보다 자신의 안전을 더 중요시했다. 어쩌면 그의 가혹한 반응은 여인을 업은 동료에 대한 시기심을 은폐하기 위한 것에 불과했는지도 모른다. 동료가 여인을 내려놓은 뒤에도 그 수도승은 여전히 그녀에게 집착하고 있었다. 훌륭한 불교도가 되려고 노력하다가 집착을 놓아 버리지 못하는 자신의 미숙함만 드러내 보이게 된 것이다.

불가의 이야기들은 이 점을 끊임없이 반복해서 강조한다. 우리의 삶은 모든 것을 통제하려는 과도한 노력 때문에 둔탁하게 무뎌지고 만다. 창조적 표현의 기쁨은 오직 예상치 못했던 곳에서만 솟아난다. 지나치게 심각한 그 수도승처럼 규칙에만 너무 집착하면 온갖 것을 다 통제하느라 야단법석을 피우면서 삶의 길을 걷게 된다. 하지만 여인을 건네준 수도승처럼 마음을 열 수 있다면 우리는 삶이 흥미진진하고 예측 불가능한 도전 거리들로 가득 차 있다는 사실을 깨닫게 될 것이다. 이 도전 거리들은 예기치 못한 뜻밖의 방식으로 우리를 찾아와 즉흥적으로 반응하는 자유를 만끽할 수 있게 해 준다. '올바른 행동'은 단순한 반작용에 불과한 것이 아니다. 그것은 그 상황에 조율된 정신으로부터 즉흥적으로 솟아나며, 인위적인 제약은 순간에 대한 그 주의력을 흐려 놓을 뿐이다.

부총장에게 마음을 연 토리의 태도는 여인을 업고 강을 건넌 그 수도승의 태도와 닮은 데가 있다. 그와 말을 트는 건 서약에 위배되는 일이었지만 그녀는 어쨌든 그 일을 했다. 토리는 내면의 앙금에 집착하는 대신 그 순간의 요구에 손을 내밀었다. 그녀는 한 걸음 뒤로 물러섬으로써 피해자라는 불필요한 부담감을 떨쳐 낼 수 있었다. 그녀는 깊이 안도했고 그 오랜 시간 동안 울분을 짊어지고 다니던 그녀의 마음도 잠시나마 평온을 되찾았다. 이미 시들해져 가고 있던 남편에 대한 기억도 갑작스럽게 다시 활력을 되찾았다. 이 상황에서는 최초의 적대적 충동을 억제하고 부총장과 대화를 나누는 것이 '올바른 행동'이었다. 그와 나눈 친밀한 대화를 '유혹'이라 부를 수는 없겠지만, 그녀는 분명 위험을 무릅쓰고 그를 자신의 영역 안으로 끌어들였다. 자신의 내적 계율과 남편을 향한 충심은 그런 행동에 반대했지만 그녀는 망설임에 굴복하지 않았다. 딸의 충고를 받아들인 토리는 잘 안다고 생각했지만 사실 전혀 그렇지 못했던 사람과 놀라울 정도로 개방적인 대화를 나누었다. 성벽 주위에 숲이 자라나기 시작한 것이다.

나에게 주어진 세계와 관계 맺는 법

5장

올바른
생활

'올바른 생활(Right Livelihood, 정명)'의 가르침은 '올바른 말'과 '올바른 행동'으로 시작되는 세 가지 윤리적 덕목의 마지막을 장식한다. 원래 '올바른 생활'이란 사기나 착취처럼 인간이 저지를 수 있는 가장 질 나쁜 생업 활동을 피하는 것을 의미한다. 붓다의 시대에는 무기 거래, 인신매매, 도축업, 술과 마약 판매, 독의 제조 및 유통 등이 여기 해당되었다. 이 예들을 보면 알 수 있겠지만 지금도 사정은 크게 달라지지 않았다. 비록 서브프라임 모기지subprime mortgage(신용도가 낮은 사람들에게 주택을 담보로 대출을 해 주는 금융 거래를 의미. 근시안적 탐욕을 부추겨 금융 위기를 초래한 것으로 평가된다. ─ 옮긴이) 거래와 같은 현대적 수단도 있긴 하지만, 사람들은 여전히 붓다가 경고한 바로 그 활동에 종사하면서 엄청난 이윤을 챙긴다. '올바른 생활'의 가르침은 도입 당시부터 사람들에게 돈을 버는 방식과 관련된 윤리적 측면을 고려하라고 권고해 왔다. '올바른 행동'의 가르침과 마찬가지로 이 가르침의 본래 목적 역시 도덕 원칙을 명확히 확립함으로써 타락을 가져오는 충동들로부터 불교 공동체를 보호하는 것이었다. 붓다는 타인을 희생시켜 가며 돈을 벌 경우, 마음이 은밀한 대가를 치르게 된다는 점을 섬세하게 간파해 냈다. 팔정도에 도덕적 계율들을 도입함으로써, 그는 자신의 공동체를 안과 밖의 위협으로부터 보호하려 했다. 불교 운동은 남부 아시아 지역의 상업 경제가 엄청난 규모로 팽창하던 시기에 일어났다. '올바른 생활'의 가르침은 이 현상에도 주의를 기울여야 한다는 점을 시사하고 있었다.

숨겨진 진지한 관심사 '돈'

'올바른 생활'의 가르침은 자신의 직업에 대해 반성하도록 촉구하면서 몇 가지 도발적인 질문들을 제기한다. '당신의 삶에서 일이 차지하는 자리는 어디인가?', '당신이 일을 하는 동기는 무엇인가?', '당신은 양심적인 태도로 일하고 있는가?', '당신의 직업이 당신의 정체성을 규정짓는가?', '당신은 들인 노력에 합당한 돈을 벌고 있는가?' 등이 그런 질문이다. 붓다는 대부분의 사람들이 '여덟 가지 세속적 관심사'라 말하는 것에 의해 동기를 자극받는다고 말한 바 있다. 이득과 손실, 쾌락과 고통, 칭찬과 비난, 명예와 불명예가 바로 그 여덟 가지 관심사이다. 그는 이런 요인들의 덧없는 본성을 강조하면서도, 그런 관심사에 몰두하는 사람들을 섣불리 판단하려 들지 않았다. 이 요인들 중 다수는 그 상대적인 무상성에도 불구하고 붓다의 초기 설법에서 주요하게 존중받는다.

한때 붓다는 재가자가 추구해야 할 행복에 네 종류가 있다고 설하면서 '정당한 소유, 풍요와 나눔, 빚 없음, 비난받지 않음'을 언급한 바 있다. 또 다른 때는 '매우 바람직하지만 얻기 어려운' 다섯 가지 덕목으로 '장수, 아름다움, 행복, 영예, 좋은 환생'을 꼽기도 했다. 붓다는 인간의 본성을 현실적으로 받아들였고, 우리 대부분이 의식적으로든 무의식적으로든 세속적인 동기에 굴복한다는 점도 이해했다. 생계 문제와 관련된 그 동기들 중 가장 기본적인 것은 물론 '돈'이다.

심리 치료에 임하는 사람들은 돈이란 주제를 쉽게 입에 담지 않고, 나 역시 웬만해서는 돈과 관련된 조언을 하지 않는다. 빅토리아 시대의 성적 억압에서 벗어난 요즘 사람들은 돈보다는 차라리 섹스에 대해 이야기하는 것을 더 편하게 생각한다. 그들은 자신의 성적 환상보다 재정 상태를 더 감추고 싶어 한다. 정신과의사로 훈련받을 때, 나는 재정과 관련된 이야기(미지불 비용, 진료비 변경, 예상 진료비 등)는 치료 초기에 꺼내야 한다고 배웠다. 치료 초기에 이 문제를 해결해 놔야 그 이후의 대화가 부드럽게 진행될 수 있다는 것이다. 돈과 관련된 문제를 곪아터지도록 방치하면, 그 문제가 상담 과정에 스며들어 결국 환자의 치료를 완전히 망쳐 버리게 된다고 한다. 하지만 이처럼 공식적인 주제가 되지 못함에도 돈은 대다수 사람들의 주된 관심사이다. 그것은 우리의 자존심 (self-worth)을 측정하는 주된 수단 중 하나이다. 자아도취를 일으키는 도구이자 남과 자신을 비교하는 수단으로써 돈은 명예와 거의 대등한 지위를 차지하고 있다. '올바른 생활'의 가르침은 돈을 개인적 고민거리에 불과한 것으로 간주하는 대신 진지한 명상적 탐색의 주제로 삼으라고 권고한다. 돈은 우리 대부분에게 다루기 힘든 주제이다. 많은 사람들이 돈벌이를 삶의 초점으로 삼지만, 자기 자신을 과소평가하는 경향이 있는 일부 사람들은 돈이 얼마나 중요한 것인지 인정하는 데 어려움을 겪는다. 치료 상황에서는 이런 문제들이 전면에 부각된다.

나에게 주어진 세계와 관계 맺는 법

'올바른 생활'의 가르침은 여덟 가지 세속적 관심사에 주의를 기울이면서 그 관심사들간의 균형을 잡으라고 권고한다. 혹시 우리는 마치 칭찬과 이득, 쾌락, 명예가 세상에서 가장 중요하기라도 한 것처럼, 그리고 이것들을 일단 손에 넣으면 영원히 지속되기라도 할 것처럼, 그런 관심사들을 좇고 있지 않은가? 우리가 저지른 실수를 낮은 자존감의 근거로 삼고 있지는 않은가? 고통과 손실을 피할 수 있는지 여부에 따라 자신을 판단하지는 않는가? 만일 우리의 정체성이 그런 것들에만 의존하게 내버려 둔다면 우리는 실망할 수밖에 없을 것이다. 우리보다 더 부유하고 더 유명하고 더 성공적인 사람, 소셜미디어상에서 더 많은 '좋아요'를 받는 사람은 항상 존재하기 때문이다. 자신의 지위와 부, 젊음, 미모, 명예 등을 유지하려는 노력은 끊임없는 실망의 원천이 될 수 있다. 그리고 불가피한 손실과 고통, 비난, 불명예에서 오는 자기 비하는 일생 동안 우리를 괴롭힐 수 있다.

붓다는 '올바른 생활'의 가르침을 팔정도의 정중앙부에다 배치해 놓았다. 직업을 버리고 불교에 입교한 사람들조차 이런 관심사를 소홀히 할 수 없었다. 예컨대 정식으로 계를 받은 붓다의 제자들은 서약에 따라 매일 아침마다 인근에 있는 마을에 나가 음식을 탁발해야 했다. 이 관습은 생계를 위한 핵심 요건으로, 하루 일과의 중요한 부분을 차지했다. 생계를 위해 지역 공동체에 의존해야 했으므로 그들은 사실 스님이라기보다는 탁발 수도승이나 걸인에 더 가깝게 여겨졌다. 붓다는 바깥세상과의 이 연결 고리를 중요하게 생각했다. 비쿠Bhikkhus(비구)라고 알려진 자신의 제자들이 세상과의 접촉을 끊는 것을 원치 않았고, '내적 성찰에 헌신하는 삶을 살면 외부 세상의 관심사를 무시해도 된다'는 생각을 갖게 하고 싶지도 않았다. 이 탁발 수도승들은 가족 부양의 의무에서 자유로워진 인간이 도달할 수 있는 정신적 경지를 환기시켜 주는 사회의 교화 세력이었다. 그들은 영적 이상뿐만 아니라 윤리적 이상까지 함께 제시해 주었다.

그 사회 역시 탁발 수도승들에게 훈련의 기회를 제공해 주었다. 그들은 음식에 대한 보답으로 제공할 무언가를 지니고 있어야 했다. 따라서 그들은 상대의 필요에 맞게 붓다의 심리학을 가르치는 일종의 스승이 되었다. 그들의 생계는 마을 사람들과 유익한 관계를 맺고 유지하는 능력에 따라 결정되었다. 그들은 세계 최초의 심리치료사들이었던 것이다.

내 생각에 '올바른 생활'의 가르침은 여기에서 영감을 얻은 것 같다. 그 가르침은 성취의 수준뿐만 아니라 상호작용의 질에도 주의를 기울이라고 권고한다. 조지프 골드스타인은 '올바른 생활은 무엇을 하느냐의 문제에 불과한 것이 아니라 어떻게 하느냐의 문제이기도 하다'라고 쓴 바 있다. 이처럼 '올바른 생활'이 세상에서 행동하는 방식에 관한 가르침이라면, 그것을 '올바른 삶(Right Living)'이나 '올바른 관계(Right Relationship)'와 연관지어도 별 무리가 없을 것이다. 많은 사람들이 이 태도의 측면을 간과한다. 그들은 생계를 꾸리는 것을 핵심적인 과업으로 여기면서도 일상의 다른 요구가 밀려들면 짜증스러워 한다. 자신의 주된 과업으로부터 주의를 분산시키는 모든 것을 성가시고, 부차적이고, 의미 없는 장애물쯤으로 치부한다.

하지만 '올바른 생활'의 가르침은 돈 이외의 것들에도 주의를 기울여야 한다고 강조한다. 우리 중 상당수가 일을 대하는 정형화된 태도에 갇혀 있는데, 일을 하는 태도에도 신경을 써야 한다고 가르친다. '올바른 생활'이라는 가르침의 윤리적 측면을 무기나 마약 거래, 인신매매에 대한 금지로만 한정할 필요는 없다. '올바른 생활'의 가르침에는 상호작용하고 관계 맺는 방식을 윤리적으로 자각하라는 권고도 함께 담겨 있다.

많은 사람들이 붓다의 이 핵심적 가르침을 받아들이기 힘들어 한다. 명상을 추구할 때조차 직업 영역에서 우위를 차지하려고 기대하고 있음을 숨기지 않는다. 그들은 상호작용의 질이나 내적 동기의 불순함에는 별 관심이 없다. 명상을 통해 일의 능률이 높아지고 마음이 이완되고 창의성이 자극된다면 물론 좋지만, 이런 것들은 자아의 요구에 따른 일시적인 성취에 불과하다. '올바른 생활'의 가르침은 명상의 이런 피상적 혜택에 만족하지 말라고 권고한다. '삶을 즐기라'는 달라이 라마의 조언이나 '삶을 완전히 살아내라'는 무닌드라의 충고는 바로 이점을 강조한 것이다.

'올바른 생활'의 가르침은 탁발을 하는 불교 수도승들처럼 명상적 이해를 세상 속으로 가지고 들어가라고 권고한다. 그 가르침은 돈을 우리의 가치를 재는 핵심적 척도로 설정할 필요가 있는지, 생계 문제를 부와 명예의 축적에만 연관지을 필요가 있는지에 의문을 제기한다. 이런 고정관념의 틀에 맞지 않는 다른 중요한 일들도 많이 있는 것이다.

왜 내가 하는 일에 만족할 수 없는가

최근 나는 뉴욕 현대미술관(MoMA)과 휘트니 미술관에 작품을 걸

정도로 성공한 설치 미술가인 글로리아와 상담을 하면서 이 문제에 대해 다시 숙고해 봤다. 글로리아는 자신의 영역에서 최고였고 미술관이나 개인 소장가의 집에 작품 설치 의뢰를 받는 작가였다. 그녀는 권위 있는 상들을 다수 수상했고 세계에서 가장 명망 높은 예술가 공동체에 입주를 허가받기도 했다. 하지만 이 정도 수준의 성취에도 불구하고, 글로리아는 도무지 만족감을 느낄 수 없었다. 남성 예술가들은 계속해서 그녀보다 더 높은 평가(그리고 보수)를 받았고, 작품이 아무리 높은 가격에 팔린다 해도 그녀는 여전히 작업실 임대료와 조수 인건비, 작품 제작비, 미술관 수수료 등의 지불에 많은 돈이 들었다. 수입을 보충하기 위해 글로리아는 때때로 개인 수집가의 집에 자신의 작품을 직접 설치하기도 했다. 내게는 전혀 불평할 일로 보이지 않았지만 글로리아에게는 이런 상황이 엄청난 괴로움과 고난으로 다가왔다.

이런 설치 작업을 처음 시작했을 당시에는 글로리아도 신이 났다. 그녀는 수집가의 집 내부에다 자신의 작품들을 설치하기 위해 애스펀, 산타페, 선 밸리, 팜 비치, 잭슨 홀 같은 지역들을 여행 다녔다. 하지만 작업의 상당 부분을 현장에서 진행해야 했고, 작업을 다 마치기까지 일주일 가까운 기간이 걸릴 때가 많았다. 수년에 걸쳐 이런 방문 작업을 계속하면서 그녀는 점점 지치기 시작했다. 그녀는 부유한 수집가들(항상 친절하고 호의적인)과 대화하는 것을 좋아하지 않았고, 자신의 남편과 개, 정원, 집, 작업실로부터 떨어진 곳에 머무는 것도 원치 않았다. 글로리아는 이 일을 계속 반복하면서 권태를 느끼기 시작했고, 창의적인 작업을 위해 스스로 선택한 이 삶의 방식에 제약당하는 느낌도 받게 되었다. 그녀는 이 일이 필요했지만 내심 몹시 꺼리고 있었고, 수집가들에게 의존했지만 그들과 가까워지는 것은 원치 않았다.

그녀는 종종 자신과 비슷한 수준의 성취를 이룬 남성 예술가들이 누리는 호사에 대해 생각하곤 했다. 그들은 자신보다 더 많은 돈을 벌었고, 대우도 더 잘 받았으며, 수집가들의 손을 잡으며 아양을 떨 필요도 없었다. 그녀가 예술가의 삶을 선택한 이유 중에는 작업실에서 혼자 작업할 수 있다는 것도 포함되어 있었다. 하지만 현재 그녀는 이미 구상을 다 마친 작품들을 설치하면서 다른 사람들의 집에 몇 주 동안 머물 수밖에 없는 처지였다. 새로운 작품을 창작하는 기쁨은 직업 예술가로서 느끼는 압박감 속에 묻혀 버린 지 오래였다.

최근 글로리아와 상담을 했을 때, 그녀는 워싱턴 주 베인브릿지 아일랜드에 있는 한 부유한 수집가의 집에 머물고 있었다. 나는 다른 지역에 있을 때는 전화로 상담하게 해 달라는 그녀의 요구를 받아들였다. 글로리아의 상황을 잘 알고 있었던 나는 일과 치료 사이의 균형을 잡을 수 있도록 그녀를 도와야 했다. 나는 그녀가 처한 곤경에 공감할 수 있었다. 그녀는 진지한 예술가여서, 도전적인 면이 없는 건 아니지만, 설치 작업 자체에는 별다른 흥미를 느낄 수 없었을 것이다. 게다가 수집가들이 친절과 호의를 베풀면서 관심을 요구해 오니 적잖이 부담이 되었을 것이다.

대화를 하면서 나는 의사였던 내 아버지에 대해 생각하기 시작했다. 아버지는 미국 의과 대학에 입학 허가를 받은 최초의 유대인들 가운데 한 명이었다. 돌아가신 뒤 보관되어 있는 상자를 열어 보니 고등학교 때부터 받은 메달과 상들이 빽빽이 들어차 있었다. 하지만 그렇게 야심 많은 인물이었음에도 그는 환자를 향한 관심과 배려를 소홀히 한 적이 없었다.

예를 들어 1960년대 당시, 지금은 문을 닫은 할렘가의 한 병원에 방문 교수로 재직할 때, 그는 아침에 회진을 돌면서 그곳의 백인 직원들을 놀라게 하곤 했다. 가장 병들고 궁핍한 환자들의 침대 위에 아무 거리낌 없이 앉았기 때문이다. 그는 환자들을 만지고 검사하고 돌보면서, 그들의 이야기에 진지하게 귀를 기울였다. 나는 한 동료에게 그의 이런 행동이 병원의 문화 전체를 바꿔 놓았다는 말을 전해 들었다. 환자들과 거리를 두면서 그들을 돌보는 일을 소홀히 하던 다른 의사들은, 환자들에게 부족한 것이 무엇인지 자각하게 되었고 자신들 역시 그런 따뜻한 관계를 원하고 있었다는 걸 깨닫게 되었다.

나는 전화로 상담을 하면서 글로리아에게 이 연상 내용을 말해 주었다. 그녀는 내가 무슨 말을 하려고 하는지 이해한 것 같았다.

"가장 빈곤한 사람들, 저도 그런 사람들을 돌봐야겠어요!" 그녀가 외쳤다.

글로리아는 자신이 하는 일을 폄하하면서, 그런 일을 한 대가로 돈을 받는 자신을 "추하다"고 비판하고 있었다. 그녀는 남성 동료들을 경쟁자로 여기고 그들보다 더 많이 노력하고 더 적은 보상을 받아야 하는 현실에 불만을 품고 있었다. 글로리아의 거부감과 시기심, 판단과 거기에서 비롯하는 자기혐오는 자신을 완전히 작업에 몰두하지 못하도록 가로막고 있었다. 그녀와 대화를 하다 보니 오래전 오픈 센터에서 서둘러 도망친 일이 생각났다. 당시 내 의도는 눈앞에 주어진 일을 완수하는 것이 아니라 나 혼자만의 작은 세계가 가져다주는 안정감 속에 머무는 것이었다.

'올바른 생활'의 가르침은 글로리아에게 내면의 자격지심을 알아차리고 좀 더 유연하게 반응하라고 요구하고 있었다. 예술계가 남성을 선호한다는 그녀의 인식은 정확했지만, 이런 인식이 수집가들에 대한 그녀의 태도를 정당화시켜 주는 것은 아니었다. 그렇다면 그녀는 내 아버지가 동료 의사들의 고정관념에 의문을 제기한 것처럼 그녀 자신의 편견을 문제시할 수 있을까? 그녀는 자신의 자의식을 넘어 타인을 향해 나아갈 수 있을까?

글로리아는 이 대화를 나눈 후 커다란 심경 변화를 일으켰다.

"저 역시 가장 빈곤한 사람들 중 한 명이에요." 그녀가 소리쳤다. 글로리아는 예술계에 만연한 성차별이 1960년대 뉴욕의 인종차별과 다를 바 없다고 말한 것이 아니다. 그녀는 자신을 흑인 병원의 소외된 환자들과 동일시하지 않았다. 그녀가 깨달은 건 자신의 유보적 태도 때문에 내면이 빈곤해진다는, 바로 그 사실이었다. 그 옛날 할렘가의 병원에서 일하던 의사들처럼 글로리아는 그 자신에게서 베풂의 기쁨을 박탈하고 있었다. 자신 역시 가장 빈곤한 사람들 중 한 명이라는 갑작스러운 인식을 통해 그녀는 이 점을 깨닫게 되었다. 부의 추구에만 지나치게 몰두하느라 그녀의 내적 삶은 황폐해져 있었다. 이 인식은 글로리아의 삶을 송두리째 뒤바꿔 놓았다. 냉담하게 거리를 두며 자신의 처지를 한탄하는 대신 겸허한 느낌을 품기 시작했다. 가장 빈곤한 사람 중 한 명이었던 만큼 그녀에게는 관계에서 오는 따뜻함을 누릴 권리가 있었다.

"당신은 제게 큰 힘을 불어넣어 줬어요." 그녀가 다음번 전화 상담 시간에 내게 말했다. "간단하게 저녁을 먹은 뒤, 수집가 가족들과 앉아 이야기를 나누다 일찍 잠자리에 들었어요. 이번엔 정말 괜찮았어요."

후원자들에게 관심을 주기 시작하면서 글로리아는 자신의 자의식과 생활 방식에 대한 불만을 한편으로 치워 놓을 수 있게 되었다. 그 결과 모든 일이 더 수월해졌고 설치 작업 역시 더욱 순조롭게 진행되었다. 그녀는 자신을 더 성공한 예술가들과 비교하길 중단하고 나서 자신의 처지에 대한 한탄이 줄어들었다는 사실을 깨닫고 깜짝 놀랐다. 생계 문제도 더 이상 고문처럼 느껴지지 않았다. 그녀의 야심은, 부인하지 않고 말하건대, 여전했지만 불만은 확실히 줄어들었다. 글로리아는 자기 직업의 반길 수 없는 측면을 받아들이는 것에도 나름의 목적과 이유가 있다는 사실을 이해했다. 인간관계의 영역으로 자신을 확장시킬 때만 배울 수 있는 무언가가 분명 있었다. 결과적으로 그녀의 내면에서는 관대함이란 샘물이 솟아나기 시작했다.

"나는 멈추었다, 그대도 멈추어라."

글로리아와 나눈 이 대화는 내게 불가에서 유명한 이야기 하나를 상기시켜 주었다. 예술가나 여성에 대한 이야기는 아니지만, 이 이야기는 '올바른 생활'의 가르침에 한 사람을 뒤바꿔 놓을 정도의 잠재력이 내재되어 있다는 사실을 잘 보여준다.

세상을 돌아다니며 가르침을 펴던 시절 붓다가 들판에 머물고 있었을 때, 그의 제자들은 붓다에게 혼자 밖에 나가지 마시라고 신신당부했다. 인근 지역에서 앙굴리말라Angulimala라는 유명한 살인마가 목격되었기 때문이다. 그는 무시무시한 인물이었던지라 붓다의 제자들이 두려워하는 것도 놀랄 일은 아니었다. 앙굴리말라는 강도질을 자신의 직업으로 삼고 있었다. 그는 잘린 손가락 1천 개를 모으겠다고 서원을 한 상태였고, 이미 999개의 손가락을 손에 넣은 것으로 알려져 있었다.

하지만 제자들의 간청에도 불구하고 붓다는 가르침을 펴러 밖으로 나갔다. 먼 곳에서 붓다를 목격한 앙굴리말라는 즉시 무장을 한 뒤 그를 뒤쫓기 시작했다. 하지만 아무리 빨리 달려도 붓다와의 거리를 도무지 좁힐 수가 없었다. 일종의 마법이 그들을 갈라놓고 있었다. 이 과정은 앙굴리말라가 지쳐서 신물을 낼 때까지 계속되었다. 이런 이상한 일은 처음이었다.

몹시 화가 난 그는 멈춰 서서 붓다에게 소리쳤다.

"멈춰라, 은둔자여! 거기 멈춰."

가던 길을 계속 가면서 붓다가 응답했다.

"나는 멈추었다. 앙굴리말라여, 그대도 멈추어라."

붓다의 응답에 내재된 역설은 이 유명한 강도를 완전히 혼란에 빠뜨렸다.

"걸어가면서도 자신은 멈추었다고 말하고, 멈춰 선 나를 보고는 멈추지 않았다고 말하는군. 이제 그 의미를 물어야겠소. 어째서당신은 멈춘 것이고 나는 멈추지 않은 것이오?"

붓다는 앙굴리말라가 자신이 선택한 생계수단에 대해 생각하도록 자극하기 위해 초차연적인 힘을 동원했다. 하지만 일단 그의관심을 끈 후에는 붓다 자신의 삶을 하나의 예로써 제시한다. 붓다는 자신이 어떻게 자만심의 과장된 느낌을 극복하고 여덟 가지세속적 관심사에 대한 집착을 버렸는지, 어떻게 무지와 탐욕, 분노의 불길을 껐는지 설명한다. 더 이상 자아의 노예가 아니었던 붓다는 공격도 방어도 할 필요가 없었다. 그는 그저 존재할 수 있었다. 붓다는 강한 설득력을 동원해 다른 직업은 생각도 안 해 본 이살인마의 강도질을 멈추게 했다. 앙굴리말라는 불교에 귀의해 독실한 일부 제자들의 반대에도 불구하고, 붓다의 믿음직한 수행원이 되었다.

일과 가정이 갈등을 빚을 때면 나는 종종 앙굴리말라의 이 이야기를 떠올려 본다. 자신의 직업에 대한 글로리아의 기대가 그녀를 고립과 혼란 속에 가둔 것처럼, 일이 중심이 되어야 한다는 고정관념은 우리에게 가장 필요한 사람들로부터 우리를 고립시킨다. 글로리아가 후원자들에 대한 한탄을 멈췄을 때, 그녀는 자기 예술을 알리는 더 훌륭한 홍보대사가 될 수 있었다. 자의식을 극복하는 과정에서 그녀는 자격지심을 떨쳐내고 자애심을 품는 법을 배우게 되었다. 앙굴리말라와는 달리 그녀는 직업을 포기하고 승복을 입을 필요는 없었지만 삶을 살아가는 방식을 근본적으로 변화시켰다.

화가 난 이유는 상대방 때문인가, 내 기대 때문인가

케이트라는 또 다른 여성 환자 역시 이와 비슷한 변화를 겪었다. 그녀는 불교와 심리치료가 자신의 자의식을 극복하는 데 큰 도움이 되었다고 고백했다. 내가 '올바른 생활'에 대해 이야기하면서 케이트를 떠올린 건, 그녀의 문제 역시 일과 관련된 특권의식에 초점이 맞추어져 있었기 때문이다. 하지만 그녀가 일터에서 어려움을 겪은 것은 아니다. 그녀의 문제는 집에서 일어났다.

케이트는 도심에 있는 한 건축 회사에서 일주일에 45시간씩 사무직으로 일하고 있었다. 그녀는 남자친구와 함께 포트그린에 있는 원룸 아파트에 살았는데, 그는 당시 은퇴를 한 상태였다. 그는 케이트가 일을 나간 동안 빨래와 쇼핑, 요리 등과 같은 집안일을 도맡아 했다. 그리고 케이트의 퇴근 시간에 맞춰 저녁상도 근사하게(그녀의 말에 따르면 필요 이상으로 화려하게) 차려 놓곤 했다.

하지만 남자친구의 청결 기준은 케이트의 눈높이를 충족시키지 못했다. 얼마 전 지친 몸으로 집에 돌아왔을 때, 그녀는 아파트가 엉망이 되어 있는 것을 보았다. 유리 테이블은 신문과 빈 커피 잔으로 어질러져 있었고, 침대 정돈도 안 돼 있었으며, 침실 바닥에는 옷가지들이 널브러져 있었다. 게다가 화장실에 가 보니 치약 뚜껑과 반쯤 사용한 치약이 분리된 채 세면대 위를 뒹굴고 있었다. 그것이 결정타였다! 그녀는 화가 나서 치약과 그의 태도에 대해 한마디 했다. 그는 도대체 생각이 있는 것일까? 정리 좀 잘 해 달라고 몇 번을 말해야 알아들을까? 이 모든 걸 바로잡는 데 20초도 안 걸릴 텐데 말이다. 그에게 너무 큰 기대를 품은 것일까?

케이트는 이 남자친구와 10년 넘게 생활해 왔다. 그들은 함께 많은 일들을 겪어 왔고 성격차에도 불구하고 서로를 깊이 의지하고 있었다. 케이트가 이야기를 시작했을 때, 나는 대충 결말을 짐작했다. 케이트의 남자친구도 성깔이 있었다. 그는 케이트의 짜증 섞인 말을 가볍게 받아넘기지 않았다. 그는 케이트에게 버럭 화를 냈고, 그녀는 그날 저녁 욕실에서 마음을 진정시키려 노력하며 담배를 피워야 했다. 집 안에서 담배를 피우지 않기로 약속했지만 그날만큼은 어쩔 수가 없었다. 그들은 싸움이 격해지지 않도록 자제했지만 그날 저녁 내내 말을 하지 않았다. 다음 날 아침, 케이트가 집을 나와 나를 찾아올 때까지 그들은 침착함을 유지했다. 그렇지만 나는 케이트의 긴장감을 뚜렷이 느낄 수 있었다. 그녀는 내게 어제 일을 이야기하며 울분을 토해냈다.

나는 케이트에게서 훨씬 더 심각했던 갈등에 대한 이야기도 들었다. 그녀는 내게 동정을 기대하고 있는 것이 분명했다. 하지만 나는 동정해 주지 않았다. 나는 돈을 버는 역할에 대한 집착 때문에 케이트가 남자친구를 필요 이상으로 비난하게 된 것이라고 생각했다. 그는 어쨌든 자신의 몫을 다하려고 노력하고 있었다. 그는 요리를 했고, 쇼핑도 했으며, 분명 케이트가 집에 오는 시간을 기다리고 있었다. 그런데 케이트는 남자친구가 자신을 충분히 뒷받침해 주지 않는다고 느꼈다. 직장에서 힘들게 일하면서 은퇴 비용을 마련하고 있으니 지저분하지 않은 아파트를 누릴 권리가 있다고 생각한 것이다.

"그냥 당신이 치우면 안 될까요? 치우는 데 20초밖에 안 걸린다면, 집에 오자마자 간단히 정리를 하고 와인 같은 걸 한 잔 따라 마시는 것도 괜찮지 않을까요? 공평치 않다는 건 알겠지만, 그렇게 하는 편이 훨씬 덜 고통스러울 것 같은데요."

당장 동의한 건 아니었지만(어쩌면 상담 시간 내내 동의하지 않았을지도 모른다), 케이트는 내 말을 끝까지 들어주었다. 그녀의 남자친구에게는 장점도 있고 단점도 있었다. 비록 집안일을 잘하는 건 아니었지만 그렇다고 허드렛일을 기피한 건 분명 아니었다. 그녀는 공정함과 자신의 권리에 관한 기존 관념을 고수하면서 남자 친구에게 자신의 관점을 강요할 수도 있었고, 단순히 포기해 버릴 수도 있었다. 심지어 그녀는 스스로 그 일을 하라는 내 권유를 받아들일 수도 있었다.

"난 당신 하녀가 아니야." 그녀는 욕실로 가기 전에 남자친구에게 이렇게 소리쳤다. 그녀는 분명 내 조언이 하녀가 되지 않겠다는 자신의 다짐에 위배된다고 생각했을 것이다. 여자라는 이유만으로 그런 허드렛일을 해야 한단 말인가?

"당신은 내 어머니가 아니야." 그가 되받아쳤다. 나는 속으로 그런 싸움은 그들 관계를 위해 아무런 도움도 되지 않을 것이라고 생각했다.

케이트에게 조언을 건네면서 나는 내 가정생활에 대해 생각해 봤다. 내 아내는 나를 집안 정리 같은 것에 별로 신경 쓰지 않는 사람으로 여기고 있어서 내 말에 동의하지 않겠지만, 집에 왔을 때 깨끗이 치워져 있으면 나는 기분이 좋다. 퇴근 후 집에 왔는데 아무도 없으면 나는 보통 다른 일을 하기 전에 주변부터 정리한다. 우편함을 정리하고, 식탁을 치우고, 오래된 신문을 내다버린 뒤, 소파 위에 있는 담요를 개고, 더러운 접시를 세척기에 넣고, 냉장고를 열어 상한 음식을 정리하며, 조리대 위도 행주로 문질러 닦는다. 만일 아내가 집에 있다면 나는, 케이트가 그랬던 것처럼, 아내가 할 일이라고 생각하면서 아무 일도 하지 않는 경우가 많다. 왜 나는 혼자 있을 때는 이 간단한 일들을 아무런 불만도 없이 하는 것일까? 스스로에게 자문해 봤다. 내 아내가 청소를 하거나 하지 않을 경우, 나는 그런 아내의 행동에 어떤 의미를 부여하는가? 나는 이 점에 대해 숙고한 뒤 내 생각을 케이트에게 말해 주었다. 내 가정생활에 대한 이야기는 케이트에게 도움이 되었다. 그 이야기는 딱딱한 원리 원칙과 관련된 논의에서 그 모든 것의 의미에 관한 좀 더 개방적인 토론으로 초점을 바꿔 주었다.

깨끗한 아파트로 퇴근하길 바란 것만큼이나, 케이트는 엉망으로 놓여 있는 생활 도구들에 나름대로 의미를 부여하고 있었다. 그 의미는 다음과 같이 요약할 수 있을 것이다. '내 남자친구가 나를 정말로 배려했다면 내가 집에 오기 전에 시간을 내서 이 물건들을 치웠을 거야.' 나는 그녀의 관점을 이해했지만(게다가 그 관점이 타당한 것일 수 있었지만) 동의하지는 않았다. 케이트가 자신의 고통을 필요 이상으로 증폭시키고 있었기 때문이다. 너저분한 집으로 퇴근하는 것만으로도 충분히 기분 나쁜데, 그녀는 '자신을 배려하지 않는 남자친구가 있는 너저분한 집'으로 퇴근을 하고 있었다.

"집에 오면 그냥 물건들을 치운 뒤 그 일을 잊어버리세요." 내가 제안했다.

내가 지금 불교도를 금욕주의자나 피학대 음란증 환자 정도로 보는 부정적 편견을 강화하고 있는 것일까? 내가 갈등을 두려워하는 나 자신의 불안에 떠밀려 건강한 공격성을 품은 케이트에게 봉사나 포기를 요구하고 있는 건 아닐까? 그녀에게는 그녀 자신의 욕구를 충족시킬 권리가 없는가? 나는 케이트에게 내 생각을 말하면서도 속으로 이런 의문들과 씨름을 했다. 하지만 그 말을 하는 게 좋겠다는 확신이 훨씬 강했다.

내 머릿속에 들어 있었던 건, '나는 멈추었다. 앙굴리말라여,

그대도 멈추어라'라는 붓다의 충고였다. 물론 케이트의 요청은 아주 이성적인 것이었다. 그녀의 분노는 이해할 만한 것이었고 남자친구를 향한 그녀의 요구도 지나친 것이 아니었다. 케이트가 집에 도착하기 전에 남자친구가 그냥 정리를 좀 하면 안 될까? 그게 그렇게 대단한 요구인가? 하지만 그녀는 그 상황에 특별한 의미를 부여하면서 그 의미의 노예가 되어 가고 있었다.

불교는 우리에게 그런 상황을 주의 깊게 관찰하라고 가르친다. 우리는 자기 자신에게 앙굴리말라처럼 희생자들의 잘린 손가락을 분노의 실로 엮어 승리의 월계관을 씌우고 있는가? 아니면 우리 자신의 관점에서 벗어나 상황을 있는 그대로 보고 있는가? 자만심(pride)은 깨달음에 이르는 것을 방해하는 마지막 족쇄라고 한다. 고대의 불교 심리학자들은 자만심을 다른 해로운 감정들(화, 질투, 시기 등과 같은)보다 훨씬 다루기 어려운 것으로 간주했다. 매우 높은 성취를 이룬 사람들에게조차 자신과 남을 비교하는 성향이 잔존한다는 사실은 오래전부터 잘 알려진 것이다. 불교의 가장 큰 유용성 중 하나는 자신의 분노에 대한 집착을 느슨하게 하는 방법을 가르친다는 데 있다.

"자네는 인간관계에 명상을 어떻게 활용하는가?" 수년 전, 보스턴에 사는 오랜 친구이자 오래도록 선불교를 공부해 온 학생이었던 리처드 바스키Richard Barsky에게 물었다. 결혼을 한 몇 안 되는 친구 중 한 명이었던 그가 골수종으로 젊은 나이에 세상을 떠나기 얼마 전의 일이었다.

"나는 내가 옳다는 걸 알 때에도 자의식을 내세우지 않고 그냥 내버려 둔다네." 그가 답했다.

내 아내가 이 글을 읽는다면 그녀는 아마도 눈알을 굴릴 것이다. 하지만 나는 항상 이 작은 대화를 기억해 왔다. 자신이 옳다는 것을 알 때조차 열린 태도로 상대 의견을 수용하는 태도는 분명 본받을 만한 것이다. 우리 대부분은 자아가 우리의 행동을 좌우하는 순간을 잘 알아차리지 못한다. 우리는 우리 자신의 의견과 기대가 타당하다고 느낀다. '올바른 생활'의 가르침은, 돈을 벌고 삶을 구축하는 방법에 대해 숙고하도록 촉구하는 동시에, 우리 자아의 특권의식에 의문을 제기하도록 돕기도 한다. 자신이 옳다는 것을 알 때조차 열린 태도를 유지하는 것은 앙굴리말라의 회심만큼이나 탁월한 하나의 성취이다. 그런 태도는 '올바른 생활'에 대한 이해를 한층 더 심화시켜 준다.

왜 화살이 그에게 가 닿지 못할까

붓다의 생애에는 이와 비슷한 가르침을 전하는 또 다른 유명한 장면이 등장한다. 최후의 깨달음을 얻기 몇 시간 전, 붓다가 자신의 자아와 싸움을 벌이고 있을 때, 붓다의 적들은 그에게 무수한 화살을 쏘아 보낸다. 일부 사람들은 이 화살 공격을 화와 조급성, 자만심 같은 내부의 적들을 나타내는 것으로 해석하고, 또 다른 사람들은 밖에 존재하는 적들의 분노를 상징하는 것으로 해석한다. 하지만 그 해석이야 어찌되었든 간에 결과는 똑같다. 그 화살들은 붓다의 영향권 내에서 꽃으로 변해 비처럼 쏟아져 내린다. 그들은 붓다를 해치지 못한다. 그의 거울 같은 지혜(외부 대상에 반응하지 않고 거울처럼 있는 그대로의 모습을 비추기만 하는 지혜 - 옮긴이)가 그의 자아를 압도했기 때문이다. 그의 이해에 내재된 힘은 그 화살들을 아름답고 무해한 대상으로 뒤바꿔 놓는다. 그는 훗날 앙굴리말라를 멈추게 한 것처럼 그 화살 공격을 중단시킨다.

내 친구인 펑뷔Phong Bui는 베트남에서 태어나 젊은 시절 미국으로 이민을 온 예술가 겸 작가 겸 큐레이터이다. 그는 내게 어린 시절 불교도였던 할머니에게 이끌려 훼Hue 시에 있는 7층 건물인 티엔무 사원Thien Mu Pagoda으로 간 이야기를 들려주곤 했다. 이 사원은 베트남에서 가장 높은 종교 건축물로, 붓다 생애의 이 장면을 그린 거대한 벽화가 있는 것으로 유명하다.

"왜 화살이 그에게 가 닿지 못할까? 왜 화살이 꽃으로 변하는 걸까?" 그의 할머니가 묻곤 했다.

이에 대한 일반적인 답변은 붓다가 화를 정복했다는 사실과 연관된다. 화살이 붓다를 해칠 수 없는 건 그가 자신의 분노 반응을 영원히 종식시켰기 때문이다. 펑뷔의 할머니는 인척姻戚들의 손에 엄청난 고통을 받아 왔다. 그녀는 출신 계급이 낮았기 때문에 거의 평생 동안 인척들로부터 심한 조롱을 당해야 했다. 그녀는 아마도 그 고통을 평범한 한 인간의 관점에서 해석했을 것이다.

엄청난 학대를 견디는 동안 상당한 분노를 품었기 때문이다. 하지만 그녀는 자신의 손자에게 완전히 다른 해석을 들려주었다.

"왜 화살이 그에게 가 닿지 못할까? 그건 그가 거기에 없기 때문이란다."

평뷔의 할머니는 붓다가 앙굴리말라에게 "나는 멈추었다"라고 한 말에 내재된 심오한 뜻을 이해했다. 붓다는 그 자신을 극복하는 과정에서 소멸해 버린 것이 아니다. 사실 그의 "존재(being)"는 훨씬 더 강력해져 그 자리에 현존하는 것만으로도 주변 사람들을 변화시킬 수 있게 되었다. 이런 식으로 그는 말 없는 가르침의 진정한 구현체가 될 수 있었다. 붓다에게 향하던 화살들이 꽃으로 변한 건, 그의 말이나 행위 때문이 아니라 그의 존재에 내재한 힘 때문이었다. 그는 자신의 자아를 멈추게 했고, 그의 주변 사람들은 그 사실을 느낄 수 있었다. 앙굴리말라처럼 살의로 가득 차 있던 사람조차 붓다에게 감화를 받고 기존의 태도를 바꿀 수 있었다.

심리치료사들은 자신의 능력이 최고조에 이르렀을 때, 환자들에게 이와 비슷한 방식으로 영감을 줄 수 있다. 일의 의미는 고려하지 않고 오직 돈만을 위해 일하는 사람들처럼 좁은 관점을 취하면, 사람들이 품고 다니는 원한이나 분노는 정당해 보일 때가 많다. 하지만 심리치료사는 더 넓은 관점을 제공해 줄 수 있다. '올바른 생활'은 단순히 생계를 꾸리는 것 이상을 뜻한다. 그것은 이득과 손실, 쾌락과 고통, 칭찬과 비난, 명예와 불명예의 순환에도 불구하고(또는 바로 그런 자의식적 관심사들 때문에), 우리 모두가 가장 빈곤한 사람이란 사실을 인식하는 것과 연관된다. 베인브릿지 아일랜드에 고립되어 있던 글로리아가, "가장 빈곤한 사람들. 저도 그런 사람들을 돌봐야겠어요!"라고 깨달은 것처럼 말이다.

깊이 개입하지도 멀리서 방관하지도 말라

6장

올바른
노력

'올바른 노력(Right Effort, 정정진)'의 가르침에 관한 고전적 묘사는 자아의 야심이 목적 달성에 방해가 된다는 점을 설명하기 위해 음악을 예로 활용한다. 소오나Sona라는 열성적인 제자가 붓다에게 와서 도움과 조언을 청했다. 그는 명상에 어려움을 겪고 있었다. 극도로 애를 썼음에도 소오나는 붓다가 극찬한 그 자유를 발견할 수 없었다. 소오나가 숙련된 류트 연주가였으므로 붓다는 이 점을 활용해 그에게 가르침을 준다.

"말해 보아라, 소오나여. 그대는 오래전부터 현악기를 연주하는 데 능숙하지 않았던가?"

"그렇습니다, 세존이시여."

"그러면 말해 보아라, 소오나여. 악기의 현이 너무 팽팽할 때 그대는 류트로 쉽게 아름다운 선율을 연주할 수 있었는가?"

"분명히 그렇지 않았습니다, 세존이시여."

"그렇다면 소오나여, 악기의 현이 너무 느슨할 때, 그대는 류트로 쉽게 아름다운 선율을 연주할 수 있었는가?"

"분명히 그렇지 않았습니다, 세존이시여."

"그렇다면 소오나여, 악기의 현이 너무 팽팽하지도 느슨하지도 않은 상태로 섬세하게 조율되어 있을 때, 그대는 류트로 쉽게 훌륭한 음악을 연주할 수 있었는가?"

"분명히 그랬습니다, 세존이시여."

"그와 마찬가지로 소오나여, 힘을 지나치게 쓰면 마음이 불안정해지고, 힘을 너무 약하게 쓰면 마음이 무기력해지는 법이니라. 그러므로 소오나여, 네 힘을 균형 잡힌 상태로 유지하고 마음의 기능들을 알맞게 조율한 상태에서 관심을 한 곳에 집중해야 하느니라."

붓다는 노력을 이완하여 명상을 수월하게 이어나갈 수 있도록 전직 음악가에게 명상 수행과 관련된 교훈을 제시해 주고 있었다. 붓다는 이제 관심이 그의 악기가 되었고, 그 관심 역시 류트처럼 조율할 수 있으며, 관심을 섬세하게 조율한 상태로 유지할 수 있을 뿐만 아니라 중요하기도 하다는 점을 알려 준 것이다. 음악가였던 소오나는 이 조율 작업이 일회적인 것이 아니라는 사실을 잘 알고 있었다. 악기는 계속해서 관리를 해 주어야 한다. 악기를 조율한 상태로 유지하려면 지속적으로 관심을 기울이면서 현의 상태를 끊임없이 바로잡아 주어야 한다. 소오나는 붓다의 조언을 듣고 힘을 얻었다. 그는 더 이상 자기 야심의 노예로 남아 있을 필요가 없었다. 자신의 마음을 관찰하는 법에 익숙해짐에 따라 그는 스스로 노력의 강도를 조절하면서 주변 환경의 요구에 자신을 맞출 수 있다는 사실을 깨닫게 되었다.

이것이 항상 말처럼 쉬운 건 아니다. 자기 악기에 익숙해지기 전까지는 그 악기로 훌륭한 리듬을 만들어 낼 수 없다. 이 사실을 이해하는 건 음악가뿐만이 아니다. 자아가 사라질 정도의 몰입상태를 경험해 본 운동선수 역시 이 점을 직감적으로 이해한다. 경기에 완전히 몰두할 때, 그들은 마치 그 모든 과정이 저절로 진행되는 듯한 느낌을 받는다. 이 상태를 촉발시키는 마술적인 방법 같은 건 없지만, 일부 선수들은 그런 흐름을 방해하는 자신의 태도가 무엇인지 대략 감을 잡기도 한다. 이 자각을 통해 그들은 자신을 의식적으로 조율해 나간다.

나는 심리 치료 작업에도 이와 매우 유사한 면이 있다는 점을 깨닫게 되었다. 한 주 동안 나는 한 번에 1시간씩 하루에 8명에서 10명의 환자들을 보면서 단 한 차례의 휴식 시간만 갖는다. 친구들은 종종 진 빠지는 하루가 될 것이라고 생각하곤 하지만, 대부분의 경우 그렇지 않다. 일에 몰두하다 보면 일상의 걱정이나 관심사들에 신경을 쓸 틈이 없어진다. 나는 시간이 순식간에 흘러가고 힘들일 필요조차 없는 그런 방식으로 환자들의 말에 귀를 기울인다. 내 진료시간은 일상적 자아로부터 벗어나는 휴가 기간이나 다름없다.

명석해지고자 하는 욕구를 제어하라

베케트의 정신분석가였던 월프레드 비온w. R. Bion은 "훌륭한 심리치료사는 마음이 제 기능을 다할 수 있도록 마음을 기억과 욕망으로부터 해방시키는 훈련을 해야 한다"라고 말하곤 했다. 하지만 나는 그가 어느 정도 순서를 뒤바꿔 놓았다고 생각한다. 환자에게 주의를 기울일 때, 나는 자동적으로 기억과 욕망의 짐으로부터 해방된다. 미리 그것들을 의식적으로 내려놓을 필요도 없다. 관심을 상대에게 지속적으로 기울이기만 하면 기억과 욕망은 그냥 사라져 버린다. 그렇다고 해서 생각이 멈추는 것은 아니지만 나는 환자가 나와 연관된 무언가를 말하지 않는 이상 나 자신에 대해 생각하지 않는다. 책에 넣기 위해 진료의 세부사항들을 마음에 새기는 시도까지도 나와 환자 모두에게 뜻밖의 침입으로 느껴진다.

프로이트는 분석가들에게 '균등하게 분배된 주의(evenly suspended attention)'를 지속적으로 기울이라고 권하면서, 이런 관심이 일상적인 마음 상태와 다르다고 강조했다. 그는 이렇게 썼다. "정신과의사를 위한 규칙은 다음과 같다. 그는 환자에게 그 어떤 의식적 영향력도 행사하지 않도록 주의하면서, 자신의 '무의식적 기억(unconscious memory)'에 스스로를 완전히 내맡겨야 한다. 또는 순전히 기법의 관점에서 말하자면, 그는 단순히 듣기만 하면서 자신이 환자의 말을 기억에 새기고 있는지 여부에 관심을 두지 말아야 한다." 이와 같은 분석적 관심이 성공적인 심리 치료를 위한 필수 요건임에도 위니캇과 비온 같은 소수의 심리치료사들을 제외한 대부분의 분석가들은, 자신의 자아를 억제하는 일이 극도로 힘들다는 사실만을 반복해서 확인해 왔다. 환자의 문제에만 집중적으로 주의를 기울이면서 박식한 해석을 제공하는 일반적 방식을 정당화하기 위해 프로이트의 말을 왜곡한 심리 치료 문헌들은 도처에서 찾아볼 수 있다. 불교는 내게 균등하게 분배된 주의를 기울이는 것이 불가능한 이상이 아닌, 매우 현실적인 가능성이란 점을 보여주었다. 내 악기도 소오나의 악기만큼이나 훌륭하게 조율될 수 있는 것이다.

소오나와 나눈 붓다의 대화 내용 중 내가 가장 좋아하는 부분은 조율된 악기가 만들어 내는 '훌륭한 음악(wonderful sound)'에 대해 말하는 대목이다. 여기서 붓다는 '올바른 노력'을 통해 발생하는 기쁨의 측면에 대해, 지나친 야심을 품고 자유를 추구하는 과정에서 소오나가 잊어버린 바로 그 측면에 대해 말하고 있었다. 붓다는 분명 소오나가 적절히 조절된 관심에서 비롯되는 즐거움을 누리길 바랐을 것이다. 치료 상황에서도 이와 유사한 일이 벌어질 수 있다. 심리치료사가 판단이나 선입견 없이 환자의 말에 귀를 기울일 때, 그리고 기존의 지식에서 찾기를 중단하고 자신의 명석함을 입증하고자 하는 욕구를 제어한 뒤, 이완된 각성의 상태에 머물 때 그는 훌륭한 음악을 만끽하게 된다. 환자들은 이런 종류의 관심에 특별하게 영향을 받으며, 종종 예상치 못했던 깨달음을 얻게 되기도 한다. 1912년, 프로이트는 명석해지고자 하는 욕구를 억제하도록 제자들을 촉구하기 위해 이런 글을 남겼다. "우리가 듣는 내용의 대부분은 훗날에 가서야 그 의미가 명백해지는 그런 종류의 것이다. 이 사실을 잊지 말아야 한다."

감각적 만족과 자기 부정 사이

나는 데비를 치료하는 동안 이 점을 아주 분명히 실감할 수 있었다. 나보다 몇 살 어린 그녀는 십대 후반에 거식증을 앓은 경력이 있었다. 집을 떠나 대학에 입학했을 당시 데비는 식당에서 나오는 음식을 보고는 스스로에게 "저건 절대 먹지 않을 거야"라고 중얼거렸다. 그리고 실제로도 먹지 않았다. 그녀를 구역질나게 한 건 사실 음식의 모양이 아니라 풍기는 냄새였다. 대학 식당에서 난 그 냄새는 초등학교 5학년 때 구내식당에서 맡은 역한 냄새와 비슷했다. 그녀의 가족은 5학년 때 다른 지역으로 이사를 갔는데, 데비는 그 전학 과정을 힘들어 했다. 그녀는 새 학교에서 주는 음식을 절대 먹지 않았는데, 다행히 도시락을 싸 갈 수 있었다. 하지만 대학에서는 사정이 달랐다. 거식증은 그녀를 끊임없이, 무자비하게 괴롭혀 댔고 결국 데비의 몸무게는 36kg까지 줄어들었다.

음식을 거부하는 데비 같은 사람에게는 사실 엄청난 힘이 내재되어 있다. '올바른 노력'에 관한 가르침을 처음 설할 때, 붓다도 이 점을 잘 알고 있었다. 고대 인도에는 영적 성장을 위해 모든 종류의 음식과 편안함을 거부하는 금욕주의 전통이 널리 퍼져 있었기 때문이다. '올바른 노력'이란 개념은 이런 금욕주의의 영향력을 상쇄하고, 자기 부정과 새롭게 부상하던 상인 계급의 물질주의 사이의 균형점을 찾기 위한 목적으로 제시되었다. 붓다는 감각적 탐닉과 엄격한 자기 비하 사이에 있는 최적의 지대인 중도에 대해 묘사했다. 붓다도 수천 년 후에 정신분석의 창시자가 환자에게 귀기울이는 방법을 설명하면서 비슷한 해법을 제시하리라고는 생각지 못했을 것이다. 프로이트는 감각적 만족과 자기 부정 사이의 균형점을 찾는 데는 그리 관심이 없었지만, 심리 치료 상황에서 관심을 조율하는 방법만큼은 절묘하게 포착해 낼 수 있었다.

한마디로 심리치료사는 치료에 너무 깊이 개입해서도 안 되고, 너무 무심하고 유보적인 태도를 취해서도 안 된다. 균등하게 분배된 주의에 관한 이 묘사는 즉시 붓다의 가르침을 연상시킨다. '공식화하자면, 심리치료사는 환자의 무의식이 보내는 신호를 포착할 수 있도록 그 자신의 무의식을 하나의 수신기처럼 변형시켜야 한다.' 그는 새로 발명된 전화기를 비유 대상으로 활용했다. 프로이트의 이 공식은 '과잉 보호의 형태를 띠는 지나친 관심은 아이의 불안을 증폭시키고, 거리 두기의 형태를 띠는 빈약한 관심은 무시로 전락하고 만다'는 위니캇의 개념을 예견케 한다.

대학 시절 데비는 '올바른 노력'에 관한 붓다의 가르침을 들어본 적이 없었고, 심리 치료에 대해서도 전혀 모르고 있었다. 그녀는 자기 부정에 사로잡힌 상태에서 외부의 도움도 거의 받지 않고 성인기 생활을 추구해 나갔다. 대학을 졸업한 후 그녀는 뉴욕으로 이사를 가서 취업을 했고, 거식증 환자답지 않게 별다른 치료 없이도 점점 상황이 호전되었다. 도시로 이사를 간 것이 그녀에게 큰 도움이 되었다. 뉴욕에서 데비는 무한한 자유를 맛보았다. 가족 관계에서 벗어나 원하는 대로 자신의 삶을 조직할 수 있게 된 것이다. 옛 친구와의 우연한 만남은 그녀를 패션 산업으로 이끌었고, 결과적으로 젊은 사람들의 공동체 한가운데 놓이게 되었다. 주변 사람들과 가까워지면서 받아들여졌다는 느낌을 갖게 되자 그녀의 몸무게도 정상 수준을 회복하기 시작했다. 그녀는 한두 차례 연애를 한 뒤 결혼했고, 아이들을 기르는 동안 음식 섭취 문제가 수그러드는 것을 느낄 수 있었다. 그녀는 어머니가 되는 것이 좋았고 아이들과도 건강하고 강한 유대 관계를 맺었다.

그녀의 어머니는 다른 주에 살고 있었지만 그들의 관계는 거식증을 앓던 시기에 머물러 있었다. 데비는 어린 시절 아주 가까웠던 것으로 기억하는 엄마와의 관계가 결코 회복되지 못했다고 느꼈다. 데비는 어머니가 자신을 창피하게 여겼고, 데비의 병이 나아지기만을 바라면서 병 자체를 가볍게 무시하곤 했다고 기억하고 있었다. 병이 다 나았다는 사실도 데비에게는 별다른 위안이 되지 않았다. 그녀의 거식증은 가라앉았지만 어머니와의 유대감도 같이 사라져 버렸기 때문이다. 그녀는 여전히 어머니가 그리웠지만, 어머니를 만나기 위해 집을 나서 본 적은 단 한 번도 없었다.

좋은 것은 취하고 나머지는 내버려 두라

어머니와의 관계 문제는 오랜 기간 동안 안으로 곪아 들어가고 있었다. 데비가 수년 전 나를 처음 찾아왔을 때 나는 그 사실을 감지했다. 당시 나는 다가오는 어머니 날(Mother's Day)에 어머니를 방문해 보라고 권했다. 하지만 그들의 관계는 어지럽게 뒤얽혀 있었다. 어느 날 아침 데비는 성인이 된 딸을 외할머니 댁에 보내는 문제를 놓고 어머니와 복잡하게 통화한 내용을 늘어놓았다. 데비가 딸과 함께 갈 수도 있었지만 그녀는 그 문제를 어머니와 상의하기를 부담스러워 했다. 사실 데비는 어머니가 그녀에게 같이 와달라고 부탁하길 기다리고 있었다. 데비는 딸의 개인 시간을 침해하고 싶지 않았고 어머니를 불편하게 하고 싶지도 않았다. 어머니는 마침내 '너도 같이 오는 것이 어떻겠니?'라는 취지의 말을 했지만 데비는 그 말에서 진심을 느낄 수 없었다. 너무 늦게, 불쑥 튀어 나온 말이었고 가슴에서 우러나온 말 같지도 않았다.

"어머니는 저를 사랑하지 않는 것 같아요." 데비가 상심한 듯 말했다.

처음에 나는 그녀의 괴로움을 진지하게 받아들일 수 없었다. 우리는 그녀와 어머니가 껄끄러운 관계라는 걸 잘 알고 있었고, 이미 그에 대해 대화도 많이 나눈 상태였다. 그런데 최근의 느낌을 이야기하면서 데비는 마치 전에는 그런 생각을 해본 적이 한 번도 없다는 듯이 말하고 있었다. 어머니가 자신을 사랑하지 않는 것 같다는 느낌에 새로울 게 뭐가 있겠는가? 우리는 이미 그 점을 짚고 넘어가지 않았는가? 데비의 이야기를 가로막지 않기 위해 나는 '올바른 노력'의 가르침을 기억해야 했다. "우리는 이미 그걸 알잖아요"라는 내 첫 반응은 그녀에게 방해만 되었다. 내가 데비에게 이미 얘기한 내용을 돌이켜 보라고 재촉하기를 그쳤을 때에야 비로소 이 치료는 진척될 수 있었다.

일단 내가 입을 다물자 데비는 다른 방식으로 말하기 시작했다. 그때까지 우리는 그녀의 어머니가 보인 무심함에 대해서만 이야기를 나눴다. 하지만 이제 데비는 그 방향을 역전시켰다. 그녀는 어머니의 호응과 관심이 부족한 것에 대해 자신을 탓하기 시작했다. 근본적으로 문제가 있는 건 자기 자신이란 것이다. 비록 자신의 어떤 측면이 그토록 사랑스럽지 않은지 제대로 말하지는 못했지만, 사랑스럽지 않다는 그 생각이 오래도록 내면에서 들끓고 있었다는 점만은 분명했다.

항상 이런 상황이 되면 안심을 시키고 힘을 주는 말을 건네고 싶어진다. "당신은 충분히 사랑스러워요! 당신 부모가 자기 자신만 아는 사람이 아니었다면 우리는 이런 대화를 나눌 필요조차 없었을 거예요." 나는 이렇게 말해 주고 싶었다. 하지만 이런 종류의 말들은 데비에게 별다른 도움이 안 됐을 것이다. 그녀가 내 지지를 고맙게 생각할지는 모르지만, 소외되고 자기 비판적인 상태에서 벗어나지는 못할 것이다. 그래서 나는 섣불리 긍정적 태도를 취하지 않도록 항상 조심한다. 데비는 누군가를 비난하고자 하는 자신의 성향 때문에 문제가 생긴다는 점을 인식할 필요가 있었다. 비난 대상이 누구인지는 사실 그녀에게 중요한 문제가 아니었다. 그녀는 관계에 내재한 결함을 찾아내 마술적인 방법으로 그 결함을 교정하길 바라고 있었다. 만일 내가 어느 쪽이든 그녀의 주장에 편승했다면, 나는 그녀의 불가능한 소망을 강화하고 말았을 것이다. 우리는 그녀를 탓할 수도, 그녀의 어머니를 탓할 수도 있었지만 어떤 선택지를 택한다 해도 이미 일어난 일을 무효화시키려 애를 쓰면서 잘못된 길로 들어서게 되었을 것이다. 그래서 나는 그런 언급을 일체 자제한 채 입을 다물고 일이 어느 방향으로 진행되는지 가만히 지켜보기만 했다.

하지만 그렇다고 완전히 고요한 상태를 유지할 순 없었고, 내 마음은 예상치 못했던 방향으로 흘러가기 시작했다. 데비의 상담 시간은 내가 인상적인 한 라디오 인터뷰를 우연히 듣게 된 바로 다음 날로 잡혀 있었다. 전날 아침 나는 운전을 하면서 라디오 메모리에 저장된 채널들을 이리저리 돌리다가 갑자기 익숙한 목소리를 듣게 되었다. 굵직한 목소리를 내는 그 남성은 록 가수인 브루스 스프링스틴Bruce Springsteen이었다. 그는 그답지 않게 완벽하지 못한 어린 시절을 보낸 사람으로서 자식을 기르는 일이 얼마나 힘든 것인지 인터뷰를 하고 있었다.

"우리는 부모님들로부터 좋은 면을 취하고 나머지는 그대로 남겨 둡니다. 그것이 우리가 부모님을 공경하는 방식이죠." 그가 말했다.

나는 스프링스틴의 말에 깃든 지혜에 깊은 인상을 받았다.

어딘가 불교적인 데가 있는 그의 소박한 화법은 내게 '올바른 노력'의 가르침을 연상시켰다. 명상을 할 때 우리는 불쾌한 것을 밀쳐 내거나 좋은 것에 집착하지 않도록 훈련을 받는다. 하지만 그의 방식은 조금 달랐다. 그는 '부모님이 불완전하다는 이유만으로 그들을 거절해선 안 되고, 그들에게 결점을 인정하도록 강요해서도 안 되며, 우리가 어린 시절 겪은 일 때문에 부모가 되길 꺼려해서도 안 되고, 부모님이 우리에게 남긴 상처에 집착해서도 안 되며, 부모님에게 문제가 있었는데도 그렇지 않은 척 가장해서도 안 된다'고 강조하면서, '부모님의 좋은 측면은 취하고 그렇지 않은 면은 가만 내버려 두라'고 충고하고 있었다. 이 태도는 자신이 옳다는 사실을 알 때에도 열린 마음을 유지하는 것과 매우 흡사하지 않은가?

우리의 인격은 어린 시절에 받은 영향력으로만 형성되는 것이 아니다. 이 사실을 깨닫는 데 용서의 가능성이 있다. 스프링턴은 그렇게 생각하는 것 같았다. 우리 내면에 해로운 경험으로 퇴색되지 않는 본질적인 무언가가 내재되어 있다는 것이다. 이는 우리 문화권의 심리치료사들이 백여 년에 걸쳐 구축해 온 가정들과 상당 부분 모순되지만, 동양의 종교 전통에서는 이와 비슷한 개념들을 많이 찾아볼 수 있다. 불교 문화권에서는 관대함(generosity)이 발휘될 가능성을 적극적으로 긍정하면서, 그런 근본적 가치는 외부 환경에 의존하지 않고 트라우마나 파괴적 영향력에도 손상되지 않는다고 보는 경향이 있다. 내면에 잠재된 이 이타심(selflessness)에 접근하는 전통적 방법이 바로 명상이다. 스프링스틴의 언급은 붓다가 '올바른 노력'을 묘사하기 위해 음악을 예로 든 것이 우연이 아닐지도 모른다는 생각을 품게 한다.

그 감정에 스스로 이름을 붙여라

나는 데비에게 이와 관련된 말을 한마디도 하지 않았고, 사실 그럴 필요도 없었다. 그녀는 내 침묵을 무관심으로 여기지 않았고 내가 긍정적 언급을 자제하는 걸 인색하다고 느끼지도 않았다. 나는 그녀가 내 관심을 있는 그대로 받아들였다고 생각한다. 따뜻하지만 과도하지 않고, 수용적이지만 서둘러 자기 비판으로 향하는 그녀의 성향에 약간 의심을 품은 그런 관심 말이다. 그녀는 일단 의식의 빛에 노출되면 그 미숙한 본성을 드러내는 그런 결론에 불필요하게 무게감을 실어 주고 있었다. 나는 데비가 내면에서 솟아오른 어떤 균형 잡힌 인식을 통해 이 사실을 혼자 힘으로 이해하는 모습을 지켜볼 수 있었다.

그렇다고 해서 그녀의 자기 비난 성향이 사라진 것은 아니었지만, 적어도 그녀는 이번 상담을 통해(아마도 최초로) 그런 비난이 근거 없는 것이라는 사실을 인식할 수 있었다. 이 인식을 계기로 자기 자신의 무가치함과 관련된 그녀의 깊은 확신은 이후의 치료 과정을 거치면서 서서히, 반복적으로 허물어져 나갔다. 그녀는 어머니의 집을 잇달아 방문하기 시작했고, 그들은 이런 만남을 통해 40년 전의 얼어붙은 느낌을 지나 전에는 상상조차 할 수 없었던 영역으로 나아갈 수 있게 되었다. 이제 80대가 된 그녀의 어머니는 데비가 기억했던 것보다 더 개방적이었다. 그들에게는 못다 한 이야기들이 너무나도 많았다.

데비와 어머니가 관계를 회복하는 작업은 그녀가 자식들과 맺은 관계의 숨겨진 측면들까지 함께 드러내 주었다. 데비는 어머니가 되는 것에서 크나큰 기쁨을 느꼈지만, 자기가 어머니를 거절한 것처럼 아이들도 자기를 거부할지 모른다는 내밀한 두려움을 품고 있었다. 그녀는 상담 시간에 내게 자신의 네 아이들 중 가장 나이가 많은 스물여덟 살 아들과 즐거운 저녁 식사를 마친 후 집으로 차를 몰고 가는 동안 얼마나 불편한 기분을 느꼈는지 털어놓았다. 그 아들은 조만간 유럽으로 건너가 1년 동안 머물 예정이었고, 그녀는 그와 헤어진 후 기분 나쁜 느낌에 사로잡혔다.

"기분 나쁜 느낌이라뇨?" 내가 물었다.

데비의 얼굴에서 자식을 걱정하는 어머니로서의 우려나 아들과 헤어지는 슬픔보다 더 깊은 무언가가 있음을 암시하는 어떤 불편함을 감지했다. 실제로 그녀는 그 느낌을 묘사하는 데 어려움을 겪었다. 그녀로서는 알 수 없는 복잡한 느낌이었다. 데비는 그때 남편이 기다리는 집으로 가는 중이었고, 다른 자식들과도 정기적으로 연락하며 좋은 관계를 유지했음에도, 분명 어떤 외로움과 슬

폼을 느꼈다. 하지만 내 질문에 답하려고 애쓰는 그녀의 모습에서 나는 경각심을 느낄 정도의 비탄을 감지했다. 마치 아들이 외국에 나가면 끔찍한 일이 벌어질 것이라는 예감이라도 품고 있는 것 같았다.

그렇지만 그 느낌에 대해 더 말하기 전에, 그녀는 그날 저녁 일어난 다른 일들부터 이야기해 주었다. 집에 도착하자마자 그녀는 주방으로 가서 포테이토칩과 아이스크림을 먹었다. 그녀가 강박적 식사에 대해 언급한 건 처음이 아니었지만, 그렇게 자주 한 것도 아니었다. 그녀는 먹는 음식에 아주 세심한 주의를 기울이는 채식주의자였다. 이날 저녁 데비는 과감하게 자신의 비밀을 털어놓았다. 그녀는 포테이토칩과 아이스크림을 먹으면 몽롱한 상태가 된다고 내게 고백했다.

"저는 저 자신을 마비시키려고 했어요." 그녀가 말했다.

흥미로운 말이었다. 그녀는 무엇으로부터 자신을 마비시키려고 한 것일까? 대상이 모호했다. 그녀도 그것이 무엇인지 잘 알지 못했다. 나는 무분별하게 음식을 먹었다고 자책하기보다 그때의 내면 상태를 좀 더 주의 깊게 살펴봐 달라고 부탁했다. 마침내 그녀가 '두려움을 품었던 것이 틀림없다'고 털어놓았다. 집에 도착해 강박적으로 음식을 집어삼키기 시작했을 때, 그녀는 두려움에 떨고 있었다. 우리는 거기서부터 시작할 수 있었다.

이런 경우에는, 물론 억제할 수 있었지만, 나는 그녀를 대신해 그 느낌에 이름을 붙이고자 하는 유혹에 휩쓸릴 수 있다. 그녀가 혼자 힘으로 느낌에 이름을 붙이는 경험을 박탈하면서까지 말이다. 나는 그녀 스스로 느낌을 분명하게 파악하지 못했음에도, 그녀가 두려움을 품었다는 사실을 알았다고 가정할 수도 있었다. 심리치료사들이 알아낸 것처럼 느낌에 이름을 붙이는 것은 느낌 그 자체를 느끼는 과정과 다르다. 느낌은 표면 아래로 스며들어 자신도 잘 이해하지 못하는 방식으로 행동하도록 우리를 부추길 수 있다. 하지만 느낌에 이름을 붙일 때, 강박적 행동은 종종 그 강박적인 성질을 잃어버린다.

불교는 이 사실을 바탕으로 서로 상반되는 두 가지 가르침을 제시한다. 먼저, 자신의 이야기나 반복되는 생각 속에서 길을 잃는 경우, 생각하는 마음과 이야기에서 빠져나와 자신의 몸과 느낌 속으로 들어가도록 권고한다. 그 느낌들을 더 직접적으로 경험하면서 감정의 몸체가 끊임없이 흐르며 변화하는 모습을 지켜봐야 한다. 하지만 이와 다른 경우 즉, 이제 막 발생한 느낌들에 이리저리 휘둘리는 상황에서는 그 감정들을 정확히 알아차리는 것이 더 중요하다.

느낌에 이름을 붙이는 작업은 그 느낌을 이해할 수 있는 것으로 만드는 데 도움이 된다. 이 작업은 감정이 지닌 힘의 일부를 박탈함으로써 그 감정과 거리를 둘 수 있도록 해 준다. 느낌에 이름을 붙이면, 미처 생각할 겨를도 없이 강박적 행동 속으로 무작정 뛰어드는 대신 잠시 멈출 수 있게 된다.

"아, 그게 불안이었군요. 그렇다면 저는 그 느낌을 어떻게 해야 할까요?"

　데비의 경우에는 아들과 헤어지는 경험이 그녀의 불안을 촉발시킨 것이 분명했지만, 그 느낌 속에는 견디기 힘든 무언가가 내포되어 있었다. 그녀에게 그 불안은 간단한 문제가 아니었다. 자신의 불안에 대한 무지는 그녀가 유년기 기억을 되찾아가는 중인지도 모른다는 생각이 들게 했다. 어린 시절로 되돌아가 다시 한 번 부모님들과의 관계에서 안정감을 느꼈는지 물어보는 것도 좋을 것 같았다. 어린 시절의 경험은 추측할 수 있게 해 주는 비옥한 토양인 만큼, 우리는 이미 여러 차례 상담을 통해 데비의 옛 기억을 구체화한 상태였다. 그 작업은 그녀의 거식증에 대해 좀더 이해할 만한 맥락을 제공했다.

　하지만 이번 상담 시간 내내 내 마음을 사로잡고 있었던 건 '올바른 노력'에 관한 브루스 스프링스틴의 조언이었다. 나는 데비가 부모님의 좋은 면을 받아들이고 그렇지 못한 면은 남겨둠으로써 자식들과의 관계에서 오는 부담감을 떨쳐 버릴 수 있길 바랐다. 그래서 나는 대화를 과거로 끌고 가는 대신 데비의 관심을 현재에 집중시키기 위해 노력했다.

　대화를 이어나가면서 데비가 아들과 헤어지는 상황에 해로운 해석을 덧붙이고 있다는 게 분명해졌다. 그녀는 그 이별이 영원할지도 모른다고 두려워했다. 뿐만 아니라 전에 자기 부모님과 소원해진 일도 자책한 것처럼, 이 헤어짐도 자신이 초래했다고 스스로를 비난하고 있었다. 다 자기 잘못이니 문제는 자신에게 있다는 식이었다.

아이스크림과 포테이토칩은 멍한 상태를 유발함으로써 그녀를 보호해 주었지만, 동시에 그 음식들은 그녀 자신을 나쁘게 느낄 또 다른 이유를 제공해 주었다. 그 음식들은 그녀의 자기혐오를 크게 강화했다. 그녀는 구역질과 속이 거북한 느낌을 느꼈고, 살이 찌는 음식을 먹은 스스로를 가혹하게 비판해 댔다. 게다가 그녀의 행동에는 창피한 면도 있었다. 그녀는 자신이 오래도록 두려워해 온, 자신에게 어딘가 사랑스럽지 않은 면이 있다는 사실을 스스로에게 입증해 보이고 있었다. 우리는 익숙한 지점에 있었고, 이것이 데비가 이 특정한 패턴을 이해할 또 다른 기회였다.

데비의 놀라운 점은 그녀가 상황에 지배당하면서도 그 모두를 이해할 수 있었다는 사실이다. 나는 그녀에게 심리학적 관점뿐 아니라 불교적 관점에서도 이야기를 건넬 수 있었다. 아들과의 이별은 분명 그녀에게 너무나도 힘든 경험이었을 것이다. 하지만 그 이별을 그녀 자신이 만들어 낸 해로운 해석 없이 있는 그대로 경험할 수는 없을까? 모든 작별의 상황에다 꼭 자신의 '나쁨'을 투영해야만 하는 것일까? 그녀가 항상 사랑스러울 필요가 있을까? 알아차림 기법을 활용해 도움을 받는 것은 어떨까? 알아차림은 붓다의 주된 명상 도구들 중 하나였다. 사람들이 자기 인식(self-awareness)을 계발하는 것을 돕고, 그리하여 더욱 완전히 현재에 머물면서 파괴적인 생각에 지배당하지 않도록 고안된 명상 기법이었다. 알아차림은 쾌락에 집착하거나 불쾌를 회피하지 말라고

권고한다. 그런 태도는 데비가 직면한 것과 같은 종류의 문제를
해결하는 데 도움이 된다.

치료자의 침묵이 드러나게 하는 것들

알아차림과 관련된 흥미로운 사실이 하나 있다. 이 기법이 소개된
불교 원전을 보면, 알아차림이 단순한 '알아차림(mindfulness)'이 아
닌 '알아차림과 명백한 이해(mindfulness and clear compre-
hension)'라고 묘사되어 있는 것을 종종 볼 수 있다. 즉각적 인식
과 개념적 이해 간의 균형, 느낌을 아는 것과 느낌에 이름 붙이는
것 간의 균형은 처음부터 그곳에 존재했다. 따라서 데비에게 알아
차림을 활용해 고통스러운 감정적 경험을 조사해 보라고 권했을
때, 나는 결론으로 성급히 건너뛰지 말고 그 감정을 철저히 탐색
해 보라는 요청까지 함께 한 것이다. 여기서 나는 오래전부터 흠
모해 온 위니캇의 사례 연구를 염두에 두고 있었다. 그가 제시한
이미지가 충격적으로 보일지도 모르지만, 그의 주장은 단순히 심
리치료사들이 도움을 주려고 과하게 애를 쓰다가 치료를 망쳐 버
리곤 한다는 것이었다.
　'현재 내 치료 활동의 기반은 침묵이다.' 위니캇은 1963년도
보고서에다 이렇게 썼다. '지난주 나는 도입을 위한 간단한 언급
을 제외하면 한 주 내내 거의 완전한 침묵을 유지했다. 이 상태는

환자에게 마치 자신의 성취인 것처럼, 즉 환자 자신이 나를 침묵시킨 것처럼 느껴진다. 이 상태를 나타내는 언어는 수없이 많다. 그 가운데 하나가 들판을 뚫고 솟아나는 남자의 이미지인데, 이 꿈에서 들판은 젖가슴이고, 남자는 남근을 이해하지 못하는 아이에게 남근의 대체물 역할을 한다. 여성의 젖가슴은 여기서 빨거나 먹는 대상이 아닌 들판과 연관되고, 환자의 연상에서도 양분의 원천이나 본능적 만족보다는 베개나 방석의 느낌에 가까운 것으로 나타난다.'

나는 자신의 침묵을 들판, 젖가슴, 방석에 빗댄 위니캇의 언급을 좋아한다. 그가 알아차림이나 불교에 대해 생각한 건 아니겠지만, 그럼에도 마치 명상을 하는 사람처럼 방석 위에 있는 자신의 환자를 상상하는 지점까지 이르게 되었다. 그 방석, 또는 베개는 환자가 자신의 느낌을 탐색하는 동안 그녀를 감싸고 있던 위니캇의 깨어 있는 주의력을 나타낸다.

그가 제시한 심리성적(성적 본능의 심리적 요소에 관련된 것을 이름 – 편집자) 연상 내용은 어머니 및 유아들과 진행한 초기 상담들에서 비롯했다. 한 어머니는 자신의 가슴을 아기에게 내어주고 혼자 힘으로 젖꼭지를 찾을 기회를 주곤 했다. 그녀는 개방된 공간(들판처럼)을 제시함으로써 자기 아이에게 발견의 기쁨을 허락해주었다. 반면, 다른 어머니는 자신의 젖꼭지를 아기의 입속에 강제로 밀어 넣곤 했다. 그 아기는 완전히 다른 경험을 했고, 그 경험은 가슴보다는 남근(위니캇의 용어를 사용하자면)의 느낌에 더 가까웠다. 위니캇의 생각에 따르면, 자신의 가슴을 제공한 첫 번째 어머니는 그 자리에 존재한 것이고, 젖꼭지를 강요한 두 번째 어머니는 행위를 한 것이다.

데비를 치료하는 동안 내 주의력은, 비록 위니캇처럼 침묵을 확고히 유지한 건 아니지만, 존재 상태에 머무는 젖가슴처럼 기능했다. 내 관심은 들판이나 베개처럼 그녀에게 긴장을 풀 수 있는 환경을 마련해 주었다. 그리고 이런 환경은 그녀에게 사물을 바라보는 낡은 방식에 의문을 제기할 기회를 제공해 주었다. 결과적으로 그녀의 문제는 분리 상황으로만 국한된 것이 아니라는 점이 밝혀졌다.

장성한 자기 아이들과 만나고 헤어지는 과정에 주의를 기울이는 동안 데비가 발견한 사실 중 하나는, 작별 상황에서 느끼는 감정이 처음 생각했던 것보다 훨씬 더 복잡했다는 것이다. 그녀가 자신의 어린 시절을 회상할 때는 문제가 상대적으로 단순해 보였다. 어머니와의 관계에서 친밀감을 잃은 경험은 그녀를 불안하게 만들었고, 5학년이 되었을 때 문제가 불거져 나왔다. 사춘기 초반에 그녀의 불안은 자신에게 무언가 잘못된 점이 있다고 걱정하게 만들었고, 그녀는 이 느낌을 음식을 거부하는 행동으로 표출했다. 그리고 이제 자신의 아이들과 관계를 맺게 된 상황에서 그녀는 낡은 관계에서 비롯한 결론을 새로운 관계 위에다 투영시키고 있었다. 하지만 어린 시절의 불안과 걱정을 다루는 동안, 그녀는 부모 역할을 하면서 다른 느낌들까지 함께 품게 되었다는 사실을 인정할 수밖에 없었다. 어떤 면에서 보면 어린 시절 기억들이 어머니로서 느끼는 강력한 감정들을 모호하게 흐려 놓고 있었다. 자식들과의 정기적인 만남은 그녀의 내면 깊은 곳에 두려울 정도로 가슴 저미는 느낌들을 불러일으켰다. 그녀는 그 느낌들을 간과하거나 어린 시절에 느낀 소외감의 잔영에 불과하다고 해석하곤 했지만, 우리는 그런 태도가 부적절하다는 점을 밝혀 낼 수 있었다. 어머니가 자식에 대해 느끼는 강렬한 사랑이, 몹시 괴롭게 느껴지는 데비의 불안 옆에 자리 잡고 있었던 것이다.

양극단의 태도 한가운데서 균형을 잡는 것

불교에서는 네 가지 '신성한(divine, 무량한, 한량없는)' 마음 상태를 강조해 왔다. 자애(kindness, 자), 연민(compassion, 비), 공감적 기쁨(sympathetic joy, 희), 평정(equanimity, 사)이 그것이다. 이 '신성한' 특성들은 모든 사람에게 다양한 정도로 내재되어 있지만 명상을 통해 자신의 자아와 새로운 방식으로 관계 맺는 법을 배우면 명상 도중 증폭된 형태로, 거의 일종의 부작용처럼 솟아나게 된다. 운동선수가 자의식적 통제를 내려놓을 때 '몰입' 속으로 빠져들게 되는 것처럼 말이다. 자기중심적 집착을 가라앉히면 좀 더 '이타적'인 이런 느낌들이 점차 표면화되기 시작한다.

　고대 문헌들은 자애, 연민, 공감적 기쁨, 평정을 어머니가 네 종류의 아들들, 즉 "어린아이, 아픈 아이, 한창 젊은 나이의 아이, 자기 일을 하느라 바쁜 시기의 아이"에게 품는 느낌에 비유한다. 자애는 어머니가 자신의 어린아이에게 자연스럽게 느끼는 느낌이고, 연민은 아이가 아플 때 품게 되는 느낌이며, 공감적 기쁨은 아이가 젊은 나이에 영광스럽게 번창하는 모습을 볼 때 일어나는 느낌이고, 평정은 자신의 아이가 다 자라서 스스로를 잘 돌보고 있다는 사실을 알 때 일어나는 느낌이다. 불교 문헌들은 어머니와 아들 사이의 관계를 가장 이상적인 것으로 간주한다는 점에서 상당히 성차별적이다. 하지만 거기 내포된 의미는 부모와 아이의 성별이 어떻든 상관없이 현재까지 유효한 것으로 남아 있다.

함께 작업하는 동안 데비는 자신의 장성한 아이들과 만나고 헤어질 때마다 이런 사랑의 느낌이 다양한 방식으로 발현된다는 점을 알아차리기 시작했다. 자신의 불안과 무가치한 느낌에 이름을 붙이고 인정한 이후부터 다른 느낌들을 더 뚜렷이 지각하게 된 것이다. 하지만 이 '신성한' 감정들이 나타내 보인 강도는 그녀를 불편하게 만들었다. 그녀는 그토록 강렬한 감정들에 익숙하지 못한 상태였다. 데비는 그것이 무엇이든 간에 외면하는 경향을 보였고 이런 데비의 태도는 그녀를, 다시 불교의 은유를 사용하자면, 조율되지 않은 상태에 머물게 했다.

이런 상황에 처한 데비에게는 근심을 느끼는 자신을 가혹하게 비판하기를 멈추고 자신의 '신성한' 느낌들에 자리를 내주는 것이 바로 '올바른 노력'이었다. 무엇보다도 중요한 것은 데비가 나의 치유적 관심을 취해 자기 마음을 다스리는 도구로 변형시킬 수 있었다는 점이다. 명상에 대한 별다른 지식이 없었음에도 데비는 명상의 주된 결실 중 하나를 누릴 수 있었다. 자신을 위협하고 규정하던 불안을 극복함으로써, 그녀는 그때까지 자신을 혼란스럽게 만들던 일련의 느낌들(자애, 연민, 공감적 기쁨, 평정)에 접근할 수 있게 되었다.

　심리 치료는 '올바른 노력'을 뒷받침하는 강력한 도구이다. 숙련된 심리치료사는 감정을 제대로 느끼지 못하고 거기 휩쓸리는 환자와, 감정을 알아차리는 대신 그 느낌을 밀쳐내는 환자, 그리고 감당하기 힘든 느낌을 피하기 위해 스스로를 마비시키는 환자를 식별해 낼 수 있다. '올바른 노력'은 느낌을 거부하거나 느낌에 탐닉하는 습관을 버릴 수 있도록 환경을 조성해 준다. 이런 습관들은 류트의 현을 너무 팽팽하거나 너무 느슨하게 조율한 것에 해당된다. 너무 팽팽한 현은 상습적으로 자신의 느낌을 억누르는 사람들의 경직성에 대응되고, 너무 느슨한 현은 감정을 '진실한' 것으로 느낀다는 이유만으로 그 감정에 완전히 몸을 내맡기는 태도에 대응된다. '올바른 노력'은 이런 극단적 태도들 한가운데서 균형을 잡아 보려는 하나의 시도이다.

　심리 치료의 관점에서 보면 '올바른 노력'은 양쪽 극단을 피할 때 우리 안에 잠재되어 있는 지혜가 솟아날 수 있다는 사실을 믿는 것과 연관된다. 이 지혜, 또는 명백한 이해는 심리치료사가 제공하는 '균등하게 분배된 관심'의 감정적 등가물이다. 붓다는 모든 사람이 이런 감정적 평형 상태에 도달할 수 있다고 믿었다. 느낌들은 혼란스럽지만, 다른 한편으로는 명료하기도 하다. 심리치료사의 일은 이 평형 상태를 자각하도록 환자들을 돕는 것이다. 조율이 잘 되면 실로 아름다운 소리가 난다.

혼자서 오해하는 것들

주로 자제를 권고하는 이 '올바른 노력'의 가르침은 환자들을 대하는 상황에서 나 자신으로 머물 수 있도록 자극을 주기도 했다. 나는 '균등하게 분배된 관심' 내부에, 심리치료사라는 역할 뒤에 숨지 않고 자연스럽게 교감할 수 있도록 해 주는 넓은 공간이 존재한다는 것을 발견하게 되었다. 이는 머릿속에 떠오르는 모든 것들을 다 말한다는 뜻이 아니라, 내 직감을 믿고 대범하게 말할 수 있는 자유를 얻게 되었다는 뜻이다. 이 점은 재능과 기지를 겸비한 환자인 마샤와의 최근 대화를 통해 분명해졌다. 나는 25년 전 마샤와 그녀의 남편이 아들을 갖기 전부터 간헐적으로 그녀를 만나 왔다. 마샤를 마지막으로 본 지 꽤 되던 어느 날, 그녀가 갑자기 전화를 해서 상담을 할 수 있는지 물었다. 나는 그녀가 일종의 정기 검진을 원하는 것이라고 생각했지만 사정은 달랐다. 이 일을 하면서 내가 배우게 된 한 가지는 '우리가 누군가를 아무리 잘 안다 해도 그들은 언제든 우리를 놀라게 할 수 있다'는 사실이다.

마샤는 막 할머니가 된 상태였다. 아들의 여자친구가 갑자기 임신을 했는데 이 젊은 커플은 아이를 낳기로 했다. 나는 이것이 그녀의 방문 이유라고 생각했지만 그녀는 아기 문제에 대해서는 미소만 지어 보였다. 다른 무언가가 있는 것이 분명했다. 마샤가 좀 지나치게 쾌활해 보였기 때문이다. 그녀는 지금 부부 관계 문제와 같은 무언가 불편한 일을 꺼내려는 것일까? 나는 잠시 기다렸다가 위험을 무릅쓰고 질문을 던져 보았다. 이런 상황에서는 침묵만이 능사가 아니었다.

"여전히 채드와 섹스를 즐기시나요?"

"며칠 전에 했어요. 채드도 좋아했어요. 다 끝내고 나서 저도 기뻤고요." 그녀는 미소 지으며 말했고 목소리에는 자부심 같은 게 섞여 있었다. 하지만 그녀의 얼굴은 잠시 시무룩해졌다.

나는 미심쩍은 눈으로 그녀를 바라보았다. 마샤는 섹스를 결코 부끄러워하지 않았다. 한때 댄서였던 그녀는 바텐더 일도 해 보았고, 유기농 정원을 가꾸는 정원사 겸 조경사로 일하기도 했다. 그녀는 남자와 자신의 몸을 편안하게 받아들였다. 그녀는 여유롭고 능숙하게 교태를 부릴 줄도 알았다. 나는 마샤를 볼 때마다 그녀의 그런 태도를 즐겨 왔다.

"저는 절대 병원에는 가지 않아요." 그녀가 말했다.

나는 처음에는 그녀가 하는 말을 이해할 수 없었다. 그녀의 언급은 다소 엉뚱하게 들렸다. 하지만 잠시 후 나는 그녀가 한 말의 의미를 추측해 냈다.

"산부인과를 말하는 건가요? 그렇다면 애용하는 약품은 있으신가요?"

"종이에다 이름을 적어 놨어요. 잘 보관하고 있고요…. 이거 너무 당혹스럽네요." 갑자기 부끄러워하는 마샤의 모습에 나는 어리둥절해졌다. 전혀 그녀답지 않은 모습이었다.

"혹시 에스트로겐 크림 같은 건가요? 호르몬 주사 같은 건 안 맞으시죠?" 나는 짐작 가는 대로 물었다.

그녀가 고개를 끄덕이며 동의했고, 나는 폐경기 여성들의 성생활에 에스트로겐 크림이 상당히 도움이 된다는 사실을 좀 더 설명해 주었다. 마샤는 듣기는 했지만 다른 한편에서는 내 말을 쳐내고 있는 것 같았다. 어떤 초조함을 감지했지만 나로서는 이해할 수 없었다. 가만히 기다릴 시간이었다. 그녀가 대화 주제를 바꾸었다.

"저는 지금 여덟 번째 단계를 거치고 있어요." 그녀가 알코올 중독자 갱생회(Alcoholics Anonymous)의 12단계 프로그램을 암시하며 말했다. "금주 프로그램 아세요? 제 사촌과 화해를 하려 했지만 할 수 없었어요. 이유는 잘 모르겠어요. 그냥 작은 문제였고요. 우리가 젊었을 때 그는 제게 사람들에게 나누어 주라고 유인물을 건넸지만 저는 그걸 내다버렸어요. 하지만 저는 그가 요구한 대로 다 했다고 거짓말을 했죠. 최근 그에게 그 말을 하려고 해 봤는데 입이 떨어지질 않더군요."

난 그녀가 무슨 말을 하는 건지 도무지 이해할 수 없었다. 사람들에게 나누어 줄 유인물? 남자 사촌? 이게 다 무슨 소린가? 나는 그녀에게 그 사촌에 대해 질문했다. 내 기억에 의하면 그는 별로 중요한 인물이 아니었다. 사실 나는 그녀와 함께 산 사촌이 있었다는 사실을 제대로 기억조차 할 수 없었다. 그녀가 자기보다 한 살 많은 그 사촌을 말하는 것이라고 기억을 환기시켜 주었다.

"전에도 한 번 말씀 드린 적이 있지요. 제가 열한 살이었을 때 그가 제 침대 위로 기어올라 왔어요. 몇 년 후 그가 그 일에 대해 사과하며 이렇게 말했지요. '어렸을 때 너를 애무한 걸 미안하게 생각해.' 저는 '애무(petting)'라는 그 표현이 싫었어요."

마샤의 표정이 굳어졌다. 나는 그녀가 한 이야기를 거의 기억할 수 없었기 때문에 좀 더 질문을 던져 봤다.

"기억나는 일들을 말해 주실 수 있나요?"

마샤는 두 가지 사건을 기억했지만 더 많은 일들이 있었으리라 믿고 있었다. 그녀는 그 사촌이 자신의 침대로 왔다는 것과 그가 자기 위에 있는 상태에서 잠이 깼다는 사실을 기억해 냈다. 그리고 자신이 사랑한 아일랜드 출신의 술꾼인 자기 아버지의 태도가 그 사건 이후 바뀌었다는 것도 기억해 냈다.

"제 사촌은 아버지가 자기를 붙잡아 행위를 중단시켰다고 말했어요. 그 전까지만 해도 저는 착실한 소녀였어요. 저는 수녀가 되고 싶어 했지요. 저는 수녀 체질이었어요. 하지만 그 후 몇 년 동안 저는 아주 거칠어졌어요."

"어떻게 거칠어졌죠?" 내가 궁금해서 물었더니, 그녀는 한때 무턱대고 메스칼린mescaline(환각제의 일종 - 옮긴이) 3인분을 투약한 뒤 고속도로 한가운데서 견인 트레일러를 세워 그 차를 훔치려 한 적도 있다고 털어놓았다. 그때가 1968년이었다는 사실을 감안해도 정말 너무 거칠게 들렸다.

하지만 이런 충격적인 세부 내용과는 상관없이 마샤가 한 이야기의 요점은 그녀가 아버지의 태도 변화를 해석한 방식에 있었다. 그녀는 사촌의 성추행으로 그녀가 느낀(그리고 거의 인식할 수 없었던) 수치심이 아버지가 자신을 배척한 이유와 연관된다고 생각하고 있었다.

"아버지에게 저는 창녀나 다름없었어요." 그녀가 말했다.

난 그리 확신이 서지 않았다. 그 나이 정도 되는 가톨릭 신도 아버지들(사실 그 세대에 속한 대부분의 아버지들)은 자기 딸이 10대가 되면 딸과 거리를 두는 것이 일반적이다. 여인이 되기 시작한 딸과 친밀감을 유지하는 건 힘든 일이라고 생각하기 때문이다. 내 생각에 그들은 두려움에 떠밀린 나머지 딸을 아내에게 맡긴 채 딸과 거리를 두는 것 같다. 나는 마샤에게 그녀의 아버지는 어쨌거나 그녀가 10대가 되면 이전보다 무심한 태도를 취했을 것이라고, 아버지가 반드시 사촌과 있었던 일로 그녀를 비난하는 것은 아니라고 말해 주었다. 결국 딸을 성추행하던 사촌을 제지시킨 건 그녀의 아버지였다. 그는 사태를 파악한 뒤 적어도 딸을 보호하기 위한 조처를 취했다. 나는 단호한 어조로 그렇게 말했다.

"마크 박사님! 이래서 당신에게 환자가 몰리는 거예요." 그녀가 안도감을 드러내며 소리쳤다.

누구나 지닌 특별한 능력, '자기 마음 관찰하기'

이 상담 시간 동안 마샤의 수치심은 좀 더 누그러졌고 그녀의 자존감도 균형을 되찾기 시작했다. 그녀가 산부인과에 가길 꺼려 한 것도, 섹스에 대한 이야기를 불편해 한 것도, 사촌이 사용한 '애무'라는 표현을 기분 나빠 한 것도, 그녀가 자신의 성욕에 불만을 품었던 것도, 전부 아버지와 멀어진 것을 자기 탓으로 돌리는 그녀의 태도와 연관되어 있었다. 그 일과 관련된 대화는 그녀를 불확실성 속에 빠뜨렸지만 그 불확실성은 기분 나쁜 것이 아니었다.

어쩌면 그녀 탓이 아닐지도 몰랐다. 어쩌면 사촌과 있었던 그 일들조차, 심리성적 발달에 핵심적인 역할을 하긴 했지만, 비난할 만한 것이 아닌지도 몰랐다. 어쩌면 모든 일이 어쨌든 그 방향으로 진행될 수밖에 없었던 건지도 모른다. 기존 사회를 향한 불만이 표출되던 1960년대와 70년대의 사회 분위기 속에서 마샤가 수녀가 되는 일은 아마 없었을 것이고, 어린 시절 형성된 아버지와의 유대감이 그녀의 사춘기를 견뎌 낼 가능성 역시 희박했을 것이다. 아버지와 멀어진 것이 반드시 그녀 탓일 필요는 없었고, 그런 아버지의 태도 변화를 사촌의 부적절한 행위에서 비롯한 직접적인 결과로 보기에도 무리가 있었다.

하지만 그 성추행 사건에 대해 대체로 침묵을 지켜 온 마샤의 태도는 그런 자책감을 품고 있었다는 사실을 나타내 주는 전형적인 표식이다. 나는 심리 치료를 받으러 온 후 몇 년이 지나서야 비로소 그런 일들을 털어놓는 사람들을 많이 봐 왔다. 그녀가 자신의 부끄러움을 극복하고 그 주제에 대해 이야기를 꺼내기까지는 실로 엄청난 시간이 걸렸다. 나는 그녀가 그 이야기를 할 계획이 없었다고 확신하지만 어쨌든 상담 시간에 어떤 자극을 받아 속내를 털어놓고자 하는 충동을 신뢰하게 되었다.

일단 대화가 시작되자 그녀의 수많은 선입견들이 눈에 들어왔다. 하지만 마샤는 사촌이 그런 행위를 했다는 이유만으로 자신을 비난할 필요가 있을까? 아버지의 태도 변화가 그녀를 정말 창녀로 간주해서일까? 그녀는 자기 비판을 일삼거나 계속해서 불안 속에 머무는 대신, 스프링스틴처럼 아버지의 좋은 면을 받아들이고 나머지는 내버려 둠으로써 아버지와의 관계를 영예롭게 할 수는 없을까? 마샤의 자기 개념은 다분히 사촌의 부적절한 성적 행동의 영향을 받아 결정된 면이 있었다. 그녀의 자기 이미지는 폭풍 같은 사춘기에 고착되어 있었고, 그녀는 그 이미지를 자기 자신으로 착각하고 있었다.

'올바른 노력'의 가르침은 의학적 잡담이 오가던 그 상황에서도 그녀의 즉흥적인 연상 내용에 귀를 기울인 뒤 내 생각을 공유할 수 있도록 해 주었다. 마샤는 내 말을 귀담아 들은 뒤, 오랜 세월에 걸쳐 단단히 굳어지면서 그녀를 아버지의 사랑과 차단시키고 자신에 대해 나쁜 느낌을 품게 만든 그 긴장을 놓아 버릴 수 있게 되었다. 자신의 짐을 내려놓겠다는 그녀의 의지 덕에, 즉 오래도록 품어 온 확신을 재검토한 뒤 그것을 단순히 놓아 버린 덕에,

마샤는 앞으로 나아갈 수 있게 되었다. "마크 박사님!"이란 그녀의 활력 넘치는 외침은 정말 아름다운 음악처럼 들렸다.

'올바른 노력'의 가르침은 심리 치료 상황에서만 도움이 되는 것이 아니다. 그 가르침은 강력한 감정이나 습관들이 우리에게 위협을 가해 오는 모든 상황들에 적용될 수 있다. 예컨대 금주 모임에 참석하거나 자신의 후원자에게 전화를 거는 건, 술을 마실 때와는 완전히 다른 종류의 노력이 필요하다. 또한 험한 말을 자제하는 데 드는 에너지는 분통을 터뜨리는 데 드는 에너지와 그 질 자체가 다르다. 그리고 사춘기 아이 곁에서 조용히 머물려면 도움도 안 되는 충고를 반복할 때보다 훨씬 섬세한 노력을 기울여야 한다. '올바른 노력'의 가르침은 자아의 충동을 통제할 수 있으며, 그렇게 하는 것이 바람직한 경우도 많다는 것을 보여준다. 이를 위한 전제 조건은, 제대로 활용하지 못하고 있지만 우리 모두가 지니고 있는 특정한 능력, 즉 우리 자신의 마음을 관찰하는 능력을 기르는 것이다.

무엇이 성공을 가져다주는가

몇 년간 알고 지내 온 친구이자 조각가인 샘은 자신의 마음에 치유적 관심을 기울이느라 분투한 이야기를 들려주었다. 그의 새 작업실 개소식에 참석했을 때였다. 그는 예술가들이 브루클린에 값싼

상업 부동산을 살 수 있었던 시절에 사들인 건물을 팔아 새로 구입한 터에다 작업실 건물을 막 완공한 상태였다. 하지만 그는 하마터면 그곳에 작업실을 짓지 못할 뻔했다. 그 지역에 오래 거주한 이웃이 공사를 반대하며 그 도시의 부동산 용도 위원위(zoning board) 임원들을 끌어들였기 때문이다.

그 일로 좌절했지만 매우 영리했던 샘은 법정 다툼을 벌이기 위해 나이가 지긋한 지역 변호사를 고용했다. 사실 샘은 타고난 싸움꾼이었다. 그를 보면 나는 금주법이 시행되던 겨울에 얼어붙은 슈피리어 호수를 통해 캐나다에서 술을 밀수해 온 아마추어 복서 출신 외할아버지와 그 형제들이 생각난다. 그는 변호사의 도움을 받아 적을 무찌를 작정이었다. 진실은 승리하기 마련이니까.

하지만 그의 변호사는 다른 전략을 마음에 두고 있었다. 지적인 남성이었던 그는 그 지역 사정을 꿰뚫고 있었다. 변호사는 샘에게 말했다.

"샘, 당신 아무래도 항문에다 키스를 좀 해야겠어요."

샘이 이 말을 했을 때 나는 웃고 또 웃었다. 마지못해 아첨을 떨 샘의 모습은 생각만 해도 우스꽝스러웠다. 그런 행동은 그로서는 상상도 할 수 없는 일이었다.

"제가 돈을 지불했잖아요. 당신이 대신 해 줄 수는 없는 건가요?" 샘이 자기 변호사의 충고에 발끈하며 말했다.

"당신이 해야만 돼요. 그리고 법정에서는 발언 시간이 될 때까지 입을 꽉 다물고 계셔야 합니다." 변호사가 말했다.

샘은 재판 과정 동안 입이 근질거려 가만히 있을 수 없었지만, 그가 입을 열 때마다 그의 아내는 손톱으로 남편의 팔을 꽉 꼬집었고, 변호사는 입을 다물라고 호되게 꾸짖었다. 그러고 나서 샘은 법정 밖에서 그 이웃을 만나 최대한 공손하고 존경 어린 태도를 보여주었다. 이 전략은 먹혀 들었다. 그 이웃은 마음을 바꿨고 샘은 작업실 건물을 지을 수 있었다.

"지금껏 내가 해 본 일 중 가장 힘들었어." 샘이 말했다.

샘의 경우 '올바른 노력'은 자기 자신의 진정한 느낌을 표현하는 것과 전혀 무관했다. 여기서는 변호사의 말에 귀를 기울이고, 이기고 싶은 욕구를 자제하는 것이 '올바른 노력'이었다. 샘에게 '올바른 노력'이란 할 말이 있어도 입을 다물고, 자신이 옳다는 걸 알 때에도 개방적인 태도를 취하는 것을 뜻했다. 샘의 변호사는 숙련된 심리치료사나 불교 수행자들만큼이나 현명했다. 그는 평화 조약이 전쟁보다 낫다는 것을 알았다.

인식하고 알아차리되 통제하지 않는 정신적 근육 기르기

7장

올바른
알아차림

'알아차림'은 서구에서 가장 큰 주목을 받은 바 있는 팔정도의 한 측면이다. 그것은 불교의 독특한 주의 집중 전략으로, 비즈니스와 농구에서부터 심리 치료에 이르는 다양한 영역에 광범위하게 수용되어 왔다. 다른 유형의 명상들처럼 관심의 범위를 하나의 대상으로만 국한시키는 대신, 알아차림 명상은 마음과 몸을 오가는 생각과 느낌, 기억, 감정, 신체 감각 등을 차분하게 인식하는 것을 추구한다. 이 명상법은 습관 및 충동에 휘둘리거나 내면의 비판자에게 압도당하지 않도록 '관찰자 자기(observing self)'에게 힘을 부여할 수 있다는 생각을 토대로 한다. 알아차림을 수행하는 명상가는 일상적인 생각과 느낌들에 휩쓸리거나 매혹당하지 않고 생생한 자각에 머무는 법을 배우게 된다.

알아차림에 흥미를 보이는 서양인들이 종종 간과하는 건 알아차림이, 불교의 관점에서 보면, 가장 기초적인 명상법이라는 사실이다. 알아차림 명상은 통찰의 문을 여는 것을 목적으로 하는 입문 단계의 수행법이다. 많은 사람들의 선입견과는 달리, 알아차림은 명상 전체의 요체가 아니다. 한 유명한 우화에서 붓다는 알아차림을 강을 건너기 위해 풀과 나뭇가지, 나뭇잎을 모아 엮어낸 뗏목에 비유한 바 있다. "일단 강을 건넜다면 뗏목은 어떻게 해야 하겠는가?" 그가 물었다. "평생 짊어지고 다녀야 할까, 아니면 강 옆에 내려놓아야 할까?" 이 비유를 통해 붓다는 자신이 제시한 방법들에 사람들이 과하게 집착하는 것을 막고자 했다. 하지만 그의 강력한 경고에도 불구하고 사람들은 여전히 방법에 집착하는 태도를 버리지 못하고 있다.

알아차림이 '올바른 알아차림(Right Mindfulness, 정념)'이 되려면 그것을 자기 증진을 위한 또 다른 수단으로 변형시키지 말아야 한다. '올바른 노력'과 마찬가지로, 알아차림을 위해 지나치게 애를 쓰다 보면 알아차림 특유의 간소함과 섬세함을 잃어버리기 쉽다. 전통적인 불교 문헌에서는 알아차림을 소몰이꾼에 비유한다. 처음에 소몰이꾼은 적극적으로 개입해 소들이 새로 심은 작물들을 먹어치우지 않도록 울타리 안으로 몰아넣는다. 하지만 작물을 다 수확한 뒤에는 나무 그늘에 앉아, 아마도 실눈만 뜬 채, 휴식을 취하면서 거의 아무 일도 하지 않는다. 소들은 이제 그의 자각 범위 내에 머물기만 하면 된다. 작물을 창고에 보관한 이상, 소들이 작물을 먹어치우는 일은 일어나지 않을 것이기 때문이다. 하지만 그가 소몰이꾼 역할에 너무 몰두하거나 소 치는 일에 아직 미숙한 상태라면, 그는 자기 소들을 쿡쿡 찌르고 들볶으면서 그들을 귀찮게 할 것이다.

'올바른 알아차림'도 이와 비슷하다. 시작 단계에서 명상가는 마음이 평소처럼 이리저리 떠돌지 못하도록 주의하면서 산만한 마음에 적극적으로 대처해야 한다. 그렇지만 시간이 지나고 나면 알아차림은 그냥 거기에 있다. 제2의 천성이 된 것이다. 명상가는 자신의 산만한 마음을 인식하되 더 이상 그 마음에 휩쓸리지는 않는다. 이런 점에서 알아차림을 나무 아래에서 휴식을 취하는 소몰이꾼에 비유하는 것은 아주 적절하다. 일단 확립되고 나면 알아차림은 그 자체의 힘만으로 지속된다. 알아차림은 마음속으로 침투하여 그 내용물을 인식하며, 이 같은 자기 관찰을 통해 흥미롭고 낯설고 때로는 불편한 것들이 모습을 드러내기 시작한다.

나는 오래전부터 알아차림에 고착되기가 얼마나 쉬운지 민감하게 인식해 왔다. 사실 자아는 그 과정을 위해 억지로 애를 쓸 수밖에 없다. 초기 불교 문헌들은 이런 위험성을 경고해 왔다. 시작 단계에서는 일정한 노력을 기울이는 것이 중요하지만, 자기 소들을 지나치게 통제하려 드는 소몰이꾼은 그 모든 과정에 해를 끼칠 수 있다.《두 가지 생각에 대한 설법(Two Kinds of Thought)》이란 제목의 고대 경전에는 이런 글귀가 등장한다. '과도한 생각과 심사숙고는 내 몸을 지치게 할 것이고, 몸이 지치면 마음이 산란해질 것이며, 마음이 산란해지면 집중으로부터 멀어지게 될 것이다.'

의과 대학 마지막 학기 기간 동안 연구 보조금으로 인도에 머물며 달라이 라마의 티베트인 의사의 견습생으로 일할 때, 나는 당시만 해도 서구에는 알려져 있지 않던 온갖 종류의 불안 장애들에 대해 배우게 되었다. 나는 이미 여러 차례 은둔 수행을 해 본 경험이 있었고, 일부 사람들이 마음을 고요하게 가라앉히려 노력할 때 불안감에 휩싸인다는 점 역시 잘 알고 있었다. 나는 달라이 라마의 담당 의사와 약 6주가량 함께할 예정이었고, 앞으로 정신과 분야를 택할 것이란 것도 알고 있었으므로, 이런 종류의 불안감이 우리 문화뿐 아니라 불교 문화권에서도 발생하는 것인지 확인해 보고 싶었다. 결과적으로 나는 명상에서 촉발되는 불안이 불교 수도승들에게 매우 익숙하고, 중세 티베트의 의학 문헌에도 잘 기록되어 있다는 사실을 알아낼 수 있었다.

알아차림을 위해 과도한 노력을 쏟아 붓는 명상가들은 그들 자신을 초조하고 우울하게 만든다. 그들의 마음은 주인에게 통제당하기를 거부하는 성난 말처럼 말을 안 듣기 시작한다. 강제로 하는 명상은 산뜻한 가벼움 대신 무슨 일이 있어도 계속 하겠다는 엄숙한 결단과 불안감만 촉발시킬 뿐이다. 티베트의 의사들은 그런 상태에 빠진 환자들에게 더 많은 명상을 처방하는 대신, 사원 복도를 쓸거나 주방에서 채소를 써는 것 같은 간단한 일을 권하곤 한다. 명상에서 촉발된 불안 장애를 치유하려면 명상을 더 하는 것이 아니라 덜 해야 한다는 사실을 아는 것이다.

자신 밖으로 한 걸음 물러서기

알아차림이 서구에 뿌리를 내리기 시작한 지금 중요한 건 티베트 의사들의 지혜를 받아들이고 간직하는 것이다. 우리 문화의 대부분이 노력과 분투를 토대로 하는 만큼, 많은 사람들이 그런 마음가짐을 내려놓는 데 어려움을 겪는다. '알아차림(mindfulness)'이란 표현 자체가 과하게 공격적인 이런 접근법을 조장하는 면이 있다. 이 말은 때때로 "알아차려라!"라는 명령을 동반하는 꾸짖음처럼 들리기도 한다. 이 말에서는 청교도 윤리의 흔적이 느껴지는데, 이는 우연이 아니다. '알아차림'이란 용어는 영국의 식민지 개척이 절정에 이르던 1881년, 불교 문헌의 번역어로 처음 쓰기 시작한 후 서구 세계에서 일반적으로 받아들였다. 하지만 그 용어 자체는 서양인이 만들어 낸 것이다. 붓다 시대의 언어로 된 원래 단어는 '사띠sati'였다. 사띠란 기억한다는 뜻이다.

'올바른 알아차림'(또는 '올바른 사띠')이란 자기 자신을 계속 지켜봐야 한다는 사실을 기억하는 것을 의미한다. 이 말의 반의어는 잊어버림(또는 방심absentmindedness), 생각에 빠질 때 일어나는 그런 종류의 '잊어버림'이다. 알아차림의 독특한 특성은 그것이 기억을 한다는 사실이다. 마음속에 일단 확립되고 나면 알아차림은 스스로를 기억한다. 사띠의 의미를 나타내는 좀 더 명료한 표현은 '마음의 현존(presence of mind)' 정도가 될 것이다.

오클라호마 시티Oklahoma City에서 트라우마 치료를 위한 불교적 접근법에 대해 강의할 때, 나는 이 점을 처음으로 자각하게 되었다. 그곳에 모인 사람들은 알아차림의 임상적 적용에 놀라울 정도로 흥미를 보였다. 외상 후 스트레스 장애를 겪는 수많은 환자들이 수용된 대형 보훈병원도 근처에 있었는데, 그곳의 직원들은 치료를 위한 새로운 접근법에 마음을 열어 놓고 있었다.

내 강연의 토론자 중 한 명은 흰 말총머리를 길게 늘어뜨린 50세의 남성이었다. 그는 휴식 시간에 나를 찾아왔고, 나는 첫눈에 그에게 강한 인상을 받았다. 몸집이 크고 건장해 보이는 남성이었던 그는 옷깃을 풀어헤친 길고 흰 셔츠를 입고 있었다. 그는 몸매가 훌륭했고 자세도 곧았으며 거동에서도 자신감이 넘쳐났다. 그는 소형 오픈 트럭을 몰고 다녔다.

"저는 절대 오클라호마 출신 남자에게 '알아차림'이란 단어를 사용하지 않습니다. 사람들이 그 표현을 싫어하거든요."

"그럼 어떤 표현을 사용하시나요?" 나는 그가 완전히 새로운 표현을 만들어 냈을 것이라고 생각했다.

"저는 그냥 사람들에게 '밖으로 나가서 문을 닫으세요. 거기 가만히 서서 들으세요.'라고 말합니다. 그거면 충분하죠."

그의 언급은 '올바른 알아차림'의 핵심을 건드렸다. 알아차림을 정신 건강 전문가들이 제공하는 또 다른 치료 도구로 축소시키는 대신, 그는 알아차림의 가장 강력한 측면을 암시적으로 드러내고 있었다. '자신의 일상에 이완된 집중을 적용함으로써 예상치 못했던 무언가를 발견할 가능성'이 바로 그것이다. 방어적인 태도를 내려놓고 자신의 감각을 열어젖히는 것을 주된 지침으로 삼음으로써, 그는 가장 흔한 오해를 피할 수 있었다. 우리가 과거나 미래에 대한 불필요한 생각에 사로잡힌 채 엄청난 시간을 보낸다는 건 사실이지만, 그렇다고 해서 현재에 집중하는 능력이 그 자체만으로 어떤 인격상의 변화를 보증해 주는 건 아니다. 현재에 머무는 건 충분히 즐거운 경험이지만, 그것은 단지 출발점일 뿐이다.

나는 알아차림을 궁극적 목적으로 삼으면서 주의력을 호흡이나 발밑 부분에 오랜 시간 동안 고정시킬 수 있다는 이유만으로 스스로를 자랑스럽게 여기는 수많은 사람들을 보아 왔다. 마치 그런 능력 자체만으로 더 나은 사람이 되기라도 한 것처럼 행동하는 것이다. 예컨대 내 친구 중 한 명은 아내와 저녁을 먹는 동안 알아차림을 유지하려고 노력하지만, 그런 태도가 그들 사이의 긴장을 줄여 주는 것 같지는 않다고 털어놓았다. 나는 알아차림을 신문처럼 이용해 그 뒤에 숨으려 하기보다 아내와 대화를 나누는 편이 더 나을 것이라고 충고해 주었다. 그는 내 말을 받아들였지만 그 스스로 그런 생각을 떠올리지는 못했다.

올바른 알아차림은 솔직하게 자기 자신을 성찰할 수 있는 흥미로운 기회를 제공해 주지만, 그와 같은 개방적 태도가 생산적으로 활용되리라고는 아무도 장담할 수 없다. 자아는 자신의 통제를 쉽게 포기하지 않으며, 프로이트가 개괄한 그 모든 방어 기제들은 알아차림이 강력할 때조차 여전히 활동을 멈추지 않는다. 따라서 알아차림이 드러낸 내용들과 직접 대면하는 대신, 알아차림을 과

대평가하면서 거기에 집착할 가능성마저 생겨나게 된다. 오클라호마의 그 심리치료사가 능숙한 명상 교사인 이유가 여기에 있다. 방법에 집착하는 대신 그는 특정한 마음 상태를 심어 주고자 애를 썼다.

나는 내 환자들을 대할 때도 이 점을 명심하려 노력해 왔다. 그들에게 알아차림을 직접 가르치는 대신, 나는 새로운 방식으로 들을 수 있도록 대화 분위기를 조성하는 쪽을 선호해 왔다. 나는 그런 듣기 방식이 통찰을 가져다준다고 믿는다. 나는 내 진료실을 찾는 환자들이 '밖으로 나가서 문을 닫고 거기 가만히 서서 듣는' 경험을 하게 되기를 바란다. 나는 내 진료가 지나치게 구체적인 조언이나 충고 없이도 사물을 보는 신선한 안목을 제공해 주길 바란다. 진료실에서조차 사람들은 자신들의 생각 속에서 길을 잃거나 스스로에게 되풀이하는 이야기 속에 갇히곤 한다. 그들은 심리치료를 많은 사람들이 명상을 사용하는 방식대로, 즉 이상적 상태를 향해 서둘러 돌진하는 수단으로 활용하려 한다.

올바른 알아차림은 성공적인 심리 치료와 마찬가지로 사람들의 조급함을 누그러뜨려 준다. 우리가 자기도 모르게 쓰는 가면에 구멍을 뚫어 준다. 자아 밖에 서서 들을 때, 우리는 자아의 끊임없는 강박적 자기 집착을 엿들을 기회를 얻는다. 원하기만 하면 언제든 새롭게 일깨워진 감각을 가지고 우리 자신 밖으로 한 걸음 물러설 수 있게 되는 것이다.

예기치 못한 곳에서 들려오는 놀라운 소리

이 책을 쓸 당시 나는 유대교 신년제(Rosh Hashanah) 전날 밤 저녁 파티에서 한 신사와 우연히 대화를 나눈 적이 있는데, 그 만남은 이 점을 분명히 해 주었다. 파티가 끝나갈 때쯤 나는 60대의 은퇴한 한 변호사와 대화를 나누게 되었다. 그는 보험회사를 변호하고 경영하면서 성공적인 사회 활동을 하던 인물로, 똑똑하고 매력적이었으며 입심도 좋았다. 나는 그가 좋았지만, 그가 내 작업에 특별히 관심이 있을 것이라고는 생각하지 않았다. 나는 그에게 지금 쓰고 있는 책에 대해, 그리고 환자들에게 불교 가르침을 직접 제시하는 것을 오래도록 경계해 왔다는 사실에 대해 이야기를 조금 건넸다. 그는 자신도 알아차림에 기반한 스트레스 경감 프로그램에 참석하기 위해 매사추세츠를 두 차례 방문한 적이 있다고 말해 나를 놀라게 했다. 그는 전통적 은둔 수행을 모델로 하면서도 불교적 색채는 벗겨 낸 그 워크숍 프로그램이 자신에게 큰 도움이 되었다고 말했다. 비록 그가 불교에 박식한 건 아니었지만 알아차림 수행만큼은 그에게 커다란 혜택을 가져다주고 있었다.

나는 그가 알아차림에 관심을 가졌다는 사실에 깊은 인상을 받았다고 말했다. 그것은 내게 알아차림이 신비한 후광을 걷어내고 대중의 의식 속으로 침투하고 있다는 하나의 신호와도 같았다. 어퍼 이스트 사이드Upper East Side 지역의 변호사가 은퇴 첫 해부터 골프 대신 알아차림을 추구했다는 사실은 알아차림이 새로운 차원에서 수용되고 있다는 점을 나타내 주는 증거였다.

사실 나는 그가 참석했던 그 프로그램에 대해 잘 알고 있었다. 그 프로그램은 1974년 내가 처음으로 명상 수련회에 참석했을 때 만난 내 오랜 친구 존 카밧진Jon Kabat-Zinn이 개설했다. MIT에서 분자생물학을 전공한 존은 당시에도 서양 사람들이 불교의 용어와 개념들을 낯설어 할 것이란 점을 의식하고 있었다. 은둔 수행을 한 후 얼마 지나지 않아 매사추세츠 대학 의료 센터에 자신의 프로그램을 계획하면서, 그는 알아차림을 팔정도의 한 측면이 아닌 일종의 스트레스 경감 전략으로 소개했다. 존은 의료 센터에 모인 모든 사람들을 놀라게 했고, 그의 환자들도 그 치료법에 관심을 보였다. 이후 내 새 친구가 참석한 것과 같은 종류의 워크숍은 미국 전역에 걸쳐 확산되어 나갔다.

"제가 이야기 하나 해 드리지요. 그곳에서 제게 이런 일이 있었답니다." 그 변호사가 끼어들었다.

"보스턴 외곽에 있는 한 평범한 호텔에서 진행된 두 번째 워크숍에서 저는 고요한 명상을 하면서 며칠을 보낸 후 아침에 그룹 토론을 하러 계단을 내려가 방문을 열다가 문득 목소리를 듣게 되었습니다. 하지만 누군가 밖에서 말을 거는 건 아니었어요. 그 목소리는 제 머릿속에서 들렸습니다. '이제 어머니를 용서할 시간이야'라고 그 목소리가 말했지요. 전에는 그런 목소리를 들은 적이 단 한 번도 없었습니다." 그 변호사가 미소를 지으며 말했다.

"그건 생전 처음 겪는 일이었어요. 제 어머니는 15년 전에 이미 돌아가셨지만, 간섭이 심하고 아들을 통제하려 드는 전형적인 독일 어머니였지요. 저보다 저를 더 잘 알고 저를 조종하기 위해 그 지식을 활용하는 그런 어머니였어요. 어렸을 때는 어머니를 피할 방법이 없었기 때문에 제 자존감은 심각하게 손상을 입었지요. 30대가 되어서는 심리 치료도 많이 받아 봤지만, 저는 계속해서 어머니와 저를 보호해 주지 못한 아버지에게 화가 나 있었어요. 아버지의 75세 생신 날 아버지의 업적을 기리는 연설을 할 때조차(아주 능숙하게 잘했지요), 저는 제 겉과 속이 다르다는 걸 잘 알고 있었어요. 그래서인지 슬프고 불편한 느낌이 들었지요. 하지만 어머니를 용서할 시간이라고 말하는 그 목소리를 들었을 때 저는 그 말이 옳다는 걸 깨달았어요. 알아차림이 어머니를 용서할 수 있다는 사실을 제게 보여준 것이지요."

나는 그 변호사의 이야기에 깊은 인상을 받았다. 그의 이야기에는 확신을 주는 강력한 무언가가 배어 있었다. 매사추세츠의 평범한 한 호텔에서 알아차림 기법을 배운 어퍼 이스트 사이드의 변호사가 삶을 뒤바꿀 정도의 종교적, 심리적인 경험을 하게 되었다니 놀라운 일이었다. 그는 비록 이상한 목소리를 들었지만 정신이 나간 건 아니었다. 그는 평범한 일상 밖으로 걸어 나와 멈춰 섰고, 그곳에서 예기치 못한 무언가를 듣게 되었다. 그리고 그는 오래도록 자기 정체성을 떠받쳐 온 기둥들 가운데 하나였던 어머니에 대한 분노를 내려놓을 수 있게 되었다.

그의 이야기는 너무나도 진솔하고 생생해서, 나는 어머니를 용서한 것이 그의 짐을 얼마나 덜어 주었는지 실감할 수 있었다. 알아차림은 원래의 불교적 맥락에서 떼어냈을 때조차 그를 놀라게 하고 그의 마음을 열어 주었다. 그 목소리는 어디에서 온 것일까? 그 현상을 어떻게 설명해야 할까? 현재에 대한 집중과 어머니를 용서하는 것이 무슨 상관이 있는 것일까? '올바른 알아차림'은 호텔 연회장에서 경험될 때에도 특유의 신비감을 잃지 않았다.

통제할 수 없는 것들에 대해 어떤 태도를 취할 것인가

스트레스 관리 기법으로 널리 활용되기 시작하면서 알아차림은 종종 그 기법의 합리적이고 객관적이고 과학적인 정확성을 강조하는 방식으로 소개되어 왔다. 분명 그런 측면이 있다는 건 사실이지만 알아차림에는 그 이상의 무언가가 있다. 알아차림은 자기 자신에 대한 명민한 인식과 직접적인 감각 경험을 강조하지만, 숨겨진 목적 또한 지니고 있다. 알아차림의 목적은 더 이상 공감 기능이 방해받지 않도록 자신의 자아와 거리를 둔 상태에서 그 자아를 바라보는 것이다. 알아차림에서 촉발되는 통찰은 전부 이 방향을 가리킨다.

　고대 가르침을 보면 이 통찰들은 주로 무상성과 같은 근본 원리 주변에 배치되어 있다. 사실 모든 것이 끊임없이 변한다는 사실을 직접 지각한다면, 어떻게 예전과 같은 방식으로 사물들에 집착할 수 있겠는가? 지속되는 것이 아무것도 없다는 사실을 이해한다면, 부와 섹스, 쾌락, 견해 따위에 왜 집착하겠는가? 그렇다고 해서 그 통찰이 무상성의 고통스러운 측면들까지 긍정하는 것은 아니지만(붓다가 늙음, 질병, 분리, 죽음 등을 '고통'이라 부른 데는 다 이유가 있다), 적어도 통제할 수 없는 것들에 대해 더 수용적인 태도를 취하도록 도와준다.

알아차림은 덧없음을 전면으로 끄집어내 그것을 반박 불가능한 현실로 만들어 놓는다. 알아차림은 우리 모두가 진실임을 알면서도 무시하려고 갖은 애를 다 써온 그 사실을 바로 우리 코앞에다 앉혀 놓는다. 알아차림을 훈련할 때는 결코 무상성을 못 본 체할 수 없다. 흔히 말하듯, 저항해 봐야 소용없는 것이다.

이렇게 무상성이란 진실을 눈앞에 들이밈으로써 알아차림은 우리의 변화를 이끌어내는 동인으로 작용하기도 한다. 알아차림의 숨겨진 목적이 실현되는 건 바로 이를 통해서이다. 저변에 깔린 무상성이란 직물에 쓸려 다니는 동안, 그리고 바깥세계와 내면세계 모두에서 그것을 관찰하는 동안, 한 가지 사실이 점점 더 분명해진다. 우리의 호흡 밑에서 투덜거리는 것이 어린 시절 우리 자신의 반영이란 점이다. 그 어린아이의 흔한 후렴구 중 하나는 '나는 어쩌라고?'이다. 이 자기중심적인(그리고 지극히도 불안정한) 울부짖음은 있는 그대로의 현실을 통제하거나 피하고자 하는 가장 원초적인 시도의 피상적 발현이다. 어린아이에게 자신을 우주의 중심처럼 대해 주는 누군가가(우리 어머니들) 있다면 그는 운이 좋은 것이다. 하지만 그런 사치를 누릴 수 있는 경우에도 그것은 지속되지 않는다. 환멸은 빠르게 찾아온다. 우리의 내적 저항과 통제 시도가 대체로 성공적이지 못했다고 해서 그런 것들이 반드시 사라지는 건 아니다. 자아가 발달하는 와중에도 자기가 중요하다는 느낌을 극대화할 필요성은 지속된다. 물론 그런 필요와 경쟁하는 다른 욕구들도 있지만(우리는 사회적 생물인 만큼 이타적 동기들도 불러일으킬 수 있다), 적응력이 매우 뛰어난 사람들조차 자기중심성을 결코 완전히 떨쳐 버리지는 못한다.

'올바른 알아차림'은 이런 자기중심성을 표면으로 끄집어내는 데서 크나큰 기쁨을 느낀다. 자기 본위(egotism)는 이제 고통스럽게 느껴지기 시작하고, 우리는 그것으로부터 떨어져 나올 수 있다는 사실도 발견하게 된다. 그 어떤 것도 겉모습처럼 고정되어 있지 않은 세상에서 자아조차 무상하다는 사실을 발견하는 건 엄청난 위안으로 다가온다. 더 이상 방어적인 태도에 단단히 집착하지 않아도 되기 때문이다.

자신의 어머니를 용서하는 건 해방을 가져다주는 통찰들을 기록한 전통적인 목록에서는 발견되지 않지만, 만일 그 목록이 오늘날까지 계속 기록되었다면 그것은 거의 목록의 최상부를 차지했을 것이다. 알아차림에 대한 고전적 묘사들은 수천 년 된 전통에서 비롯했지만, 거기에는 붓다의 시대에 살았던 개인들의 내면 생활에 관한 믿을 만한 서술이 결여되어 있다. 우리는 붓다 당시와는 다른 시대와 문화권에서 살고 있고 개인 심리학은 우리에게 하나의 현실이다. 이 시대에 일어나는 통찰들은, 역시 무상성의 진실에 뿌리 내리고 있긴 해도 종종 심리적이고 감정적인 성질을 나타내 보인다. 알아차림이 계발되는 과정은, 종종 단계별로 제시되기도 하지만, 사람마다 다 다르다. 이 사실에 주의를 기울이지 않는 사람은 중요한 것을 빠뜨릴 각오를 해야 할 것이다. 알아차림을 진정으로 이해하려면 '올바른 알아차림'의 심리적 측면에도 반드시 관심을 가져야 한다.

알아차림을 계발하는 과정은 자전거를 타거나 발끝으로 걷는 법을 배우는 과정과 비슷하다. 다만 훨씬 힘들고 어려울 뿐이다. 우리는 수년에 걸쳐 노력을 기울인 뒤에도 떨어지고 또 떨어진다. '올바른 알아차림'이란 그런 실패에 너그러워지는 것을 뜻한다. 그것은, 낮은 충동에 굴복하지 않는다는 전제하에, 끊임없이 우리 자신을 용서하는 것을 의미한다.

나는 어느 여름날 콜로라도에서 잭 콘필드와 함께 있었던 적이 있다. 당시 잭은 이미 수년에 걸쳐 집중적으로 명상 경험을 쌓은 상태였다. 잭은 자기 생일날 하루 종일 명상을 한 후 호흡에 충분히 집중하지 못한 자신을 책망하면서 저녁 식탁으로 걸어왔다. "내 생일날조차 이 모양이라니!" 나는 서글프게 불평을 하던 그의 모습을 기억한다. 그의 목소리에는 자신을 조롱하는 태도도 섞여 있었지만, 어쨌든 그는 진지했다. 나는 그의 솔직함에 강한 인상을 받았다. 이 경험은 좀처럼 용서하지 못하는 내 성향을 누그러뜨려 내 수행에 도움을 주었다. 그 경험은 마음이 방황한다는 사실을 인식할 때마다 다시 마음을 제자리로 되돌려놓는 것이 바로 '올바른 알아차림'이라는 사실을 이해하도록 도와주었다. 마음을 되돌려놓으면서 개인적 불평을 내려놓는 능력, 그것이 바로 진정한 성취였다.

우리 마음이 가장 잘하는 건 이기적으로 생각하는 것이다. 아주 고요해졌을 때에도 마음의 이런 성향은 여전히 잠재된 채로 지속된다. 하지만 그 자아가 우리를 규정하도록 내버려 둘 필요는 없다. 자신을 규정하려 든 어머니에게 불만을 품었던 내 친구가 그녀를 용서한 것처럼 말이다. 그가 어머니를 용서할 수 있었던 건 아마도 알아차림을 배우면서 자기 자신을 용서하는 훈련을 끊임없이 거듭한 덕분일 것이다.

휴대폰으로 가는 내 손

나 역시 알아차림을 훈련하던 기간 동안 그 변호사와 비슷한 경험을 한 적이 있다. 20대 초반 이후로 나는 몇 주 동안 이어지는 은둔 수행에 규칙적으로 참여해 왔다. 수련회 지도자들은 모든 기본적 활동들(걷기, 먹기, 앉기에서부터 몸 기능 관리에 이르는 모든 것)이 알아차림을 위한 기회로 활용될 수 있도록 외부 자극의 양을 제한하고 주변 환경을 재조직한다. 처음 며칠 동안은 마음이 반항을 하면서 제멋대로 날뛰어서 매우 힘든 경험이 될 수 있지만, 얼마 지나고 나면 자연스럽게 적응하게 된다. 자기 인식이 증대되거나 확장됨에 따라, 사람들은 주변 환경과 조화를 이룬 채로 현재 순간에 매우 생생하게 살아 있다는 느낌을 받게 된다. 평소 당연시되거나 투명하고 보이지 않는 것으로 간주되던 자각은, 그 자체만으로 흥미로운 성질을 띠기 시작한다. 때로는 자각이 빛을 발하는 것처럼 느껴지기도 한다. 생각과 기억, 연상들은 여전히 일어나지만 그런 것들에 오랜 기간 사로잡힐 가능성은 줄어든다. 습관적인 생각의 연쇄 속으로 빠져 드는 것보다 끊임없이 펼쳐지는 현재 속에 머무는 것이 훨씬 더 흥미롭고 즐거운 것이다.

이 은둔 수행들은, 비록 그에 대해 이야기할 때는 다소 지루하게 들리지만, 거의 항상 흥미진진한 경험을 선사해 주었다. 어떤 관점에서 보면 이야깃거리가 될 만한 거의 아무런 일도 일어나지 않는다. 하루는 오고가고 식사는 규칙적으로 제공된다. 자연의 소리들은 명상실을 가득 메우고 사람들은 방석 위에 앉아 자세를 바꾸고 재채기를 하고 몸을 긁고 기지개를 편다. 그리고 때로는 눈을 내리뜬 채 일정한 거리를 앞뒤로 천천히 걸어 다니기도 한다. 시선 접촉을 하거나 말을 하는 사람은 아무도 없다. 하지만 다른 관점에서 보면, 수많은 일들이 벌어진다. 그들 중 대다수는 개인적이고 심리적인 차원의 사건들이다.

예컨대 최근 참여한 한 은둔 수행에서 나는 내 이름이 나를 가둔다는 느낌을 생생하게 경험했다. 하지만 실제 느낌이 어땠는지 묘사하기는 힘들다. 순식간에 발생해서 여러 방향으로 동시에

울려 퍼졌기 때문이다.

"마크."

그 소리는 너무나도 딱딱했다. 고요한 환경 속에서 그 소리를 들으니, 마치 육중한 해머나 공장 기계에 내 몸이 짓눌리는 것만 같았다. 어린 시절 부모님이 "마크"라고 내 이름을 부르던 광경을 떠올려 보았다. 나는 그 목소리에 응하기 위해 마지못해 하면서도 자발적으로 자리에서 일어섰고, 그 이름은 내 주위로 모여들며 약간 뻣뻣하게 나를 가두어 갔다. 나는 슬퍼졌고 내 이름에 억눌리고 있다는 느낌도 받았다. 나는 이름이 만들어 낸 그 벽들이 얼마나 끈질기게 나를 옥죄여 왔는지 실감할 수 있었다.

그렇지만 이와 거의 동시에 나는 내 이름이 나와는 아무 상관도 없을 가능성, 또는 그와 관련된 기억(어느 쪽인지 분명치 않다)도 떠올릴 수 있었다. 그것은 마치 내 상상에 불과한 건 아닌지 의심하면서 듣는 먼 곳의 바람소리처럼, 그냥 어렴풋한 느낌이었다. 마크는 내 이름이지만 내가 마크는 아니라는 사실, 그것이 핵심인 듯했다. 내 주변에서는 사방으로 뻗어 나가면서 쉴 새 없이 윙윙거리는 살아 있고 열려 있는 무언가가 감지되었다. 세심한 노력을 통해 나는 너무나도 익숙하지만 반감을 품고 있던 "마크"라는 느낌과 다소 낯설어서 함부로 건드릴 수 없는 "마크가 아님"이란 느낌 사이를 오갈 수 있었다. 이 수련회 기간 동안 여러 독특한 느낌들이 일어났지만, 이 경험은 꽤나 오랜 시간 동안 지속되었다. 내 기억에 따르면 이 경험은 메시지를 확인하려 휴대폰을 꺼내 든 순간 중단되었다.

　나는 수련회에 갈 때마다 휴대폰을 가져가는 습관이 있다. 권장할 일은 아니지만 아이들이나 아내, 또는 환자들에게 내가 필요할 때 즉각 호응하려면 어쩔 수가 없다. 나는 수련회에 참석할 때도 어쨌든 휴대폰을 들고 가므로, 평소와 다름없이 매주 일요일 4시 30분에 어머니에게 전화를 건다. 어머니는 일요일을 특히 지루해 해서 일요일마다 내 목소리를 듣고 싶어 한다. 나는 수련회 장소로 운전해 가면서 어머니에게 전화를 걸어 명상을 하러 가는 중이라고 말했다.

　"왜 그런 걸 하는지 모르겠구나." 어머니가 짜증 섞인 목소리로 말했다.

　수련회 지도자들은 이런 전화를 걸 수 있도록 명상 센터에 따로 방음 공간을 마련해 놓는다. 나는 휴대폰을 서랍 속에 보관할 생각이었지만 책상 위에다 올려놓고 말았다. 하지만 휴대폰을 갖고 다니지는 않았다. 중요한 건 그 점이었다. 나는 대체로 주머니가 달린 바지조차 입지 않는다. 평소 나는 화장실에 갈 때마다 휴대폰을 확인하는 습관이 있다. 얼마나 자주 가는지는 모르겠지만, 그 한 가지 사실은 분명히 알아차리고 있다. 그래서인지 수련회에 참석한 후 적어도 처음 5일에서 6일 동안은 소변을 볼 때마다 휴대폰으로 손을 뻗게 되는 것 같다.

　'손을 뻗는다, 손을 뻗는다.' 나는 하루의 모든 순간에 알아차림을 적용하려 노력하면서, 그리고 휴대폰을 확인하고 싶다는 생각이 들 때 일어나는 작은 기대감과 휴대폰을 가지고 있지 않다는 사실을 자각할 때 일어나는 차분한 절제의 느낌을 알아차리면서, 혼자 중얼거리곤 한다.

비록 휴대폰이 그립긴 했지만, 휴대폰과 이만큼이라도 거리를 둘 수 있다는 건 하나의 위안이었다. 연구자들은 보상을 기대하면서 휴대폰을 확인하려 들 때마다, M&M사의 고전적인 심리 실험이 보여준 것처럼, 두뇌에 세로토닌(serotonin, 식욕과 기분을 조절하고 수면, 기억력, 학습 등에 영향을 미치는 신경전달 물질. '행복 호르몬'이라 불리기도 한다. – 옮긴이)이 분비된다고 한다. 그런 자극들이 차를 마실 때 먹는 쌀과자나 땅콩버터처럼 뉴런을 자극한다는 것이다. 수련회 기간 동안 직접 겪어 본 나는 그 사실을 믿는다. 그 충동은 우리 안에 아주 깊숙이 뿌리 박혀 있다.

나는 수련회에서 보낸 10일 동안 휴대폰 사용을 적당히 절제할 수 있었다. 나는 밥을 먹듯이 하루에 세 번씩만 휴대폰을 확인했고 전화 통화를 하는 경우도 거의 없었다. 하지만 한 가지 사치는 허용했다. 점심 식사 후 휴식 시간마다 나는 침대 위에 몸을 웅크린 채 휴대폰으로 날씨를 확인하곤 했다. 그곳에서 생활하던 기간 동안 세 차례나 큰 눈보라가 일었고 온도가 영하로 떨어질 때도 많았다. 나는 아침마다 옷을 여섯 겹으로 껴 입고 얼어붙은 호숫가로 산책을 나갔기 때문에 날씨를 확인하는 건 필수적인 일처럼 보였다. 그건 무해한 활동이 분명했지만 그 과정을 즐기다 보니 내가 나 자신을 속이고 있는 건 아닌지 의심이 들었다.

하지만 그런 일로 나 자신을 책망할 필요가 있을까? 판단을 좀 자제할 수는 없을까? 만약 그것을 침해 행위라 부를 수 있다면, 나는 그런 피상적인 침해 행위를 놓고 나 자신과 몸싸움을 벌였다.

마음은 범인을 찾는다

그 후 얼마 지나지 않아 나는 명상실 아래에 있는 지하 체육관에서 걷기 명상을 하고 있었다. 체육관에 있는 사람은 적어도 내 생각에는 나밖에 없었고, 며칠에 걸쳐 명상을 하고 난 뒤여서 그런지 마음은 꽤 차분한 상태였다. 나는 걷기 명상을 꺼릴 때가 많다. 직선 위를 천천히 앞뒤로 왔다 갔다 하는 것이 사실상 활동의 전부이기 때문이다. 명상가는 발 밑바닥에 관심을 집중하면서 "발을 들고, 밀고, 딛고"라는 말만 속으로 계속 되풀이한다. 나로서는 이 명상을 15분 이상 계속하기 힘들다. 등에 통증이 일기 시작하면 멈춰 서서 기지개를 펴며 다른 일을 할 구실을 찾는다. 하지만 그 날은 평소보다 마음이 고요했고, 명상 과정에 어떤 수월한 느낌도 배어 들어 있었다. 걷기 과정은 마치 수영을 하는 것처럼 부드럽고 마찰 없이 진행되었다.

그런데 그때 갑자기 어디선가 쾅 하는 소리가 들렸다. 나는 펄쩍 뛰었고 주변을 둘러보니 대나무로 된 중국식 칸막이벽이 내 뒤로 엎어져 있었다. 그 칸막이벽은 태극권 수행을 위해 할당된 작은 공간을 가리던 벽이었다. 나는 이 사실을 처음 알았고 물론 그 공간으로 들어가 본 적도 없었다. 나는 그 칸막이벽을 다소 단조로웠던 그 방의 가구들 중 하나로 인식하고 있었다. 하지만 지금 그 칸막이는 땅 위에 누워 있었다. 누군가가 지나가다 건드려서 넘어뜨린 것이 분명했다.

흥미로웠던 건 그다음 순간이었다. 알아차림이 강력해서인지 나 자신의 즉각적인 반응이 매우 뚜렷이 자각되었다.

'누가 한 거지?'

이건 단순한 호기심에서 비롯한 질문이 아니었다. 그 질문은 원한에 찬 것이었고, 내 마음은 당장 비난할 누군가를 찾고 있었다. 즉시 책임을 물을 누군가가 필요했던 것이다. 하지만 로켓처럼 쏘아 올려진 그 생각은 중간에 갑자기 뚝 하고 멈춰 버렸다. 그 생각은 정말이지 허공에 얼어붙어 버렸다. 나는 그 광경을 시각적으로 보았다. 그것은 마치 발사되자마자 동력을 상실해 버린 폭죽과도 같았다. 그 생각은 힘을 얻지 못한 채 내면의 공간에서 그냥 죽어 버렸다. 평소 나는 생각을 그림의 형태로 인지하지 않지만, 이 경우만큼은 달랐다. 나는 내면의 거대한 공간과 생각의 덧없는 본성을 눈으로 보듯 보았다. 그것은 마치 탁 하고 켠 성냥불이 흐지부지 꺼져 버리는 것과도 같았다. 나는 혼자서 속으로 웃었다. 비난할 사람을 찾는 건 우스꽝스러운 일이었다. 그게 뭐 그리 중요한가? 대체 무엇을 입증하겠다는 건가?

나는 내 안에 나 자신도 잘 인식하지 못하던 가혹한 면이 있다는 걸 깨닫게 되었다. 그 측면은 칸막이벽이 넘어졌을 때 비로소 생생하게 모습을 드러냈지만, 내 이름에 대해 압박감을 느끼던 순간과 휴대전화를 확인하는 나 자신을 판단하던 순간에도 분명 존재했다. 내 이름에 저항하던 당시, 나는 칸막이벽이 넘어졌을 때와 비슷한 방식으로 누군가를 비난하고 싶어 했다. 누가 나를 이렇게 만든 것인가? 나는 이름에 얽매이는 게 싫었다. 누군가의 잘못이 분명했다.

이 같은 비난 욕구는 물론 매우 흔한 것이다. 나는 상담 시간에 나 자신과 환자들에게서 책임을 묻고자 하는 욕구를 자주 발견하며, 때로는 그런 욕구의 매력과 해악 모두를 인식하기도 한다. 하지만 걷기 수행을 할 때 일어난 그 인식에는 특별한 힘이 있었다. 나는 비난하고자 하는 충동이 발생하는 모습과 사라지는 모습을 실제로 보았다. '올바른 알아차림'은 내 변호사 친구로 하여금 어머니를 용서하게 한 것과 비슷한 방식으로 나를 일깨워 주었다. 비난을 하고자 하는 내 욕구의 본능적 성질을 보았을 때, 나는 내게 문제가 있다는 걸 깨달았다. 하지만 그 욕구가 일어나도록 내버려 둘 필요가 없다는 점을 보았을 때, 나는 해방되었다.

칸막이벽이 넘어지는 것과 같은 사건들은 내 삶에서 아주 자주 일어난다. 누군가가 무언가를 떨어뜨리거나 쏟기도 하고, 나와 부딪히기도 하며, 담당자와 통화를 하려고 수화기를 들고 기다리는데 통화가 끊기기도 한다. 또한 누군가가 내 계좌로 비용을 지불해 신용카드 액수가 안 맞을 때도 있고, 6시 30분에 약속을 잡은 친구가 45분이나 늦게 나타날 때도 있으며, 누군가가 내 집 앞에 놓고 간 쓰레기 때문에 위생국으로부터 경고장을 받을 때도 있다. 이런 일들은 항상 일어난다.

명상실 아래 체육관에서 한 그 경험은 내 삶을 크게 바꿔 주었다. 나는 휴대전화를 좀 더 편한 마음으로 사용하게 되었고 내 이름에 더 이상 짜증을 내지도 않게 되었다. 나는 다음 일요일에 방음이 된 방으로 가서 어머니에게 전화를 걸었다. 수련 일정은 아직 3일이 더 남아 있었다. 우리는 대략 10여 분 동안 훌륭한 대화를 나누었다. 어머니는 내가 수련회에 와 있다는 사실을 잊은 듯했다. 어쩌면 내가 수련회 기간이 10일이란 걸 분명히 전달하지 않아서 그런 건지도 모른다. 아무튼 대화가 끝나갈 무렵, 어머니는 갑자기 내게 어디냐고 물으셨다.

"교외에 있니?"

평소 허드슨 밸리Hudson Valley에 있는 집에서 어머니에게 전화를 걸곤 했으므로, 그 질문은 특별한 상황을 염두에 둔 것이라 볼 수 없었다. 하지만 즉시 "이런 질문을 왜 했는지 모르겠구나, 신경 쓰지 마라"라고 덧붙였다.

나는 말을 얼버무렸다. 아직 수련회에 있다는 사실을 상기시켜 드리고 싶지 않았기 때문이다. 그리고는 '수련회 장소가 교외 지역이므로 그렇다고 말해도 별 상관없을 것'이라는 생각이 나자 곧 대답했다. "네, 교외에 있어요."

나는 전체 사실을 다 말하지 않은 것에 약간 죄책감을 느꼈지만 곧 스스로를 용서했다. 나는 내가 그렇게 말한 이유를 이해했다. 어머니의 판단으로부터 나 자신을 보호하려는 의도도 있었지만, 어머니를 걱정시켜 드리고 싶지 않은 마음도 있었다. 중요한 건 약속한 시간에 전화를 드렸다는 그 사실이었다. 내 내면의 비판자가 가혹하게 굴도록 내버려 둘 필요는 없었다. 칸막이벽이 넘어졌을 때 깨달은 것처럼 잘못을 찾고자 하는 내 욕구에 항상 우선권을 부여할 필요는 없었던 것이다.

'무비판적 자기 관찰'의 근육을 키워라

명상 수행 기간 동안 자각은 우연히 찾아와서 우리의 허점을 무차별적으로 드러내 놓는다. 심리 치료 상황에서처럼 진전은 예측 불가능할 때가 많다. 내 이름, 내 말, 내 휴대폰, 내 침대, 있지도 않은 휴대폰을 더듬던 욕실에서의 그 순간들, 체육관에서 경험한 명료한 자각. 그 모든 경험들은 나 자신을 좀 더 편안하게 바라볼 수 있게 해 주었고, 내 정체성을 구성하는 가닥들 또한 더욱 선명히 부각시켜 주었다. '올바른 알아차림'은 이런 작은 경험의 조각들에 주의를 기울일 수 있도록 나를 도와주었다. 만일 붓다가 '마음은 아무것도 하지 않을 때조차 들여다볼 가치가 있다'고 강조하지 않았더라면, 나는 아마도 그런 현상들을 간과했을 것이다. 하지만 그 모든 고양된 관심들 속에는 예상치 못한 보물이 숨겨져 있었다.

앞으로 나는 아마도 내 가혹함이 힘을 발휘하도록 내버려 두지 않을 것이다. 아마도 나는 비난하고자 하는 욕구를 자제할 것이고, 내 결점을 다른 부분과 조화시킬 것이며, 내 이름과 나 자신을 너무 진지하게 대하지도 않을 것이다.

'올바른 알아차림'과 그것이 촉발시키는 자기 탐구는 우리의 정신적 근육을 길러 준다. 그것은 기본적으로 '무비판적 자기 관찰'이란 근육이지만, 얼마든지 그 이상의 것이 될 수도 있다. 즉 그것은 통찰을 일으키는 촉매가 될 수도 있다. 그런 통찰이 발생하는 방식은 사람마다 다 다르지만 그 맛만큼은 비슷하다.

알아차림은 우리가 성장의 압력에 대응하기 위해 채택한 어린 시절의 낡은 생각들에 다시금 귀를 기울일 수 있도록 해 준다. 그 생각들의 반복적인 본성에 주의를 기울이도록 함으로써, 알아차림은 그런 생각의 유아적인 성질을 인식하도록 우리를 자극해 준다. 걷기 명상 도중 내 눈앞에 나타난 그 비판 욕구는 어머니를 용서하지 못하던 그 변호사가 들은 목소리와 사실상 같은 종류의 것이었다. 두 경우 모두, 우리는 가던 길을 멈추고 자기방어적 반응이 얼마나 불필요한 것인지 인식하게 되었다. 다르게 행동할 자유가 주어졌을 때도 우리는 비슷한 선택을 내렸다. 알아차림이 우리에게 그 방법을 보여준 것이다.

삶의 불확실성을 즐기는 하나의 방식

8장

올바른
집중

집중은 명상의 핵심 비결이자 그 전체 노력을 지탱하는 뼈대이다. 집중은 가장 단순하고, 기초적이고, 구체적이고, 실용적인 기법인 동시에, 불교 역사상 가장 오래된 치료 기법이기도 하다. 그것은 일상의 반복적인 생각을 일시적으로 떨쳐 내는 수단이자, 새롭고 낯선 경험을 향해 정신을 열어젖히는 하나의 방법이다. 비록 팔정도에서는 알아차림 다음에 언급되지만, 명상을 배울 때는 일반적으로 집중을 알아차림보다 먼저 익혀야 한다. 집중은 이처럼 불교 수행을 위한 핵심적인 단계인 만큼, 팔정도의 마지막에 위치한 것이 얼핏 보면 부당하게 느껴지기도 한다. 하지만 집중이 그 자체로 하나의 장애물이 되지 않으려면, 반드시 팔정도 전체의 맥락에서 이해되어야 한다. 집중은 팔정도의 다른 측면들과 연관성을 유지할 때라야 비로소 '올바른 것'이 된다.

집중은 마음을 훈련시킬 가능성을 입증하고, 무상성에 대한 탐색을 지탱하고, 이기적 집착을 누그러뜨리고, 내려놓음의 혜택을 드러내 줄 때라야 비로소 '올바른 것'이 된다. 만일 집중 그 자체를 목적으로 간주하거나 고통스러운 진실을 회피하기 위한 수단으로 사용한다면, 그 집중은 '올바르지 못한 것'이 되고 만다. 명상가는 명상적 집중이 가져다주는 평화로운 상태 속으로 도피할 수 있지만, 팔정도의 가르침은 그것을 하나의 실수로 간주한다.

불교에서 말하는 집중은 자신의 주의력을 호흡이나 소리 같은 단일 대상에 지속적으로 고정시킨 채 오랜 시간 동안 머무는 것을 의미한다. 이것은 우리가 일반적으로 취하는 태도도 아니고 쉽게 달성되는 상태도 아니다. 단 5분만이라도 이런 식으로 주의력을 고정시키려 시도해 본 사람이라면 이 점을 실감할 수 있을 것이다.

지금 한번 호흡을 따라가려고 노력하면서 무슨 일이 벌어지는지 관찰해 보라. 들숨의 감각을 알아차리면서 '들숨'이라고 이름 붙이고, 날숨의 감각을 알아차리면서 '날숨'이라고 이름 붙이는 과정을 계속 반복해 보라. 그 정신적 이름표는 배경에 머물게 하고, 호흡 자체의 직접적인 느낌에 대부분의 주의력을 집중시켜 보라. 당신이 다른 사람들과 같다면, 한두 차례 정도의 호흡은 성공적으로 알아차리겠지만, 그 후부터는 다시 일상의 잠재의식적 내면세계 속으로 휘말려들게 될 것이다. 빈 공간을 채우러 쏟아져 나오는 생각과 계획, 공상, 걱정 등에 휩쓸려 다니고 바깥세계의 소음들에 주의를 빼앗기다 보면, 5분은 순식간에 지나가 있을 것이다.

마음에게 '집중하라'고 명령했다는 이유만으로 마음이 집중될 것이라 기대해서는 안 되는 것이다.

단순한 행위가 주는 위대한 효과, 집중

'올바른 집중(Right Concentration, 정정)'의 가르침은 우리에게 인내를 권유한다. 초보 명상가들은 매우 단순한 이 과제를 놓고 씨름을 벌이곤 한다. 주의력이 이탈했다는 점을 알아차릴 때마다, 그들은 다시 그 주의력을 집중 대상으로 되돌려 놓는다. 주의력 이탈은 한 번이나 두 번 정도만 발생하는 것이 아니라 끊임없이 계속, 반복적으로 발생한다. 사람들은 주의력이 벗어났다는 점을 즉시 알아차리기도 하고, 오랜 시간이 흐르고 나서야 비로소 알아차리기도 한다. 하지만 '올바른 집중'은 주의력을 놓쳤다는 이유만으로 자기 자신을 판단해서는 안 된다고 말한다. 고대 문헌들은 집중의 과정을 야생 동물을 길들이는 것에 비유하곤 한다. 야생 동물을 길들이는 건 우여곡절이 많은 힘든 작업이지만, 인내심을 갖고 꾸준히 노력하기만 하면 확실한 결실을 얻어 낼 수 있다.

집중력이 커질수록 마음과 몸은 이완되기 시작한다. 생각이 줄어들고 감정의 압력이 약해짐에 따라 일종의 차분함이 그 자리를 대신하게 된다. 마음은 점차 안정되면서 어느 정도 의식의 통제 하에 놓이게 된다. 붓다는 이 과정을 금 제련 과정에 비유했다.

그 속에 섞인 불순물이 제거되어 나감에 따라 금은 가볍고, 부드럽고, 유연하고, 밝아진다. 그 고유한 광택이 표면화되면서 금은 빛을 발하기 시작한다. 능숙한 명상가들을 대상으로 실험을 벌인 서구의 과학자들은 이 과정을 심리학적으로 입증해 냈다. 단일 대상에 대한 집중이 강력할 때, 신경 체계는 이완 모드로 전환된다. 심장 박동은 느려지고, 신진 대사율은 감소하며 소화 능력은 강화되고, 걱정 및 동요와 연관된 두뇌 활동은 잦아들게 된다.

집중처럼 단순한 행위가 몸에 이토록 심오한 영향을 미칠 수 있다는 사실은 서양 과학자들을 놀라게 했다. 소위 불수의적인 (involuntary) 신경 체계가 의식의 통제 하에 놓일 수 있다고 생각한 연구자는 그때까지 아무도 없었다. 하지만 불교는 수천 년에 걸쳐 집중을 통해 몸과 마음 모두를 차분하고 고요하게 만들 수 있다는 사실을 입증해 왔다. 그리고 서양 과학은, 비록 마음의 금과 같은 본성을 직접 밝혀 내지는 못했지만, 이 점을 신체생리학의 관점에서 뒷받침해 주었다.

스트레스를 관리하는 데 집중이 도움이 된다는 사실은 널리 인정을 받은 바 있다. 최근 나는 대장암 진단을 받은 후 수많은 검사와 테스트를 연달아 받아야 했던 젊은 남자를 상담한 적이 있다. 그의 아내는 명상에 관심이 있었고 이미 훈련을 시작한 상태였지만, 그는 암에 걸리기 전까지 다른 일들에만 몰두해 왔다. 하지만 암 진단을 받자마자 그는 도움을 받기 위해 명상을 시작했고, 머지않아 집중을 활용해 불안을 가라앉히는 데 매우 능숙해졌다. 그에게 명상은 엄청나게 유용한 도구였다. 예를 들어 오랜 시간 동안 밀폐된 공간 안에 가만히 누워 있어야 하는 양전자단층촬영(PET scan)을 받을 때, 그는 검사 작업이 진행되는 동안 자신의 호흡이나 신체 감각의 흐름에 마음을 둘 수 있었다. 그는 쾌활한 태도로 내게 '그 과정을 마치 강요된 긴 명상 훈련처럼 경험할 수 있어 좋았노라'고 털어놓았다. 경험을 통해 이런 일이 가능하다는 사실을 알고 그 능력을 터득하는 건 매우 좋은 일이다. 온갖 종류의 불편한 상황에서 엄청나게 유용하게 활용될 수 있기 때문이다.

집중이 일어나는 순간

그렇지만 집중은 단순한 스트레스 관리 수단에 불과한 것이 아니다. 그것은 자존감을 배양하는 인큐베이터가 될 수도 있다. 이 점을 검증하는 건 좀 더 힘든 일이지만, 그 중요성은 스트레스 관리에 결코 뒤지지 않는다. 나는 오랜 시간에 걸쳐 집중적으로 명상을 하던 첫 번째 훈련 기간에 이 사실을 직접 경험할 수 있었다. 이 첫 번째 은둔 수행에 참여할 때까지 나는 내 호흡을 관찰하려고 노력하면서 다양한 경험을 쌓아 왔다. 나는 이 도전에 매혹되어 있었고 불교 명상의 바탕을 이루는 철학 사상에도 흥미를 느꼈지만, 명상을 처음 경험하는 기간 동안 내가 발견한 건 주로 내 마음의 진부한 측면들이었다. 호흡을 바라보려고 노력하면 할수록,

나는 정신의 저류를 따라 흐르는 일상적이고, 반복적이고, 자기중심적인 생각들과 더 많이 마주하게 되었다.

하지만 이 수련회에 참석해 3일에서 4일 정도 명상을 한 뒤부터 상황이 변하기 시작했다. 나는 명상실에 앉아 있다가 갑자기 집중이 일어나던 그 순간을 기억한다. 호흡의 느낌을 따라가면서 그 느낌에 머물고자 하는 모든 노력이 이제 더 이상은 필요치 않아 보였다. 집중은 그냥 거기에 있었다. 비록 일상적인 사고 과정이 놀라울 정도로 중단되긴 했지만 나는 완전히 명료하게 깨어 있었다. 어두워진 명상실에서 눈을 감고 있었음에도, 내 의식 속으로 빛이 쏟아져 들어오기 시작했다. 그건 문자 그대로 '빛'이었다. 나는 대부분의 주의력을 호흡에 내려놓은 채 빛을 바라보고 있었다. 그 빛은 나를 어떤 면에서는 들어 올렸고, 나는 깊은 감동을 받았을 때처럼 내 몸의 모든 털이 곤두서는 느낌을 받았다. 그 뒤 강력한 사랑의 느낌이 밀려들었다. 그건 특정 대상을 향한 사랑이 아닌, 그냥 강력한 사랑의 감각이었다. 이 모든 과정은 한동안 지속되었다. 나는 일어나 걸어 다닐 수도 있었고 다시 자리에 앉았을 때도 그 느낌들은 사라지지 않았다. 그건 마치 내 마음속의 장막이 걷힌 틈으로 좀 더 근본적인 무언가가 빛을 발하는 것 같았다.

그 경험은 내게 엄청난 위안이 되었다. 결과적으로 나 자신에 관한 수많은 의심들(부적절함, 무가치함, 불충분함 같은)은 더 이상 불필요해 보였다. 나는 그런 의심들이 나 자신에게 반복해 온 이야기일 뿐, 반드시 사실일 필요는 없다는 걸 몸으로 알 수 있었다. 내

안에서 밖으로 쏟아져 나오는 사랑이 무한히 더 진실되어 보였다.

이 체험은 여러 시간 동안 지속되었지만, 물론 영원히 이어지지는 않았다. 그 체험은 명상 도중 일어난 가장 극적인 경험들 가운데 하나였고, 사실 그 후에도 나는 그 체험을 반복하려고 오래도록 노력했지만 쉽지 않았다. 그러나 그 경험이 내게 미친 영향력은 지금까지도 이어지고 있다. 일상적 마음의 배후에 좀 더 근본적인 무언가가 놓여 있다는 사실을 분명히 아는 것이다. 나이가 들어감에 따라 나는 변해 왔고, 변화가('올바른 견해'의 가르침대로) 모든 사물의 본성이긴 하지만, 저변에 깔린 채 보이지 않게 숨어 있는 그 느낌은 배경에 그대로 머물고 있다. 집중은 내게 그 느낌을 드러내 주었고, 때때로 그것을 다시금 이끌어내 주기도 한다. 가족이나 환자와 있을 때, 또는 음악을 듣거나 산책을 할 때, 그것은 가끔씩 살짝 모습을 드러내곤 한다.

'올바른 집중'이 마지막에 나오는 이유

이 결정적인 경험을 한 이후 의과대학에서 처음으로 정신과 실습을 하고 있을 때, 나는 존경받는 하버드의 정신과의사인 존 느마이어John Nemiah 박사에게 '전환 히스테리(conversion hysteria)'라 불리던 희귀 증후군에 대해 개인 교습을 받았다. 이 장애를 겪는 환자들은 마비나 떨림, 발작 같은 신체적, 신경학적 증상들을 나타내 보이지만, 정작 몸을 검사해 보면 아무런 문제도 발견되지 않는다. 히스테리 이론에 따르면 이런 증상의 근본 원인은 일종의 불안인데, 그 불안이 너무 압도적이어서 심리적 차원에서 경험되지 못한 채 신체 증상으로 '전환'되어 나타나는 것이라고 한다. 하지만 오늘날에는 이 진단명을 거의 사용하지 않는다. 그 명칭은 '해리 장애(dissociative disorder)'란 용어로 대체되어 왔고, 일부 임상의들은 그 증상의 기원을 성적 학대의 경험으로까지 추적해 들어갈 수 있다고 믿는다. 그렇지만 그 밑바탕에 깔린 이론만큼은 오늘날까지도 여전히 유효하다. 즉 압도적인 느낌들은 어떤 식으로든 몸속으로 이전되며, 신체 증상들은 직접적이고 명백한 원인 없이도 일어날 수 있다. 외상 후 스트레스 장애는 아마도 이 증상의 현대적 판본으로 간주할 수 있을 것이다. 외상을 남기는 사건들은 결코 완전히 인식되지 않으며, 외관상 이해할 수 없는 증상의 형태로 갑작스럽게 되돌아와 사람들을 끊임없이 괴롭혀 댄다.

느마이어 박사는 1950년대에 전환 증후군을 앓던 환자들의 영상을 보여준 뒤, 내게 그와 관련된 질문을 했다. 그는 내게 이 특정 증후군뿐만 아니라, 무의식의 개념에 대해서도 가르치고 싶어 했다. 그는 이런 취지의 질문들을 던졌다. "환자의 증상이 저변에 깔린 불안의 표현이라면, 그 불안은 대체 어떻게 신체적 형태로 '전환'되는 것일까? 그 일은 어떻게 일어나는 것일까?"

한번은 느마이어 박사가 내게, "자네는 무의식이 무엇이라고 생각하는가?"라고 물었다. 이건 젊은 예비 정신과의사에게는 핵심적인 질문이었고, 나에 대한 그의 평가가 내 답변에 달려 있다는 걸 감지했다.

　나는 즉시 은둔 수행과 장막이 걷히며 빛이 쏟아져 들던 경험, 그리고 일상이란 좁은 세계가 나를 정의하도록 내버려 둘 필요는 없다는 그 느낌을 떠올렸다. 느마이어 박사가 속한 학계에서는 무의식을 대체로 꿈들이 솟아나는 어둡고 은밀한 장소로 간주하곤 한다. 하지만 당시 내 생각은 그런 관점 역시 존중하게 되긴 했지만, 좀 달랐다.

　"무의식은 신비가 저장된 보고입니다." 내가 답했다.

　느마이어 박사는 내가 실제로 의도한 바를 잘 모르면서도 그 답변을 아주 좋아했다. 나는 느마이어 박사의 의학적 혜안을 존경했지만, 그에게 내 불교 지식을 노출시키지는 않았다. 당시 내게 불교란 주제는 윗사람들, 특히 나를 평가하는 교수님들 앞에서 이야기할 만한 것이 아니었다. 하지만 내 답변은 내 세상뿐만 아니라 그의 세상에서도 효과가 있었다. 신비는 빛과 어둠 모두를 포용하는 것이다.

　경험 많고 박식한 정신과의사였던 느마이어 박사는 마음의 심연에 대해 우리가, 소위 '전문가'임에도, 얼마나 무지한지 감을 잡게 해 주고 싶어 했다. 무의식은 신비이고, 수십 년이 지난 지금까지도 여전히 신비로 남아 있다. 불교를 서구의 청중들에게 소개하는 나 역시 그 신비를 제대로 이해하지 못한다. 친구나 환자들에게 집중이 정신의 낯선 영역으로 향하는 문을 열어 준다고 말하긴 하지만, 그 어떤 것도 직접적 경험을 대체하지는 못한다. 집중이 드러내 주는 건 말로는 도저히 표현할 수 없는 그 무엇이다. 무의식? 신비? 상상의 산물? 사랑과 빛? 그것이 무엇이든, 실제로 파악할 수 있는 것보다 더 구체적인 대상으로 변환시키고자 하는 욕구는 실로 강력하게 작용한다.

'올바른 집중'의 가르침은 그렇게 해서는 안 된다고 강조한다. 나는 이 가르침이 처음에 제시되지 않고 맨 나중에 나오는 이유가 바로 여기 있다고 생각한다. 우리가 그런 경험에 집착하는 것은 '올바른 집중'의 참된 가르침이 아니다. 그 가르침은 우리가 그런 경험들을 숭배 대상으로 변환시키는 것을 원치 않는다. 그 경험을 활용하여 스스로를 자유롭게 하되, 그것을 다른 무언가로 변환시켜서는 안 된다. 그것은 예측 불가능한 상태로 남아 있어야 한다.

내 불교 스승들은 이 점을 설명하기 위해 다음과 같은 이야기를 들려주고 나서 빙그레 웃곤 했다. 석 달에 걸친 은둔 수행을 성공적으로 마친 한 남자가 신이 나서 거리를 달려 내려오면서 입으로는 이렇게 외쳤다고 한다. "효과가 없어. 효과가 없어." 이 남자는 고요한 수행 환경에 둘러싸인 채 계발된 집중력을 발휘함으로써 심오한 평화의 느낌에 가 닿는 데 일단 성공했다. 하지만 자신의 마음이 완전히 변화되었고, 그 성취가 영원한 것이라고 착각했기 때문에 기쁨의 환호성을 지르려다가 그 황홀한 상태가 순식간에 사라지는 것을 보고 이런 말을 내뱉게 된 것이다. 그는 자신의 마음이 영원히 고요한 상태를 유지할 것이라고, 마침내 신경증적 성향들을 모두 제거했다고 확신했다. 하지만 그의 가정은 근거 없는 것이었고, 마침내 밝혀진 건 오직 자신이 특별한 상태에 집착했다는 사실뿐이었다.

어떤 면에서 보면 자신의 실수를 깨달은 것이야말로 이 남자가 수련회에서 얻어낸 진정한 성취였다. 이상적이고 변함없는 '타자(other)'에 자신을 결합시킴으로써 무상성을 극복하고자 욕구하는 건 충분히 이해할 만한 일이다. 이런 욕구는 종교뿐만 아니라 애정 관계에서도 나타난다. 하지만 불교 심리학은 그런 태도에 끊임없이 경종을 울린다. 집중 명상은 극단적으로 추구할 경우, 음악에 넋을 잃거나 섹스 도중 무아지경에 빠질 때처럼 우리 자신을 사라지게 만드는 경향이 있다. 마음은 한데 모아지고, 신체 감각은 고조되며, 평온한 느낌 역시 강력해진다. 부지런히 집중 훈련을 할 경우, 이런 몰두의 느낌은 모든 문제가 영원히 사라졌다는 인상을 불러일으킬 정도로 오랜 기간 지속될 수 있다.

그래서인지 붓다는 자신의 제자들을 이 방향으로 너무 멀리까지 이끌고 나가지 않도록 주의를 기울였다. 집착은 많은 형태를 취할 수 있고, 내면의 평화를 향한 욕구는 때때로 더 거친 형태의 다른 중독 증상들만큼이나 병적으로 될 수 있다. 자기 자신을 잃고자 하는 욕구는, 겉보기에 아무리 건전해 보인다 하더라도, 자기 비난과 자기 비하의 태도를 바탕에 깔고 있는 경우가 많다. 그런 욕구는 문제가 많은 자신을 피해 안전한 도피처로 달아나는 또 다른 방식에 지나지 않는다.

'올바른 집중'의 가르침은 우리를 다른 방향으로 인도한다. 그 가르침은 고요함을 단순한 휴식 수단이 아닌, 불확실성을 즐기는 하나의 방식으로 제시한다. 무상성과 변화가 삶의 기본 사실이나 다름없는 세상에서는 기꺼이 놀라움을 경험하고자 하는 태도가 커다란 도움이 된다.

'올바른 집중'이 선사하는 위대한 선물

나는 명상의 성과와 관련된 지나친 약속을 자제함으로써 이 가르침을 내 환자들에게 전달하려 노력해 왔다. 나는 물론 안도감을 경험할 수 있다는 걸 알고, 집중이 자각과 각성으로 향하는 하나의 통로가 되어 준다는 사실도 잘 안다. 하지만 그것이 어떤 형태로 모습을 드러낼지는 그 누구도 예측할 수 없다.

이와 관련된 훌륭한 사례는 ABC 뉴스 앵커이자 저널리스트인 댄 해리스Dan Harris에게서 찾아볼 수 있다. 댄은 방송 도중 힘든 일을 겪은 후 나를 찾아왔다. 이 친구는 '굿모닝 아메리카Good Morning America'라는 프로그램에서 뉴스 대본을 읽다가 갑자기 신경증적 경련에 휩싸이며 말을 심하게 더듬는 경험을 했다. 1분 정도는 억지로 뉴스를 진행했지만 점점 더 당황하게 되면서 말이 걷잡을 수 없이 뒤얽히기 시작했다. 댄은 자신이 생방송 도중 수백만

시청자 앞에서 공황 발작을 일으켰다는 걸 알게 되었지만, 당시로서는 문제가 무엇인지 이해할 수 없었다. 그가 겪은 것은 느마이어 박사가 내게 가르친 것과 같은 일종의 '전환' 장애 증상이었다. 해소되지 못한 불안이 설명할 수 없는 신체 증상의 형태로 표출되면서 그를 당혹감에 빠뜨린 것이다.

그 사건 이후 수개월 뒤, 댄은 도움을 받아야 한다는 압박감과 내 책을 읽은 아내의 성화에 못 이겨 울며 겨자 먹기 식으로 명상을 하게 되었다. 그는 갑자기 내게 전화를 걸어 자신을 소개하면서 만날 수 있는지 물었다. 나는 만나자고 했고, 우리는 그 후 수년 동안 여러 차례 식사를 같이 하며 깊이 있는 대화를 나누다가 결국 친구가 되었다. 그는 망설였지만, 나는 명상이 그의 불안을 다루는 데 큰 도움이 될 것이고 그에게 많은 것을 선사해 줄 것이라는 느낌이 들었다. 댄 역시 그 공황 발작을 통해 자기가 아직 자신을 잘 알지 못한다는 사실을 깨닫게 된 상태였다. 그래서 나는 몇 차례 대화를 나눈 후, 그에게 명상 수련회에 참석해 보라고 권유했다. 나는 수련회가 그에게 무의식을 탐험하는 또 다른 길을 제시해 줄지도 모른다고 생각했다.

댄은 처음으로 참석한 그 수련회에서 바로 '올바른 집중'을 경험할 수 있었다. 첫 5일 동안 여러 어려움을 겪은 후, 댄은 자신의 작은 침실에서 의자를 가지고 나와 복도 끝에 있는 발코니에 자리를 잡았다. 그 수련회 장소가 캘리포니아 북부였으니 아마 날씨도 아주 좋았을 것이다. 내 생각에 댄은 명상실에 앉는 것보다

야외에 앉는 것을 더 선호했던 것 같다. 그는 좀 더 이완된 느낌을 받았고, 평소 같았더라면 그 장소와 명상 훈련과 그곳의 교사들이 사용한 뉴에이지 용어들을 비판했겠지만, 그런 태도도 어느 정도 누그러뜨릴 수 있었다. 이유야 어찌되었든 간에 댄은 그곳에 앉아 있는 동안 집중 상태 속으로 빠져들었다.

비록 나처럼 빛을 보거나 사랑을 느낀 것은 아니었지만, 그는 마치 마침내 정확한 라디오 주파수를 찾았을 때처럼, 무언가가 딱 맞아떨어진다는 느낌을 받았다. 그는 내가 첫 수련회에서 겪은 것과 같은 종류의 경험, 즉 노력 없이도 저절로 집중이 일어나는 듯한 경험을 하게 되었다. 그는 훗날 이렇게 썼다. '별다른 애를 쓴 것도 아닌데 그냥 명상 상태에 이르렀다. 너무 쉽게 경험해서 그런지 부정 행위를 한 것 같은 느낌마저 들었다. 그 경험들은 내게로 밀려들었고, 나는 그 모두를 재즈처럼 즉흥적으로 연주했다. 재즈를 별로 좋아하는 것도 아닌데 말이다.'

댄은 수련회를 마치고 와서 내게 이 모든 이야기를 들려주었다. 그는 그다음 순간에 발생한 일에 매우 깊은 인상을 받았다. 집중된 상태로 호흡에 마음을 내려놓은 채 발코니에 앉아 있던 그는 갑자기 커다랗게 웅웅거리는 소리를 들었다. 그 소리는 '마치 영화 〈지옥의 묵시록(Apocalypse Now)〉에서 수평선 너머로 등장하는 헬리콥터 부대처럼' 그를 향해 점점 더 가까이 다가왔다. 하지만 집중력이 강력했던 만큼, 댄은 그 소리가 커지는 동안에도 계속 고요함을 유지했다. 마침내 눈을 떴을 때, 그는 자신의 얼굴 바로 앞에서 맴돌고 있는 벌새 한 마리를 볼 수 있었다.

댄은 자신의 책에서 벌새와 마주하게 된 이 순간의 경험을 부수적인 것으로 묘사했다. 그는 《10퍼센트 더 행복하게(10% Happier)》란 책에다 그 수련회에서 겪은 다른 강력한 경험들을 더 비중 있게 묘사해 놓았다. 그 경험들은 집중 상태에서 일어나는 일에 관한 전통적 묘사 내용과 아주 흡사하다. 하지만 내가 보기에 벌새와 마주하게 된 이 경험은 집중의 잠재력을 암시하는 전조 역할을 했다는 점에서 아주 특별한 것이었다. 아마도 댄은 그 전까지만 해도 그토록 고요한 집중을 경험해 보지 못했을 것이다. 그 고요함은 댄으로 하여금 방어와 판단을 내려놓고 마음을 열어젖힌 채, 아마도 전에 없던 방식으로 깊이 이완할 수 있게 해 주었다. 그 집중은 댄을 공황 발작의 원인이 된 그의 일상적 태도, 즉 방어적이고 경계심으로 가득한 데다 냉소까지 뒤섞인 그 긴장 상태로부터 일시적으로나마 해방시켜 주었다. 그 벌새는 그의 마음이 열렸다는 것을 인증해 주는 일종의 신호였다. 외부 세계가 그의 내적 평온을 인정하며 그에게 약간의 은총의 손길을 내민 것이다.

이것이 '올바른 집중'이 선사하는 위대한 선물들 가운데 하나이다. 우리는 보통 자신이 세상을 잘 안다고 생각하지만 호흡을 바라보며 며칠 동안 가만히 있어 보기만 하면, 그런 믿음이 순전히 착각에 불과하다는 점을 곧 깨닫게 될 것이다. 사실 나는 벌새가 댄에게 돌파구를 마련해 줄 것이라고는 상상도 못했다. 하지만 나는 댄을 수련회에 보내면 흥미로운 일이 벌어질 것이고, 댄 역시 그 신비에 깊은 인상을 받게 될 것이란 점을 알고 있었다. '올바른 집중'의 가르침이 내게 그런 확신을 심어 주었다.

무시당한 욕망을 비춰 주는 이유

심리치료사로 일하는 동안 나는 다양한 형태로 발현되는 집중의 결실들을 목격해 왔는데, 그들 중 대부분은 내 기대를 완전히 벗어난 것이었다. 한 가지 흥미로운 사례는 우울증에 걸려 있던 내 환자에게서 찾아볼 수 있다. 그 환자는 명상에 이끌렸지만 혼자서는 해낼 수 없을 것이란 느낌을 갖고 있었다.

　숙련된 첼로 연주자였던 에릭의 문제는 규칙을 지키는 것과는 아무런 상관이 없었다. 공연을 위해 악보를 익혀야 할 경우, 그는 전문가다운 태도로 그 일에 몰두할 수 있었다. 그가 명상을 할 때 겪는 문제가 무엇인지 분명히 말한 적은 한 번도 없었지만 나는 대략 감을 잡을 수 있었다. 에릭은 혼자 있을 때는 안정감을 느끼지 못했다. 그는 자신이 무너져 내리지는 않을까 두려워했다. 그는 다양한 명상 모임과 워크숍에 참석해 본 후, 집단에 속해 있을 때 명상이 잘 된다는 점을 알게 되었다. 에릭은 명상을 좋아했고, 명상이 도움이 될 것이란 것도 알았지만 혼자서 명상을 하려 하지는 않았다. 수차례 시도해 보긴 했지만 진정으로 몸을 내던져 본 적은 한 번도 없었다. 5분쯤 지나 마음이 떠돌기 시작하면 그는 그냥 거기서 포기해 버리곤 했다.

나는 이 정보를 기록해 둔 뒤 치료 작업을 계속해 나갔다. 우울증이 다소 개선되자 에릭은 다시 친구를 만나고, 책을 읽고, 일을 하기 시작했다. 하지만 기분이 갑작스럽게 뒤바뀌는 일들은 여전히 일어났다. 그는 공허하고, 차갑고, 의욕 없고, 불편한 기분에 오랜 시간 동안 휩싸이곤 했다. 하루는 상담 도중 에릭이 식욕을 못 느끼겠다고, 요리를 하거나 음식을 사는 생각만 해도 구역질이 난다고 고백했다. 특히 닭이나 날 생선을 손질하는 생각은 그의 속을 완전히 뒤집어 놓았다. 그는 냉장고로 가서 닭고기 수프를 만들기 위해 사다 놓은 양파와 샐러리, 당근 등을 전부 내다버렸다. 에릭은 배고픔을 못 느꼈다. 블랙커피와 담배, 위스키만으로도 충분했다.

난 걱정이 됐다. 그래서 에릭에게 종종 음식에 대해 이야기하면서, 저녁에는 무엇을 먹는지, 친구들과 식사할 때는 어디를 가는지 묻곤 했다. 에릭은 이혼을 하고 혼자 살고 있었고, 일을 아주 많이 했다. 누군가 대신 저녁을 준비해 주지 않는 한, 그는 저녁에 무엇을 먹을지 생각조차 하지 않았다. 나는 음식과 관련된 이야기를 충분히 함으로써 그에게 약간이나마 기운을 불어넣어 줄 수 있었다. 그는 예술가적 감성을 지니고 있었는데 내가 아는 대부분의 예술가들은 음식을 좋아했고, 요리를 즐겼으며, 요리 실력도 뛰어났다. 그 역시 예외는 아니었다. 내가 식탁을 차려 놓으면 그도 결국 내 앞에 앉아 같이 식사를 하곤 했다. 하지만 그날만큼은 도무지 그의 식욕을 북돋워 줄 수 없었다. 우울감이 극에 달했던 그는 그 느낌을 '죽은 말을 끌고 다니는 것'에 비유했다. 그것이 그 상담 시간을 지배한 분위기였다. 우울증이라는 죽은 말이 그를 다시 사로잡은 것이다.

나는 에릭에게 나와 함께 명상을 해 보지 않겠느냐고 물어봤다.

"네, 좋아요." 그가 답했다.

에릭은 내가 평소 명상과 심리 치료를 병행하지 않는다는 걸 잘 알고 있었던 만큼, 내 제안을 아주 고마워했다. 나는 에릭에게 코끝에서 느껴지는 숨의 감각을 알아차리면서 숨을 들이쉴 때는 '들숨,' 내쉴 때는 '날숨'이라고 이름을 붙이고, 숨을 다 내쉰 뒤 감지되는 정지의 순간에는 윗입술과 아랫입술이 닿는 느낌을 알아차리면서 '접촉, 접촉'이라고 이름을 붙이라고 말해 주었다. 그리고 마음이 방황할 때마다, 아니 그보다는 차라리 마음이 방황한다는 사실을 알아차릴 때마다, 관심을 다시 생생한 호흡의 느낌으로 되돌려 놓아야 한다고 말해 주었다. 우리는 함께 눈을 감고 이 과정을 약 10분 동안 이어 나갔다. 명상을 마쳤을 때, 그는 얼굴에 약간의 미소를 머금고 있었다.

"저, 배가 좀 고프네요. 배에서 소리가 나요." 그가 말했다.

물론 에릭이 내 기대에 부합하는 반응을 꾸며 내는 것일 가능성도 있었다. 그는 내가 식욕을 못 느끼는 자신을 걱정한다는 걸 잘 알고 있었다. 환자들은 종종 자신의 치료사를 기쁘게 하고 싶어 하는데, 심리학에서는 이런 성향을 '건강으로의 도피(flight into health)'라 부른다. 하지만 나는 그의 말이 사실일 것 같다는 느낌을 받았다.

다음 날 에릭은 집에서 혼자 명상을 했다. 아마도 나의 간단명료한 지침과 전날 사무실에서 성공한 경험 덕택이었을 것이다. 에릭은 우울한 느낌과 접촉을 유지하면서도 호흡을 따라가며 마음을 쉬게 할 수 있다는 걸 깨달았다. 그는 다음번 상담 때에 내게 자신의 경험을 자세히 묘사해 주었다.

에릭의 말에 따르면, 먼저 울음이 터져 나왔다고 한다. 그는 의자에 앉아 흐느끼며 울기 시작했다. 울음은 멈출 줄을 몰랐고 그는 자신이 왜 우는 것인지 도무지 이해할 수 없었다. 그냥 울음이 쏟아져 나왔다. 그것도 아주 고통스럽게. 하지만 그는 최대한 호흡을 따라가려 했고, 그 결과 그럭저럭 명상을 이어 나갈 수 있었다. 결국 울음은 완전히 가라앉았다. 그리고 에릭은 마음의 눈으로 자신의 슬픔이 검은 원반이나 공 모양으로 굳어지는 모습을 보았다. 그 공은 주위에 희미한 빛을 띠처럼 두르고 있었지만, 그것이 풍기는 전반적인 느낌은 황폐함이었다. 자기혐오와 역겨움이 뒤섞인 그 느낌에는, 죽은 말을 끌고 다니며 음식에 구역질을 느끼던 그 상담 시간의 기억이 배어 있었다. 하지만 관심을 호흡으로 다시 되돌려 놓음에 따라 그 검은 원반은 산산이 부서져 나가기 시작했다. 그 원반은 수많은 조각으로 흩어지며 사라지는 것처럼 보였다. 그래서 한동안은 호흡에 마음을 내려놓은 채 안도감을 느낄 수 있었다. 하지만 그때, 명상에서 빠져나오려 마음을 먹자마자, 그는 그 모든 고통이 순식간에 다시 되살아나는 것을 느꼈다.

'안 돼, 너무 짧아.' 에릭은 고통이 저절로 복구되는 모습을 바라보며 스스로에게 말했다.

하지만 그 순간, 그에게 문득 어떤 생각이 떠올랐다. 에릭은 곧 연주하게 될 두 편의 악보에 대해 생각하기 시작했다. 열정적이고 능력 있는 다른 음악가들과 함께 연주하게 될, 새롭고 의미 있는 작품들이었다.

'그런 곡들을 연주할 수 있다니 난 얼마나 운이 좋은가.' 그는 이런 생각을 하며 기분이 잠시 밝아지는 것을 느꼈다.

내게 이 모든 이야기를 들려주었을 때, 그는 한 가지 사실을 더 깨닫게 되었다.

"그 검은 원반은 제 욕망이에요. 제가 그것을 검게, 그러니까 '희망 없게' 만든 거지요." 그가 말했다.

에릭은 50대 초반이었고 친밀하게 관계를 맺는 사람도 없었다. 이혼을 한 이후 에릭은 내심 욕망을 없애 버리기로 결심을 한 상태였다. 함께할 사람을 찾을 수 없다면 욕망을 갖는 건 무의미한 일이었다. 이 결심은 그를 다른 실망들로부터 보호해 주었지만, 다른 한편으로는 그의 생명력을 앗아가고 있었다. 우리는 일에 대한 그의 열정 속에 욕망의 씨앗이 들어 있고, 명상이 그 사실을 드러내 주었다는 점을 인정했다. 이 발견은 새로운 것이었던 만큼 그에게 아주 중요했다. 일을 통해 욕망을 여전히 느낀다는 건(그것도 생산적인 방식으로) 좋은 징후였다. 그의 욕망은 훌륭했고, 그 욕망 속에는 그에게 필요한 무언가의 흔적이 남아 있었다. 무시당한 자아의 측면이 그의 마음속에서 되살아나기 시작한 것이다.

하지만 에릭의 경우에는 '올바른 집중'만으로 우울증이 사라지지 않았기 때문에, 항우울제를 사용해 증상을 가라앉혀야 했다. 에릭의 감정 범위는 자신의 느낌에 대한 혐오감으로 비좁아진 상태였다. 우선적으로는 욕망이, 부차적으로는 우울증 그 자체가 그 자신의 느낌으로부터 등을 돌리도록 만들고 있었다. 에릭의 우울증에는 댄 해리스의 공황 발작이나 느마이어 박사의 환자들의 전환 히스테리 증상처럼, 해리(dissociation)의 요소가 포함되어 있었다. 충족되지 못한 욕망이 일으키는 참기 힘든 느낌들이, 그 느낌과의 연결을 끊고 새로운 증상들을 만들어 내도록 그를 부추겨 온 것이다. 하지만 에릭이 관심을 중립적인 대상으로 돌려 놓자, 곧 문제의 본성이 드러나기 시작했다.

집중은 그로 하여금 우울증이란 검은 원반 속에 들어 있는 것이 우울감만은 아니란 사실을 이해하게 해 주었다. 그 원반 속에는 전에는 결코 본 적 없는 빛도 함께 들어 있었다. 만일 내가 에릭에게 이런 말을 먼저 했더라면, 그는 그 가능성을 즉각 부인해 버렸을 것이다. 하지만 호흡을 바라보는 간단한 명상을 통해 그 빛을 몸소 체험한 에릭에게는 그 사실이 댄 해리스 앞에 나타난 벌새만큼이나 놀라운 것이었다.

그녀가 당신을 찾아오게 하세요

나는 연결된 느낌을 촉발시키는 '올바른 집중'의 이 같은 가능성을 늘 소중히 여겨 왔다. 최근 참석한 한 수련회는 나에게 이 점을 다시 일깨워 주었다. 그 수련회에서 나는 운 좋게도 태국의 숲에서 승려 생활을 한 적이 있는 경험 많은 한 스위스인 스승에게 지도를 받을 수 있었다. 나는 2일에서 3일 정도 명상을 한 후 10분 간 면담을 하면서, 그에게 호흡의 위치를 파악하느라 애를 먹고 있다고 고백했다. 호흡이 미세해지는 이런 일은 전에도 겪은 적이 있었지만, 나는 거기에 어떻게 대처해야 할지 감을 못 잡고 있었다. 사실 나는 호흡을 느끼려고 너무 애를 썼다. 들숨과 날숨이 일어나도록 가만히 내버려 두는 대신 호흡을 억지로 끌어들이고 밀쳐내면서 그 느낌을 완전히 포착하려 애를 쓰고 있었다. 그건 '올바른 노력'이 아니었다. 나는 어떤 불안정감에 떠밀린 나머지 긴장했고, 그 긴장 탓에 명상의 핵심을 놓치고 있었다.

그 명상 교사는 내 말에 인내심 있게 귀를 기울인 뒤, 아주 간단한 해법을 제시해 주었다.

"그녀를 좇아다니지 마세요. 그녀가 당신을 찾아오게 하세요." 그가 희미한 미소를 띠며 말했다.

나는 그의 대답을 듣고 약간 놀랐다. 그의 말에는 독일식 억양이 섞여 있었기 때문에 나는 내가 그의 말을 잘못 들은 건 아닌지, 그가 영어를 잘못 구사한 것은 아닌지 의심을 품었다. 하지만 동시에 나는 그가 무언가를 이해하고 있다는 점을 알았다. 그는 의도적으로 그런 표현을 사용한 것이 분명했다. 내가 되찾으려 하던 집중된 호흡의 느낌은 명백히 여성적 성질을 띤 것이었다. 그 호흡은 자신을 향해 손을 뻗는 것이 아니라 자신에게 자리를 내어 줄 것을 요구하고 있었다. 어쩌면 내가 남자이기 때문에, 집중에서 촉발된 호흡의 그 이질적인 느낌을 성적인 대상으로 변형시킨 것인지도 모른다. 하지만 영적인 것과 성적인 것 사이에는 분명 어떤 관계가 존재한다. 호흡에 완전히 집중하면, 그곳에서는 안도감을 가져다주는 어떤 차분함이 일어난다. 전통적 문헌들은 그 느낌을 치유력 있는 보석이나 연고에 비유하며, 밀교 문헌들은 그 현상의 성적인 본성을 좀 더 명시적으로 언급한다. 신경 과학자들은 그 현상을 두뇌에서 분비되는 내인성 아편(endogenous opiate)과 연관짓는다.

그 설명이야 어찌되었든 간에 나는 이 명상 교사가 나를 이해하고 있다는 걸 알았다. 그와 이야기를 나누면서 나는 호흡에 대해 느낀 그 긴장감이 내 성적인 삶과 연계되어 있다는 점도 깨닫게 되었다. 이후 며칠 동안 나는 이 스위스 출신 스승의 가르침대로 따랐다.

"그녀를 좇아다니지 마세요. 그녀가 당신을 찾아오게 하세요."

나는 이 말을 명심하면서 좀 더 차분한 태도로 명상을 수행해 나갔다. 며칠 후, 저녁 무렵에 나는 식당에서 차를 마시고 있었다. 그곳 음식에 질린 상태여서인지(매일 오후 5시가 되면 저녁 식사 대신 쌀 과자와 타히니tahini, 땅콩 버터, 건포도, 해바라기 씨, 과일 주스 등으로 구성된 똑같은 간식을 제공했다), 나는 쌀 과자를 토스터기에 넣으면 어떻게 될지 공상하기 시작했다. '탁탁 소리를 내며 탈까, 아니면 팝콘처럼 펑 하고 부풀어 오를까?' 나는 혼자 생각했다. 이런 수련 회에서 명상을 하다 보면 옛날 광고나 노래들이 마치 영화 〈그래 비티Gravity〉에 나오는 소행성들처럼 과거로부터 쏟아져 들어오곤 한다. 나는 어린 시절 듣던 쌀강정 광고 음악을 머릿속으로 흥얼 거리면서 기분 좋은 그리움 속으로 빠져들었다.

그렇게 혼자서 즐거워하던 나는, 갑자기 낯설고 독특한 무언 가를 감지하게 되었다. 비단결처럼 부드럽고 시원한 무언가가 허 공을 맴돌고 있었다. '대체 이게 뭐지?' 나는 마치 낮잠 도중 전화벨 이 울리면 자신이 어디에 있고, 지금 나는 소리가 무엇인지 한동안 파악하지 못하는 것처럼 그것의 정체를 알 수 없었다. 그러다 문득 깨달았다. 그것은 호흡이었다. 호흡이 나를 찾아온 것이다. 스위스 출신의 전직 승려가 말한 것처럼, 그것은 자연스럽게 내게로 왔다. 그 호흡은 신선하고 부드러웠으며, 매우 즐길 만했다. 나는 즉시 공 상에서 빠져나와 그 호흡의 달콤한 느낌 위에다 마음을 내려놓았 다. 집중이 더 이상 힘들지 않았던 만큼, 나는 식당의 내 자리에 앉 아 깊이 이완할 수 있었다. 그러다가 내면에서 솟아오른 다른 느낌 에 약간 놀라게 되었다. 감사. 그것은 감사의 느낌이었다.

명상 도중 일어나는 체험들은 다양한 방식으로 해석할 수 있 고, 거기에 의미를 부여하는 방식도 사람마다 제각각이다. 어떤 사람들은 평화의 느낌을 추구하면서, 그것만으로도 충분하다고 생각한다. 하지만 식당에서 일어난 그 경험은 내게 다소 다른 메시지를 전해 주었다. 평소 나는 노력을 많이 하는 편이다. 언젠가 아버지는 내게, 내 첫 번째 책이 출간된 이후 어린 시절의 내 모습에 관해 질문을 받은 적이 있다고 말씀하셨다. 그들은 나를 집중 능력을 타고난 영재쯤으로 잘못 생각하고 있었던 것 같다.

아버지는 어린 시절의 내 모습을 회상하면서 적당한 대답을 찾다가 말했다. "그 애는… 항상 숙제를 빼놓지 않았지요."

내가 바로 그랬다. 나 자신의 삶을 요약해 달라고 요청을 받았더라도 나는 아버지와 비슷한 답변을 했을 것이다. 나는 노력과 걱정, 책임감, 그리고 거기에 따르는 긴장감과 사실상 일체였다. 하지만 수련원에서 일어난 그 경험을 통해 나는 '평상시의 내 태도가 명상에 아무리 도움이 된다 하더라도 그런 측면과 과하게 동일시를 하면, 더 신비스럽고 심지어 성적이기조차 한 다른 경험들과 멀어질 수 있다'는 사실을 깨닫게 되었다. 일상적 삶의 방식에서 벗어나 그녀가 나를 찾아오도록 내버려둠으로써, 나는 의도된 성실함으로는 이를 수 없는 상태를 향해 나 자신을 열어젖힐 수 있었다. 그렇지만 역설적인 건, 그 '하지 않음(non-doing)' 역시 결국 나 자신의 행위였다는 사실이다.

우리가 자신을 기존의 자기 자신과 더 이상 동일시하지 않는다면, 우리는 과연 무엇이 될까? 이것은 선불교의 전통(사실상 모든 불교 전통)이 끊임없이 전달하려 노력해 온 가르침의 핵심이다. 그 수련회에서 나는, '나'라는 것이 반드시 스스로 동일시해 온 그 노력가일 필요는 없다는 점을 깨닫게 되었다. 내가 그 사람이 아닐 때조차, 나는 사라지지 않았다. 다른 무언가가 흘러들었고, 나는 그것으로 가득 채워졌다. 무의식에 있던 잠재력이 의식화된 것이다.

일본에는 선승들이 죽음의 순간이 되었을 때 자기 공부의 핵심이 표현된 시를 남기는 전통이 있다. 내가 가장 좋아하는 시들 중 하나는 1360년 77세가 된 코잔 이치교Kozan Ichikyo가 쓴 시이다.

빈손으로 세상에 들어와
맨발로 떠난다네.
내가 왔다가 가는
두 간단한 사건
그것이 얽혔던 것뿐이지.

수련회에서 나를 스치고 지나간 건 '빈손'과 '맨발'이란 말로 표현된 그 느낌이었다. '올바른 집중'은 그 느낌을 실어 나르는 운송 수단이 되어 주었다. 식당에서 느낀 그 느낌은 나를 이완시킴으로써, 내가 기존의 나가 아닐 때 과연 무엇이 될 수 있는지 대략 감을 잡게 해 주었다. 나는 숙제를 잠시 내려놓은 채 그것이 가져다준 신비 속에 가만히 머물 수 있었다.

글을 맺으며

삶이 무엇을 제공하든 정면으로 마주할 수 있는 훈련

샌프란시스코 선 센터San Francisco Zen Center의 설립자이자 미국에 처음 불교를 소개한 인물들 중 한 명인 스즈키 로시Suzuki Roshi는 자기 자신을 극복하는 데서 오는 안도감을 매우 훌륭하게 묘사해 낸 바 있다. 그는 일상에서 자아가 벌이는 투쟁의 혼란스러움을 나타내기 위해 '마음의 파도(mind waves)'란 표현을 사용하곤 했다. 파도는 그가 항상 말했듯이, 바다의 일부분이다. 파도를 제거함으로써 바다를 평화롭게 하고자 한다면 우리는 결코 성공할 수 없을 것이다. 하지만 파도를 전체의 일부분으로 보면서 자아의 끊임없는 요동에 신경 쓰지 않는 법을 배운다면, 소외되고 모자라고 무가치한 사람이란 느낌에 변화가 일기 시작할 것이다. 이것은 자기 자신을 불만족스럽게 느끼는 인간적 경향성에 대처하는 매우 특별한 방식으로, 신경증적 감정 패턴을 알아내거나 어린 시절의 경험을 캐내고자 하는 서양 심리 치료의 접근법과는 뚜렷이 구분된다. 불교의 가르침에 따르면, 변화는 자기 자신의 관점을 바꾸는 법을 배우는 데서 비롯한다. 충분한 훈련을 할 경우, 자기 자신에 대한 집착은 보다 열려 있는 무언가에 자리를 내주게 되고, 자아의 본능적인 자기애 성향은 무한함의 느낌에 침식당하게 된다.

스즈키 선사가 강조하고자 한 것은 우리가 이미, 그것을 알든 모르든, 앞으로 닥칠 일들에 대처하는 데 필요한 장비를 갖추고 있다는 사실이다. 삶이 던지는 문제들은 결코 쉽지 않지만 믿음과 신념, 심지어 낙관론이 들어설 공간은 항상 존재한다. 자아의 강화를 추구하는 서양식 접근법은 거의 전적으로 파도에만 초점을 맞춘다. 하지만 스즈키 선사는 항상 바다를 더 좋아했다. 불교는 종종 명상 훈련을 이 같은 관점의 변화를 촉발시키는 주된 수단으로 제시하지만, 어느 정도 수행을 하다보면 '훈련(practice)'이란 단어가 무엇을 뜻하는지 분명해진다. 명상은 그 자체가 목적이 아니고 즉효약도 아니다. 그것은 일생 동안 지속되는 훈련인 것이다.

40년 넘게 명상에 관심을 가져 온 나는 내가 아직 완전히 치유된 것도, 깨달은 것도 아니라고 분명히 말할 수 있다. 사람들은 내가 냉정하고 무관심하고 조급하다고 가끔씩 불평을 늘어놓는다. 나는 여전히 나를 괴롭히는 다양한 종류의 고통과 내 자신의 긴장 및 불안에 대처해야 하고, 올바르고자 하는 내 욕구와 사랑받고자 하는 충동에도 대응해야 한다. 이런 문제들은 아주 오랜 세월 동안 나와 함께 있어 왔다. 그리고 60대가 된 지금, 나는 전에는 경험해 보지 못한 새로운 도전 거리들을 눈앞에 두고 있다.

하지만 나는 지금 전에는 갖추지 못했던 무언가를 갖추고 있다. 그 것을 꼭 내면의 평화라고 말할 수는 없다. 지금이 전보다 더 행복 하다는 것도 아니다. 내 생각에 행복에는 마치 온도 조절 장치처럼 설정된 값이 있어, 무슨 일을 하든 그 주위를 맴돌게 되는 것 같다. 그렇지만 지금 내게는 불교와 심리 치료 덕분에, 삶이 무엇을 제공 하든 그것과 정면으로 마주할 수 있는 수단이 갖추어져 있다.

비록 내가 여러 면에서 예전 모습 그대로이긴 하지만(내 성격 은 거의 변하지 않았다), 나는 적어도 자아의 감옥에 갇힌 죄수는 아 니다. 내 성격의 가장 힘든 측면이 모습을 드러내면 나는 이제 그 측면에 휘둘리지 않도록 조처를 취할 수 있다. 3살이나 7살, 12살 때의 자아가 여전히 영향력을 행사하고 있긴 하지만, 그렇다고 해 서 내가 반드시 그들의 무기력한 희생자가 되어야 하는 것은 아니 다. 수년에 걸친 심리 치료와 불교 공부를 통해, 나는 나 스스로 통 제할 수 있는 마음의 측면과 통제할 수 없는 측면을 분간할 수 있 게 되었다. 그리고 나는 완전히 치유되어야만 희망을 품을 수 있 는 것이 아니란 점도 잘 안다. 내가 내 환자들의 마음에 심어주고 싶어 하는 건 바로 이런 종류의 낙관주의이다.

불교 가르침의 핵심은 자아의 불필요한 긴장으로부터 자기 자신을 해방시키라는 것이다. 팔정도의 모든 측면은 그와 같은 이 기적 집착을 상쇄하는 하나의 수단이다. 그렇지만 불교적 의미의 구원을 성취하려면 자아의 욕구나 필요를 건너뛰는 것이 아니라 그 욕구들에 관심을 기울여 주어야 한다. 그것을 인정하고 받아들이면서 열린 마음으로 그 욕구들을 탐색하고 보듬는 법을 배워야 하는 것이다.

임상 치료에 불교적 관점을 도입하려 할 때마다 나는 이 가르침이 그 무엇보다도 도움이 된다는 점을 실감하곤 한다. 경험을 통해 나는 더없이 불쾌한 심리적 내용물이라 하더라도 집착이나 혐오 없이 성공적으로 관찰하기만 하면 그 힘을 잃어버린다는 걸 알게 되었다. 나 자신이나 내 환자들의 생각과 느낌의 흐름을 더 온전히 바라보면 볼수록 그런 요인들에 내몰릴 가능성은 그만큼 더 줄어들게 된다. 초연하게 바라보는 마음의 능력을 키우라고 강조함으로써 붓다는 숨겨져 있던 정신적 원천을 발굴해 낸 선구자가 되었다. 성공적인 심리 치료 역시 바로 그 원천으로부터 힘을 얻는다. 이런 이해를 심화시키려 노력하는 동안, 나는 현실적으로 자기 자신을 직시하라고 촉구하는 것이 내 환자들을 자유롭게 하는 데도 큰 도움이 된다는 점을 깨닫게 되었다.

나는 내 환자들에게 '삶의 문제들을 대하는 방식을 바꾸면 그 도전들과 마주할 수 있게 된다'는 가르침을 전하기 위해 애를 쓴다. 이 조언만큼은 이제 아무 부담 없이 할 수 있다. 이때의 목표는 삶의 도전들을 없애려 하는 대신, 그 도전들과 차분히 마주하는 태도를 계발하는 것이다. 스즈키 로시가 '파도의 오르내림에 영향받지 말라'고 말했을 때 의미한 바가 바로 이것이다.

한 가지 분명한 건, 삶이 우리에게 끊임없는 훈련의 기회를 제공해 줄 것이란 점이다. 물론 우리는 대개 실패할 것이다. 정말로 그 무엇에도 영향을 받지 않는다고 자신할 수 있는 사람이 어디 있겠는가? 하지만 그렇게 되기 위해 노력을 기울인다면 그 결과는 실로 놀라울 것이다. 불안정한 세상 한가운데서 우리는 우리 자신의 피난처가 될 수 있을 것이고, 우리의 자아는 마지막 말도 남기지 않은 채 사라져 버릴 것이다.

감사의 말

자유롭게 조언해 주고, 용기를 북돋우며 지지해 주고, 명료한 아이디어를 제시하면서 이 책을 쓰도록 나를 이끌어 준 앤 고도프Ann Godoff에게, 매주 내 사무실로 찾아와 나를 믿고 복잡한 내면을 털어놓아 준 내 환자들에게, 이 책에 제시한 사례들을 기꺼이 검토하고 승인해 준 친구들과 환자들에게, 함께 일하는 동안 내게 영감을 준 로버트 서면과 샤론 샐즈버그에게, 이 책을 좋은 출판사에 소개해 준 나의 저작권 대리인 앤 에델스타인Anne Edelstein에게, 매주 나누는 우리의 대화를 공개하도록 허락해 준 내 어머니 셰리 앱스타인Sherrie Epstein에게, 이 책에 묘사한 은둔 수행을 할 수 있도록 장소를 마련해 준 포레스트 레퓨지Forest Refuge의 설립자와 지도자와 직원들에게, 내 사색을 자극해 준 댄 해리스와 내 말에 귀를 기울여 준 앤드류 피어버그andrew Fierberg와 큰 도움이 되는 조언을 해 준 케이시 데니스Casey Denis에게, 유머와 에너지 그리고 열정과 사랑을 쏟아 준 소니아Sonia와 윌Will에게, 우리 모두를 돌봐준 쉴라 망걀Sheila Mangyal에게, 그리고 모든 것을 가능케 하고 우리 삶을 끊임없이 확장되는 가능성들로 채워 주는 내 사랑 알린에게 감사합니다.

옮긴이의 말

개인적으로 오래전부터 불교, 심리학 분야의 책들을 선호해 왔다. 습관적으로 회피하거나 억눌러 온 고통과 내면의 아픔 같은 문제들로 주의를 환기시켜 주기 때문이다. 이 분야의 책들은 평소 같았더라면 입 밖에 내는 것조차 꺼려 했을 그런 문제를 끄집어내 성찰하도록 함으로써 인식의 기쁨을 제공해 줄 뿐만 아니라, 어떤 해방감마저 안겨다 주는 경향이 있다. 이 책도 예외는 아니었다. 정신과의사이자 명상가인 저자가 쓴 이 책은 내면의 어둠을 직시하는 태도의 중요성을 강조하면서 내면 성찰이라는 중요한 과업으로 독자들을 인도해 준다.

   이 책에서 저자는 불교와 심리 치료를 비교하여 공통되는 태도를 식별해 낸 뒤, 그 공통점을 매개 삼아 팔정도의 가르침을 엮어 내는 식으로 글을 전개해 나간다. 그런 만큼 불교와 심리 치료의 접점에 해당되는 그 태도를 이 책 전반에 걸쳐 끊임없이 강조한다. 두 전통이 공통적으로 중시하는 그 태도란 바로 '현실의 직시'이다. 이 태도는 두 전통의 핵심을 이루는 만큼 다양한 각도에서 반복적으로 묘사된다. 예컨대 저자는 그 태도를 명상 수행의 맥락에서 '싫은 것을 밀쳐 내지도, 좋은 것을 움켜쥐지도 않은 채 발생하는 모든 현상을 전부 수용하는 태도'로 묘사하기도 하고, 심리 치료의 맥락에서 '충분히 좋은 어머니'의 '안아 주는' 태도에 빗대기도 한다. '균등하게 분배된 관심'이나 '거울 같은 관심'이란 표현 역시 이 태도를 나타내는 용어이다. 이 태도는 '충분히 좋은 어머니'의 자세를 묘사하는 저자의 언급 속에 훌륭히 요약되어 있다. 본문에서 저자는 "'분노를 견뎌 낼 수 있다'는 말이 무슨 뜻인가?"라는 질문에 다음과 같이 답한다.

"그건 휩쓸리지도 거부하지도 않고 자신의 화를 감싸 안을 수 있다는 뜻입니다. 그 느낌을 내버리지도 행동으로 표출하지도 않고 자신의 경험에 대해 열린 태도를 유지하는 것이지요."

그렇다면 이처럼 낯설고, 심지어 부자연스러워 보이기조차 하는 태도가 왜 그토록 중시되는 것일까? 그것은 한마디로 그 태도가 자아의 영향력을 상쇄해 주기 때문이다. 저자는 자아의 호불호에 자신을 내맡기는 습관적 성향이 성장 가능성을 제한하고 고통을 지속시키는 원인이라고 주장하면서, 자아의 영향력을 누그러뜨리는 것이 어떻게 도움이 되는지 설명해 나간다.

예컨대 1장에서 저자는 현실의 고통을 보지 않으려는 성향이 과거나 미래로의 회피를 조장해 인격을 해리시킨다는 점을 보여

준 뒤, 고통을 직시하는 태도가 어떻게 삶을 더 충만하고 견딜 만하게 해주는지 해명해 낸다. 또한 2장에서는 내면의 어둠을 피하는 태도가 그런 요인을 지속시킬 뿐이라는 점을 보여주면서, 불쾌한 느낌이나 감정과 능동적으로 대면하는 태도를 '올바른 의도'로 해석해 낸다. 그리고 4장에서는 자아의 습관적, 충동적 반응에서 비롯하는 온갖 해악을 보여주면서, '상황에 조율된 관심'과 거기서 비롯하는 즉흥적 행동의 중요성을 강조한다. 사실상 '고통을 바라봄으로써 고통에서 해방될 수 있다'는 핵심 원리 하나로 책 전체를 꿰뚫고 있는 것이다.

어쩌면 저자가 이 책에 팔정도의 가르침을 동원한 것도 결국 저자 스스로 크게 도움을 받았다고 고백한('경험을 통해 나는 더없이 불쾌한 심리적 내용물이라 하더라도 집착이나 혐오 없이 성공적으로 관찰되기만 하면 그 힘을 잃어버리게 된다는 점을 알게 되었다.'- 273쪽) 이 원리가 삶의 각 영역에 어떻게 적용되는지 보여주고 싶어였는지도 모른다. 아마 전통적 해석을 다소 소홀히 한 것도 주로 이런 이유 때문일 것이다. 그렇지만 기존 해석에 충실하지 않은 것을 굳이 문제 삼을 필요는 없다고 본다. 불교와 심리 치료 모두에서 그만큼 중요시되는 원리이기 때문이다.

책 전반에 걸쳐 강조되는 '알아차림'의 태도는, 저자가 말하듯 엄청난 실용성을 지닌 중심 원리이다. 아마도 이 책의 가장 큰 가치는 이 핵심적 태도로 끊임없이 주의를 환기시키면서, 일상적 상황에서 그 태도가 발현되는 모습을 다각도로 묘사해 낸다는 바로 그 사실에 있을 것이다.

하지만 이 책에는 이것 말고도 중요한 시사점이 한 가지 더 담겨 있다. 저자는 오랜 경험을 쌓은 정신과의사답게 불교적 관점을 심리 치료의 상황 속에 녹여 내면서, 독자들에게 한 가지 흥미로운 관점을 제시해 준다. 그것은 주로 명상과 심리 치료의 관계에 대한 것이다. 저자는 우선 치료 상황을 다음과 같이 묘사한다.

'치료를 받는 사람들은 자신이 아닌 다른 사람인 양 가장할 필요가 조금도 없다. 그들은 있는 그대로의 자기 모습을 숨김없이 솔직하게 드러내 보일 기회를 끊임없이 제공받는다. 이는 엄청난 선물이 될 수 있고, 사실 많은 사람들에게 치유 효과를 가져다주는 기법의 핵심에는 바로 이 태도가 놓여 있다.'

그런 뒤 이어지는 여러 장에서 환자를 대하는 치료사의 관심과 자신의 내면을 마주하는 명상가의 관심이 사실상 같은 것이라는 점을 반복적으로 강조한다. 결국 심리 치료의 본성이 명상과 다르지 않다는 점을 암시하고 있는 것이다. 그렇다면 심리 치료를 둘이 하는 명상으로 볼 수도 있을 것이고, 명상을 혼자서 하는 심리 치료라 말할 수도 있을 것이다. 어쨌든 심리적 상처 부위에 '거울 같은 관심'을 비추는 과정이란 점만큼은 같기 때문이다. 이런 인식은 집중된 관심을 '연고'에 빗댄 고전적 묘사에 이미 어느 정도 내재되어 있다.

따라서 저자가 이 책을 쓴 건 결국 자신이 사용하는 치유 도구를 독자들 손에 쥐여 주기 위해서라고 해도 과언이 아닐 것이

다. 잠재된 치유 능력을 일깨워 자기 자신의 의사가 되라는 것, 그
것이 바로 저자가 자신의 환자들에게 건네고 싶었던 충고였는지
도 모른다. 물론 '균등하게 분배된 관심'을 계발하는 건 쉬운 일이
아니겠지만, 훈련을 통해 내면에 잠재된 힘을 키울 수 있다는 사
실은 그 자체만으로도 희망과 위안을 안겨다 준다. 저자는 '우리
내면에 필요한 모든 것이 이미 갖추어져 있다'는 격언의 의미를
실감케 해 준다.

2019년 9월
김성환

주

글을 시작하며

13쪽 "인간은 자기 몸 속에 지울 수 없는 미천한 출신의 흔적을": 찰스 다윈Charles Darwin의 *인간의 유래The Descent of Man*(1871), 21장

14쪽 "위대하고 완벽한 거울의 지혜": 더 자세한 설명은 야마다 무몬 로시Yamada Mumon Roshi의 *십우도에 관한 강연Lectures on the Ten Oxherding Pictures*(Honolulu: University of hawaii Press, 2004년) 5쪽 참조.

15쪽 깨달음을 얻은 이후에도 붓다는 마라를 경계해야: 스티븐 배첼러Stephen Batchelor의 *악마와 함께 살기Living with the Devil*(New York: Riverhead, 2004) 16~28쪽 참조.

16쪽 깨달음 이후에는 빨랫감에: 잭 콘필드의 *깨달음 이후 빨랫감After the Ecstasy, the Laundry*(New York: Bantam, 2001) 참조.

16쪽 한 중국 노승: 잭 콘필드의 *마음의 숲을 거닐다A Path with Heart*(New York: Bantam, 1993) 154쪽 참조.

29쪽 팔정도의 가르침은 배워서 익힐 때라야 비로소 의미를: 스티븐 배첼러의 *불교, 그 이후After Buddhism*(New Haven, CT: Yale University Press, 2015) 83쪽 참조.

1장: 올바른 견해

49쪽 "그 일을 그렇게 확대 해석하지": 알린 세셰트Arlene Shechet의 말을 인용한 글귀들은 제넬 포터Jenelle Porter가 자신의 책 *알린 서셰트: 작품 모음Arlene Shechet: All at Once*(Munich/London/New York: Delmonico Boods-Prestel and The Institute of Contemporary Art/Boston, 2015)를 준비하면서 알린과 나눈 서신 대화 내용에서 발췌함. 위의 책 12~31쪽 참조.

54쪽 일부 번역가들은 그 의미를 전달하기 위해 "현실적인(realistic)"이란: 로버트 서먼 Robert A. F. Thurman의 *티베트 불교의 핵심Essential Tibetan Buddhism*(New York: HarperCollins, 1995) 참조.

55쪽 독실한 불교도로 만들기 위한 지침이 아닌: 배첼러의 *불교, 그 이후* 127쪽 참조.

2장: 올바른 의도

65쪽 잭 엥글러Jack Engler는 내게 '올바른 의도'와 관련된 일화를: 무닌드라에 관한 엥글러의 이야기는 나와 개인적으로 주고받은 서신에 포함되어 있음. 내 책 *욕망을 받아들이기*

Open to Desire(New York: Gotham, 2005)도 함께 참조.

66쪽 "다르마란 삶을 완전히 살아내는 것(living the life fully)을 뜻합니다": 무닌드라라는 인물에 대해 더 알고 싶다면 미르카 크나스터Mirka Knaster의 *마음에 대해 무닌드라에게 물어보라Living the Life fully: Stories and Teachings of Munindra*(Boulder, CO: Shambhala, 2010)를 참조할 것.

70쪽 "구강 공격성": 이 일화는 내 책 *붓다의 심리학Thoughts without a Thinker*(New York: Basic, 1995) 170~172쪽에서 간략하게 언급한 바 있음.

80쪽 위니캇은 이런 "안아 주기(holding)" 과정의 결핍이: 도날드 위니캇의 *아기와 어머니들Babies and Their Mothers*(Reading, MA: Addison-Wesley, 1988) 참조.

83쪽 위니캇의 유명한 논문인: 국제 정신분석 학회지*International Journal of Psychoanalysis* 30호(1949) 69~74쪽에 실린 도날드 위니캇의 "역전이 속의 증오Hate in the Counter-Transference" 참조.

84쪽 "자신의 환자를 아무리 사랑한다 하더라도": 위 논문 69쪽.

85쪽 "어머니는 자기 아기에 대한 자신의 미움을": 위 논문 73쪽.

3장: 올바른 말

103쪽 "우리 모두는 자기 자신에게": 샤론 샐즈버그의 믿음: *우리 자신의 내밀한 경험을 신뢰하기Faith: Trusting Your Own Deepest Experience*(New York: Riverhead, 2002) 1쪽 참조.

104쪽 "모호하고 불투명한 침묵": 위의 책 3쪽.

105쪽 "나는 스스로에게 '내 느낌 따윈 아무래도 상관없어'라고": 위의 책 3쪽 참조.

106쪽 "네 문제가 뭔지 아니?": 위의 책 5쪽.

106쪽 "약속 시간에 맞춰 상담 시간에": 위의 책 16쪽.

106쪽 "참여하고 관계 맺고 연결되기": 위의 책 16쪽.

107쪽 "모든 것을 고려해 봤을 때": 프로이트 표준판 전집*Standard Edition of the Complete Psychological Works of Sigmund Freud* 12권(London: Hogarth, 1958)에 실린 지그문트 프로이트의 '전이의 역학The Dynamics of Transference'(1912) 108쪽 참조.

108쪽 "당신은 자신이 원하는 모든 일을 할 수 있습니다": 에이미 슈미트Amy Schmidt의 *은총에 빠지다: 디파 마의 비범한 삶과 가르침Knee Deep in Grace: The Extraordinary Life and Teaching of Dipa Ma*(Lake Junaluska, NC: Present Perfect, 2003) 58쪽 참조.

116쪽 "울부짖는 바람과 요동치는 물살 한가운데": 메이슨 커리Mason Currey의 *리추얼Daily Rituals: How Artists Work*(New York: Knopf, 2013) 90~91쪽 참조.

117쪽 88세의 어머니와 대화를 나누다가: 이 대화는 2013년 8월 3일자 뉴욕 타임즈New York Times 지에 실린 내 글 '생존의 트라우마The Trauma of Being Alive'에 포함되어 있음.

4장 : 올바른 행동

128쪽 "모른다는 사실을 받아들일 때": 소아의학에서 정신분석으로Through Paediatrics to Psycho-Analysis(London: Hogarth, 1975)에 실린 도날드 위니캇의 "마음과 정신-몸 사이의 상관관계Mind and Its Relation to the Psyche-Soma"(1949) 137쪽 참조.

130쪽 "'뒷걸음질'을 배워라": 하인리히 두몰린Heinrich Dumoulin의 선불교의 역사Zen Buddhism: A History; Volume 2: Japan(New York: Macmillan, 1990) 79쪽 참조.

137쪽 혜가는 보리달마에게 이렇게 말한다: 앙드레 퍼거슨Andre Ferguson의 중국의 선불교: 스승들과 그들의 가르침Zen's Chinese Heritage: The Masters and Their Teachings(Somerville, MA: Wisdom, 2011) 20쪽 참조.

138쪽 텅 비고 깨어 있는 마음의 본성: 조지프 골드스타인의 마인드풀니스Mindfulness: A Practical Guide to Awakening(Boulder, CO: Sounds True, 2013) 314쪽 참조.

142쪽 "사교술로써의 유혹(flirtation)은 … 유희의 한 형태": 마이클 빈센트 밀러Michael Vincent Miller의 편집증 환자에게 유혹 가르치기: 게슈탈트 치료의 시학Teaching a Paranoid to Flirt: The Poetics of Gestalt Therapy(Gouldsboro, ME: Gestalt Journal Press, 2011) 116쪽 참조.

143쪽 "내 분석가가 잠시 내 얼굴을-": 루이스 글룩Louise Gluck의 믿음이 있는 고결한 밤 Faithful and Virtuous Night(New York: Farrar, Straus and Giroux, 2014) 38쪽 참조.

5장 : 올바른 생활

156쪽 추구해야 할 행복에 네 종류가: 냐나포니카 테라Nyanaponika Thera와 헬무스 헥커 Hellmuth Hecker의 붓다의 위대한 제자들: 그들의 삶과, 저술, 유산Great Disciples of the Buddha: Their Lives, Their Works, Their Legacy(Boston: Wisdom, 2003) 352쪽 참조.

159쪽 "'올바른 생활'은 무엇을 하느냐의": 골드스타인의 마인드풀니스Mindfulness 387쪽 참조.

166쪽 앙굴리말라Angulimala라는 유명한 살인마: 더 상세한 이야기는 나의 책 절망하지 않고 무너지기Going to Pieces Without Falling Apart(New York: Broadway, 1998) 56쪽 참조.

6장 : 올바른 노력

180쪽 "말해 보아라, 소오나여": 냐나포니카 테라Nyanaponika Thera의 앙굿따라 니까야: 붓다의 설법들Anguttara Nikaya: Discourses of the Buddha(Kandy, Sri Lanka: Buddhist Publication Society, 1975) 155쪽 참조.

183쪽 "정신과의사를 위한 규칙은": 프로이트 표준판 전집 12권(London: Hogarth, 1958)에 실린 지그문트 프로이트의 "정신분석을 활용하는 의사들을 위한 권고Recommendations to Physicians Practicing Psychoanalysis"(1912) 112쪽 참조.

185쪽 "우리가 듣는 내용의 대부분은 훗날에 가서야": 위의 책 112쪽.
186쪽 "공식화하자면, 심리치료사는": 위의 책 115쪽.
198쪽 "내 치료 활동의 기반은 침묵": 도날드 위니캇의 '침묵의 활용에 관한 두 가지 노트 Two Notes on the Use of Silence'(1963) 81쪽 참조.
202쪽 "어린아이, 아픈 아이, 한창 젊은 나이의 아이": 리처드 곰브리치Richard Gombrich의 *상좌부 불교Theravada Buddhism*(New York: Routledge, 1988) 64쪽 참조.

7장 : 올바른 알아차림

218쪽 "과도한 생각과 심사숙고는 내 몸을": 쌍고경Dvedhavitakka Sutta(19장), 비쿠 나나몰리Bhikkhu Nanamoli와 비쿠 보디Bhikkhu Bodhi가 번역한 *맛지마니까야The Middle Length Discourses of the Buddha: A translation of the Majjhima Nikaya*(Boston: Wisdom, 1995) 208쪽 참조

8장 : 올바른 집중

255쪽 이와 관련된 훌륭한 사례는 ABC 뉴스 앵커이자: 댄 해리스의 *10% 더 행복하게 10% Happier*(New York: HarperCollins, 2014) 참조.
257쪽 "별다른 애를 쓴 것도 아닌데 그냥 명상": 위의 책 138쪽
257쪽 "수평선 너머로 등장하는 헬리콥터 부대처럼": 위의 책 138쪽
269쪽 "빈손으로 세상에 들어와": 요엘 호프만Yoel Hoffman의 *일본 선시 모음Japanese Death Poems*(Boston: Tuttle, 1986) 108쪽 참조.

글을 맺으며

270쪽 자기 자신을 극복하는 데서 오는 안도감을 매우 훌륭하게 묘사: 순류 스즈키Shunryu Suzuki(스즈키 로시)의 *선심초심Zen mind, Beginner's Mind*(Boston Shambhala, 1970, 2006) 참조.

찾아보기

진료실에서 만난 붓다

초판 1쇄 발행 2019년 9월 18일
개정판 1쇄 인쇄 2024년 10월 25일
개정판 1쇄 발행 2024년 11월 1일

지은이 · 마크 엡스타인
옮긴이 · 김성환
펴낸이 · 심남숙
펴낸곳 · (주)한문화멀티미디어
등록 · 1990. 11. 28. 제 21-209호
주소 · 서울시 광진구 능동로 43길 3-5 동인빌딩 3층 (04915)
전화 · 영업부 2016-3500 편집부 2016-3507
http://www.hanmunhwa.com

운영이사 · 이미향 | 편집 · 강정화 최연실 | 기획 홍보 · 진정근
디자인 제작 · 이정희 | 경영 · 강윤정 | 회계 · 김옥희 | 영업 · 이광우

만든 사람들
책임편집 · 김경실 | 표지 디자인 · 오필민
본문 디자인 · 풀밭의 여치 srladu.blog.me

ISBN 978-89-5699-480-2 03180